Der
progressive Strafvollzug
in
Ungarn, Kroatien und Bosnien.

Ergebnisse einer Studienreise.

Von

Georg Langer,

Königl. Preussischem Staatsanwalt in Oels.

Berlin 1904.
J. Guttentag, Verlagsbuchhandlung,
G. m. b. H.

Seinem verehrten Lehrer

Herrn Geheimen Justizrat Professor Dr. Franz v. Liszt

in Berlin

in ehrerbietiger Dankbarkeit

gewidmet.

Inhalt.

§ 1. Vorbemerkungen. Inhalt der Reise.

Unzählige Gefängnisreisen sind seit Howards Zeiten unternommen worden, aber Zweck und Ziel haben sich geändert. Wenn Dr. Darwin, Grossvater des berühmten Naturforschers, 1789 von Howard noch singen konnte:*)

„Wo Menschen sind und menschliches Leiden,
Brennende Steppen, tiefe Wellen und starre Gefilde,
Alle durchforschte Howard nach Wohnungen menschlichen Elends.
Viele gewundene Stufen in feuchte, dumpfige Kerker,
Dort, wo lauter Jammer ertönt und Ketten klirren,
Tief in Höhlen, bestreut mit manchem modernden Gebein,
Zellen, wo selbst das Echo klagen nur lernt,
Stieg er hinab ....

so wird es schwer fallen, in denjenigen Staaten, die heute für die Fortbildung der Gefängnisfrage in Betracht kommen, solche Orte des Schreckens zu finden. Unternehmen wir heut Gefängnisreisen, so geschieht es nicht mehr mit der philanthropischen Absicht eines Howard, christliche Schauer zu erregen und für die Befolgung elementarer Gesetze der Humanität zu wirken, sondern wir wollen den Fortschritt im eigenen und fremden Lande auf einer längst gewonnenen Basis homogener Humanität.

Und trotzdem wir internationale Gefängniskongresse, eine internationale kriminalistische Vereinigung, Zeitschriften und Publikationen aller Art haben, die Aufschluss über

*) Dr Darwin „Botanischer Garten."

Zustände und Vorgänge in dem Strafvollszugwesen fremder Länder geben, brauchen wir Gefängnisreisen heute, wie ehedem. Strafvollzug ist in erster Linie Wirkung von Mensch auf Mensch. Um solche Wirkungen zu beurteilen, muss man die Menschen gesehen haben, muss man sich der Zusammenhänge des Strafvollzugs mit der Rechtspflege und deren Geschichte, der Kriminalität und, worauf sie beide fussen, mit Land und Leuten bewusst werden.

Holtzendorff sagt an einer Stelle seiner dem irischen Gefängnissystem gewidmeten Schriften, in denen er dem Kontinent die intime Kenntnis des Strafvollzugs auf der grünen Insel vermittelt: „Die Schwierigkeit, den lebendigen Zusammenhang der Dinge aus amtlichen Berichten zu erkennen, veranlassten mich 1861 zur Reise nach Irland." Das ist es: „der lebendige Zusammenhang der Dinge"!

Bestimmt man so den Inhalt einer modernen Gefängnisreise, so sind die zu lösenden Aufgaben unendlich gross und es ist schwer, sich von dem fern zu halten, was ein so glänzender Gefängnisreisender, wie Holtzendorff an dem Urteil seines Gegners Röder tadelt: „Kleinen Geistern ist es eigentümlich, mit der Lupe der Kritik nur die Miniaturschrift der Einzelheiten untersuchen zu können, die Lapidarschrift grosser Wahrheiten aber unleserlich zu finden."

Dieses Ideal einer Gefängnisreise ist von mir natürlich bei weitem nicht erreicht. Bei einer nur zweimonatlichen Reise, die den Strafvollzug dreier Länder von derjenigen Verschiedenheit, wie sie sich in der österreich-ungarischen Monarchie zusammenfinden, ins Auge fassen soll, heisst es schnell sehen und viel hören. Der eigentliche innere Geist des Strafvollzugs, die Erfahrungen am einzelnen Gefangenen, die Beziehungen der Gefangenen untereinander, der geistige Rapport zwischen Aufseher und Gefangenen, Aufseher und Direktor, Direktor und Oberbeamten und, was der persönlichen Beziehungen mehr sind, die im Strafvollzug so sehr den Ausschlag geben, die lassen sich nicht in 3, nicht in 5 und nicht in 8 Tagen aufdecken, dazu gehören viel längere Aufenthaltsstationen. Dieser innere

Geist lässt sich auch durch Zahlen schlecht beweisen. Deshalb werde ich hochgespannte Erwartungen nicht befriedigen können.

Der äussere Anlass der Reise war folgender:

Im Herbste 1902 schrieb der Direktor des kriminalistischen Seminars in Berlin, Herr Geheimer Justizrat Professor Dr. Franz von Liszt, den Wettbewerb um ein Stipendium von 1000 Mk. zur Förderung einer Studienreise nach Ungarn, Kroatien und Bosnien aus. Dort sollte der progressive Strafvollzug studiert und darüber dem kriminalistischen Seminar eingehender Bericht erstattet werden. Verfasser erhielt das Stipendium. Die Studienreise wurde während der beiden Monate Mai und Juni 1903 ausgeführt. Sie begann in Ungarn mit dem einleitenden Studium der mir nur durch Vermittelung eines mir zugeordneten Justizministerialbeamten zugänglichen ungarischen Quellen und dem Besuch mehrerer Anstalten in Budapest und dessen näherer Umgebung. Hiernach ging ich nach Kroatien, wo ich zunächst ebenfalls bei der Regierung arbeitete und sodann die Anstalten in Agram und im Osten des Königsreichs besuchte. Sodann begab ich mich nach Bosnien und verweilte längere Zeit in der Zentralstrafanstalt dieses Landes, stellte mich darauf der Landesregierung in Serajewo vor und besuchte auf der Rückreise in Slawonien und in Ungarn die noch fehlenden, für mein Studium massgeblichen Anstalten. Es wurden im ganzen 10 Anstalten besucht. Davon entfallen 5, nämlich das Budapester Sammelgefängnis, die Männerstrafanstalt Vácz (deutsch Waitzen), Sopron (deutsch Ödenburg), Lipótvár (deutsch Leopoldstadt an der Waag) und die Zwischenanstalt Kis-Hartha, auf Ungarn; 4, die Männerstrafanstalten in Lepoglava, Gospić und Mitrovica und die Weiberstrafanstalt in Agram, auf Kroatien; eine, die Strafanstalt in Ženica, die einzige des Landes, auf Bosnien. Unter diesen 10 Anstalten befinden sich 6 solche, mit denen Zwischenanstalten verbunden sind, nämlich Vácz, Lipótvár, Lepoglava, Gospić, Mitrovica und Ženica, eine, Kis-Hartha, die als Zwischenanstalt ohne Zusammenhang mit einer bestimmten Hauptanstalt besteht. Die Zwischenanstalten sind damit vollständig besucht worden, während von Hauptanstalten fehlen: die ungarischen Männerstrafanstalten Illava, Nagy-Enyed und Szamosujvár, der Distriktskerker in Szegedin und die ungarische Weiberstrafanstalt in Maria-Nostra. Die Besuchsdauer war je nach dem Umfange der Anstalt verschieden und schwankte zwischen einem Tage und einer Woche. Die Regierungen der drei Länder gestatten nicht bloss in der liebenswürdigsten Weise den Besuch der Anstalten, sondern wiesen die Direktoren und Verwalter derselben ausdrücklich an, mir alle gewünschten Aufschlüsse zu geben und das amtliche Material zur Verfügung zu stellen. Ebenso liebenswürdig wurden mir an den Zentralstellen selbst die erbetenen Aufschlüsse gegeben. Zum Teil war es nötig die Reglements und Verfügungen erst ins Deutsche zu übersetzen. Der damalige Justizchef der Landesregierung von Kroatien, Herr Klein, führte mich persönlich in die Strafanstalt Mitrovica in Slawonien ein und scheute zu diesem Zwecke nicht die weite Reise von Agram bis nach Mitrovica. In Ungarn fand ich in Herrn Dr. Vambéry, Landesgerichtsrat, Privatdozenten und Referenten im Justizministerium, einen ebenso gelehrten, wie in praktischen Gefängnisfragen bewanderten ständigen Begleiter und Einführer. Wenn ich schliesslich noch hinzufüge, dass ich in Ungarn und Kroatien (Bosnien besitzt keine Universität) die Freude gehabt habe, die Universitätslehrer der Strafrechtswissenschaft, die durch ihre Publikationen tätigen Anteil an der Entwickelung des Gefängniswesens genommen haben, nämlich die Herren Professoren Dr. Fayer, Dr. von Balogh, Privatdozenten Dr. Vambéry, Dr. Doleschall in Budapest und Professor Dr. Šilović in Agram, kennen zu lernen und mich über ihre Ansichten über meinen Gegenstand zu unterrichten, so glaube ich wohl meine Erkenntnisquellen gross genug nennen zu dürfen, um ein Bild des progressiven Strafvollzugs der drei Länder geben zu können.

Aber welch ein Bild? Ein Bild voll Irrtümer, Lücken, Ungleichmässigkeiten und Schwerfälligkeiten: Irrtümer, weil ich der magyarischen und serbo-kroatischen Sprache nicht mächtig war und weil trotz aller Verbreitung der deutschen Sprache Missverständnisse bei mündlichem Verkehr und bei der Niederschrift der Übersetzungen nicht auszuschliessen sind; Lücken, weil mir aus dem eben angegebenen Grunde der Inhalt der in magyarischer und serbo-kroatischer Sprache erschienenen grösseren Publikationen nicht zugänglich war; Ungleichmässigkeiten, weil die Erkenntnisquellen verschieden stark liefen; Schwerfälligkeiten, weil die Rechts- und Administrativnormen in jedem Lande anders gestaltet sind und sich die Notwendigkeit eines ermüdenden Nebeneinander ergab, wollte das Buch überhaupt den Anspruch erheben, eine annähernd vollständige Darstellung des progressiven Strafvollzugs zu sein. Diese aber war beabsichtigt, nicht nur in unserem, sondern auch im Interesse der besuchten Länder. Dass ich auf dieses Rücksicht nehmen zu müssen geglaubt habe, möge man mir nicht verübeln. Es trat mir besonders stark entgegen und mag an der Liebenswürdigkeit und Bereitwilligkeit, mit der sich mir sonst verschlossene Tore öffneten, nicht ohne Anteil gewesen sein. Dies ist auch begreiflich, haben doch die drei Länder noch nicht einmal gegenseitig ihre Einrichtungen und Erfolge verglichen. Die kriminalistischen Interessen sind international. Ihnen neben den unsrigen zu dienen, hielt ich für meine Pflicht. Aus diesem Grunde bin ich auch bei allem Streben nach Objektivität der Geltendmachung des eigenen Urteils nicht aus dem Wege gegangen, dies um so lieber, als durch alle Mitteilungen, die ich in den drei Ländern erhielt, der gemeinsame Zug ging, mich mit den wahren und wirklichen Verhältnissen bekannt zu machen, nichts zu verheimlichen und nichts zu beschönigen, was an Mängeln vorhanden war. Vergleiche mit unserem Strafvollzug habe ich vollständig zu vermeiden gesucht. Ob und welche Konsequenzen aus dieser Darstellung für unseren Strafvollzug zu ziehen sind, davon, wenn möglich, an anderem Orte.

Schliesslich sei nur noch erwähnt, dass ich mit diesem Buche der Pflicht der Berichterstattung an seine Exzellenz, den Herrn Justizminister, und das kriminalistische Seminar in Berlin genüge.

§ 2. Literatur und Allgemeines über die Statistik.

I. Literatur.

In der literarischen Behandlung des Strafrechts und des Gefängniswesens steht Ungarn unter den drei Ländern unbedingt obenan. Das Interesse an diesen Gegenständen ist dort nicht bloss ein lediglich modernes, es erwachte schon mit den ersten gesetzgeberischen Arbeiten auf dem Gebiete des Strafrechts. Für die Literatur des progressiven Strafvollzugs ist die des Strafrechts insofern bedeutsam, als der progressive Strafvollzug in Ungarn in seinen Hauptlinien durch das Strafgesetzbuch geregelt ist.

Danach sind als die bedeutsamsten Erscheinungen der ungarischen Literatur zu erwähnen:

1. Eötvös József és Lukács Móricz, Fogházjavitás, Pest 1842.

   (Deutsch: Gefängnisverbesserung, dem Inhalt nach Verteidigung des [Auburnschen] Schweigsystems.)

2. Pulszky Agost és Tauffer Emil, A Börtönügy multja elmélete jelenállása különös tekintettel Magyarországra, Pest 1867.

   (Deutsch: Vergangenheit, Theorie und gegenwärtiger Stand des Gefängniswesens mit besonderer Berücksichtigung Ungarns.)

3. Hivatalos jelentés az országos fegyintézetekröl az 1867 ik évben kiadta az igazságügyi ministerium, Budapest 1868.

   (Deutsch: Amtlicher Bericht über die Landesstrafanstalten.)

4. Tauffer Emil, A szabadságvesztés büntetés különféle nemeinek végrehajtása Birálat, Budapest 1880.

   (Deutsch: Kritik des Strafanstaltsreglements vom 9. August 1880.)

5. Vargha János, A börtönügy köréből, Budapest 1880.

   (Deutsch: Aus dem Kreise des Gefängniswesens.) Eine Gegenschrift gegen die Flugschrift Tauffers zu 4.

6. Tóth Lörincz, Fegyházi tanulmányok I Az illavai, fegyház, Budapest 1885; II. Arabmunka, Budapest 1887.

(Deutsch: Zuchthausstudien I. Das Illavaer Zuchthaus; II. Gefängnisarbeit.)

7. Dr. Sigismond László, conseiller au ministère de la justice à Budapest, Les institutions pénitentiaires du royaume de Hongrie et leur développement dans le siècle XIX (Extrait du tome II, 1 partie des actes du congrès pénitentiaire international de Rome), Rome 1887.

8. Dr. Sigismond László, Le système pénitentiaire progressif en Hongrie, St. Petersburg et Neufchâtel 1887 (Extrait du Bulletin de la Commission pénitentiaire internationale.)

9. Dr. Sigismond László, L'instruction dans les établissements pénitentiaires du royaume de Hongrie, Rome 1888 (Extrait du tome III des actes du congrès pénitentiare international de Rome.)

10. Dr. S. Mayer, die Entwickelung der Justizgesetzgebung in Ungarn während der Jahre 1875—1887. Mit besonderer Rücksichtnahme auf das Gebiet des Strafrechts und Gefängniswesens, Wien 1888.

11. Dr. Balogh Jenö, Börtönügyi viszonyaink reformjá hoz, Budapest 1888.

(Deutsch: Zur Reform unseres Gefängniswesens.)

12. Dr. Fayer László, Büntetési rendszerünk reformja, Budapest 1889.

(Deutsch: Reform unseres Strafensystems.)

13. Dr. Staub Móricz, Börtönügyi hivatalnokaink szakszerü kiképeztetéséről, Budapest 1891.

(Deutsch: Über die fachliche Ausbildung unserer Gefängnisbeamten.)

14. Csiky Lajos, Képek a börtönügy történtéböl Howard Jánosnak, a börtönügy angol apostolának életrajzával, Budapest 1892.

(Deutsch: Leben Howards.)

15. Dr. Fayer László, A magyar büntetöjog kézikönyve I. Budapest, 1900. 147—201

(Deutsch: Handbuch des ungarischen Strafrechts.)

16. Illés Károly Edvi, A magyar büntetötörvénykönyv magyarázata, Budapest 1893—95. I. 78—119.

(Deutsch: Kommentar des ungarischen Strafgesetzbuchs.)

17. Török Kálmán, A magyar börtönügy 30 éves korszakából történelmi emlékek 1867—1897, Munkács 1900.
(Deutsch: Geschichtliche Erinnerungen aus der 30jährigen Periode des ungarischen Gefängniswesens von 1867—1897.)

18. Dr. Gruber Lajos, A Rabélelmezés, Budapest 1901.
(Deutsch: Über Gefangenenbeköstigung.)

19. Dr.Finkey F., Szabadságbüntéteseik reformjához, Budapest 1900.
(Deutsch: Zur Reform unserer Freiheitsstrafen.)

20. Büntetési és börtönrendszerünk reformja. I. Budapest 1889. II. Budapest 1892.
(Deutsch: Debatte im ungarischen Juristenverein über Reform des Strafen- und Gefängnissystems.)

21. Dr. Vambéry Rusztem, A relegatio eredményei és büntetési rendszerünk reformja, Budapest 1898.
(Deutsch: Die Ergebnisse der Relegation und die Reform unseres Strafensystems.)

22. Dr. Vambéry Rusztem, A német Btk Reviziója I Alapelv és büntetési rendszer, Budapest 1903.
(Deutsch: Die Revision des deutschen Strafgesetzbuchs I Grundprinzip und Strafensystem.)

23. Dr. Fayer László, Az 1843 iki büntetöjogi javaslatok anyaggyüjteménye.
(Deutsch: die Materialien zu dem 1843er Strafgesetzentwurf, insbesondere Band II: Entwurf der Gefängnisordnung im 1843er Strafgesetz.)

Dazu treten noch Aufsätze im Gerichtssaal, in der Revue pénitentiaire, in den Mitteilungen der Internationalen kriminalistischen Vereinigung.

Von amtlichen Publikationen sind noch zu erwähnen:

1. A. m. kir. igazsagügy ministerium miködése 1875 bis 1887, közéteszi a. m. kir. igazságügyministerium, Budapest 1888. Mgyanaz 1898; Jelentés az országos letartózfatási intéretek állapotáról 1890 és 1891.
(Deutsch: Tätigkeit des Königlichen ungarischen

Ministeriums von 1875—1887 1. Band Bericht über die Strafanstalten S. 150—169. Dasselbe 1898, über die Jahre 1895—1898; Bericht über den Zustand der Strafanstalten 1890 und 1891.

2. Dr. Marschalkó János, A hatályban levö igazsagügy miniszteri rendeletek gyüjteménye VI kötet, Budapest 1897.
   (Deutsch: Die bestehenden Justizministerial-Verordnungen. 6. Band: Strafvollzugswesen.)
3. Julius von Rickl, die Gefängnisarbeit, dargestellt in dem grossen zehnbändigen Werke, das 1896 anlässlich der Milleniumsfeier zur Darstellung der wirtschaftlichen und kulturellen Zustände Ungarns herausgegeben wurde.

Wie man sieht, eine umfangreiche Literatur, die mit vorstehendem Nachweis noch keineswegs vollständig angegeben ist.

Weit weniger produktiv auf literarischem Gebiet ist Kroatien, das, da das österreichische Strafgesetzbuch und im wesentlichen auch die österreichische Strafprozessordnung dort Geltungskraft haben, viel mehr auf die deutsche Literatur hingewiesen ist und deshalb weniger Veranlassung zu eigener Produktion hat. Professor Dr. Šilović berichtet über die kroatische Literatur im 6. Bande (Nr. 12, S. 157 ff.) der Mitteilungen der Internationalen kriminalistischen Vereinigung: Gesetzgebung und Literatur des Strafrechts in Kroatien. Die erste systematische Bearbeitung des Strafrechts, speziell für Kroatien bestimmt, stammt von Dr. K. Janka, 1893 bearbeitet von Dr. J. Šilović und ist erschienen in der wissenschaftlichen Bibliothek der kroatischen Landesregierung.

Die monographische Literatur ist in einzelnen Aufsätzen der Monatsschrift der kroatischen juristischen Gesellschaft enthalten.

An selbständigen Schriften kommen in Betracht:

1. Dr. Emil Tauffer, Die Strafanstalt Lepoglava in den Jahren 1878—1879.
2. Derselbe, Der progressive Strafvollzug in Ungarn und Kroatien in von Holtzendorff und Brentanos Jahrbuch für Gesetzgebung, Verwaltung und Volkswirtschaft, 2. Jahrgang, S. 507 ff. Leipzig, 1878.

Diese Abhandlung gehört, weil sie auch den progressiven Strafvollzug in der ungarischen Strafanstalt Lipótvár behandelt, auch in die ungarische Literatur.

3. Derselbe, Die Erfolge des progressiven Strafvollzugs und der eigenen Staatsregie in der königlichen kroatischen Landesstrafanstalt zu Lepoglava, Berlin, 1883.
4. Derselbe, Gewerbebetrieb in den königlichen Landesstrafanstalten der Königreiche Kroatien-Slawonien, aus Anlass der Landesausstellung in Budapest im Jahre 1885, dargestellt im Auftrage der Landesregierung.
5. Derselbe, Beiträge zur neuesten Geschichte des Gefängniswesens in den europäischen Staaten (1883—1884), Stuttgart 1885.
6. Dr. Fr. Vrbanic, Kriminalitet Ziteljstva u Hrvatskoj i Slawonyi, Zagreb 1887.
   (Deutsch: Kriminalität der Bevölkerung in Kroatien und Slawonien.)
7. F. Tudja, Kaznionictvo u obće a napose u Kraljevini Hrvatskoy i Slawonyi, Zagreb 1888.
8. Jaso Tomić, Die Ursache des Verbrechens, Schrift eines Redakteurs, der 7 jährige Strafe zu verbüssen hatte.

Über Bosnien ist mir nur ein Werk bekannt geworden, das die ganze Justizorganisation in ihrem Werdegang und auch das Gefängniswesen darstellt:

Eichler, Das Justizwesen Bosniens und der Herzegowina, herausgegeben von der Landesregierung für Bosnien und die Herzegowina, Wien 1889.

Jedoch befindet sich noch ein längerer Artikel über Ženica in der Revue générale des Sciences pures et appliquées von 1900, Heft 7.

Das Gefängniswesen aller drei Länder ist behandelt in kürzeren Abschnitten folgender Werke:

Von Holtzendorff und Jagemann, Handbuch des Gefängniswesens, Hamburg 1888.

Krohne, Lehrbuch der Gefängniskunde, Stuttgart 1889.

Leitmaier, österreichische Gefängniskunde, Wien 1890.

Verstreute kleinere Aufsätze und Berichte über das Gefängniswesen der drei Länder finden sich in zahlreichen

Zeitschriften, nämlich Zeitschrift für die gesamte Strafrechtswissenschaft, Mitteilungen der Internationalen kriminalistischen Vereinigung, Gerichtssaal, Blätter für Gefängniskunde, Revue pénitentiaire.

Die vorstehend angeführte Literatur ist für die vorliegende Arbeit benutzt worden, soweit sie nicht der magyarischen oder serbo-kroatischen Sprache angehört. Aber auch daraus ist mir Einzelnes, soweit es die Kürze des Aufenthalts in den drei Ländern erlaubte, übersetzt worden.

Selbstverständlich wurde sodann auch die Literatur des progressiven Strafvollzugs überhaupt benutzt, an erster Stelle die Schriften von Holtzendorff:

„Das irische Gefängnissystem, insbesondere die Zwischenanstalt vor der Entlassung der Sträflinge“, Leipzig 1859.

„Bemerkungen und Beobachtungen über den gegenwärtigen Zustand der irischen Gefängniseinrichtungen“, Leipzig 1861.

„Kritische Untersuchungen über die Grundsätze und Ergebnisse des irischen Strafvollzugs“, Berlin 1865.

Ferner die Schrift Mittermaiers: „Gefängnisverbesserung.“ Stuttgart 1858.

Von neueren Schriften hauptsächlich Aschrott: „Strafensystem und Gefängniswesen in England.“ Berlin 1887.

„Strafen und Gefängniswesen in England während des letzten Jahrzehnts“, Sonderabdruck aus der Zeitschrift für die gesamte Strafrechtswissenschaft, Band XVII, Heft 1, 1896.

Die Akten der Gefängniskongresse konnten gleichfalls nicht unberücksichtigt bleiben. Speziell sind die Akten des Stockholmer, des Römischen und Brüsseler Kongresses benutzt worden.

Schliesslich hat mir über meine Beobachtungen hinaus einen Einblick in die landwirtschaftlichen Verhältnisse Ungarns und Kroatiens, soweit dies für die Zwecke dieser Darstellung erforderlich war, das Werk von Dr. Alexander von Matlekovits: „Die Landwirtschaft Ungarns“, Leipzig 1900 verschafft.

II. Allgemeines über die statistischen Publikationen.

Die statistischen Quellen fliessen nicht gleichmässig. Ungarn hat seit 1872 eine Strafanstaltsstatistik aufgestellt, die seit neuerer Zeit auf Zählkarten beruht, welche von den Strafanstalten ausgefüllt werden. Auch die Kriminalstatistik basiert seit dem 1. Januar 1900 auf der Einrichtung der Zählkarten, die von den Staatsanwaltschaften nach rechtskräftigem Urteil ausgefüllt werden. Diese Reform ist eingeführt durch den Justizministerialerlass vom 10. Dezember 1899 (Az 5401/1899 J. M. E. sz. rendelet a bünügyi statiszika tárgyában).

In Kroatien ist amtlich eine vollständige Strafanstalts- und Gefängnisstatistik für die Zeit von 1885—1894 in deutscher und kroatischer Sprache mitgeteilt, die auch die Kriminalität der Strafanstaltsbevölkerung veranschaulicht. Diese Statistik wird in der bisherigen Form fortgeführt und soll nach Ablauf eines weiteren Dezenniums veröffentlicht werden. Auf meine Bitte sind mir einige Tabellen dieser Statistik über die Zeit von 1895—1902 mitgeteilt worden. Ausserdem ist noch ein Werk von Dr. Vrbanic, „Die Kriminalität der Bevölkerung Kroatiens und Slawoniens über den Zeitraum von 1885—1894“ erschienen. Der Inhalt dieses nur in kroatischer Sprache erschienenen Buches ist mir nicht zugänglich gewesen.

In Bosnien steht mir die Statistik der Strafanstalt Ženica für die Zeit von 1898—1902 zur Verfügung. Darin ist auch der wesentliche Teil der Strafanstaltsstatistik überhaupt und der Kriminalstatistik in Ansehung der schwereren Delikte enthalten. Ausgeschlossen sind nur die Weiber nicht islamitischen Bekenntnisses, weil diese ihre Strafe nicht im Lande verbüssen. Letztere sind aber in der kroatischen Statistik mit berücksichtigt. Eine allgemeine Kriminalstatistik für Bosnien und die Herzegowina wird von der Landesregierung in Serajewo vorbereitet und soll noch 1904 erscheinen.

§ 3. Zur Geschichte des progressiven Strafvollzuges.

Bei uns ist die Gefängnisfrage noch immer nicht gelöst. Weder diejenigen, die der Abschreckungstheorie huldigen, sind zufriedengestellt, noch diejenigen, die die Besserung an die Spitze stellen oder ihr doch wenigstens einen breiten Raum gewähren wollen. Nicht verstummen wollen die Zweifel, ob mit der Einzelzelle die absoluten und die relativen Strafzwecke oder gar beide zu erreichen sind. Der Arzt, der die psychologischen und physiologischen Wirkungen der Zelleneinsamkeit und Zellenluft kennt; der Seelsorger, der um die Pein des sich selbst überlassenen Sünders weiss; der Philosoph, der die Bedingungen vernünftiger Willensbildung studiert; der Kriminalist, der die neuen Straftaten der Entlassenen zustande kommen sieht; der Sozialpolitiker, dem es bekannt ist, wie ein Mensch beschaffen sein muss, der sich in der Welt der wirtschaftlichen Tatsachen zurechtfinden soll und schliesslich der Gefängnisbeamte, der Arzt, Seelsorger, Kriminalist und Sozialpolitiker in einer Person ist, alle diese Parteien haben ihre Bedenken gegen die andauernde Einzelhaft, aber ebenso auch gegen die andauernde Gemeinschaftshaft ausgesprochen. Auch darüber, in welcher Mischung und in welchem Verhältnis zueinander Einzelhaft und Gemeinschaftshaft angewendet werden sollen, ist Einverständnis nicht erzielt worden und schliesslich hat noch keiner der Vorschläge, neue Strafvollzugsformen einzuführen, derart praktische Gestalt angenommen, dass an deren gesetzliche Normierung gedacht würde. Indessen die Strafrechtsreform, ist im Gange, die Strafvollzugsreform, die untrennbar damit verbunden ist, ist unausbleiblich. Seit Jahrzehnten besteht schon der Wunsch nach einem Reichsstrafvollzugsgesetz.

Wie von selbst wirft sich da die Frage auf: Was ist denn eigentlich aus dem irischen System geworden? Aus einem System, dessen Hauptbestandteile zwar auch nur die Einzelhaft und Gemeinschaftshaft sind, in dem sie aber nicht nur unter dem Gesichtspunkt zeitlicher Aufeinanderfolge in die Erscheinung treten, sondern innerlich verknüpft sein sollen. Hält man an der im Inlande zu verbüssenden Freiheitsstrafe fest, so gibt es keine andere Lösung der Gefängnisfrage, als richtige Ausgestaltung der Einzel- und Gemeinschaftshaft. Bemüht man sich hierum, so liegt der Gedanke sehr nahe, eine gradatio hineinzubringen. Nun hat von jeher die Einzelhaft als die strengere, den eigentlichen Strafeindruck hervorrufende Strafe gegolten. Es war also selbstverständlich, sie an den Beginn der Strafvollstreckung zu setzen. Die Gemeinschaftshaft bringt dem Verurteilten wieder das Bewusstsein, Mensch unter Menschen zu sein. Ist Lebendürfen, Lebenkönnen schon ein Genuss, der das Leben dem Tode vorziehen lässt, so ist das Leben in Gemeinschaft von Menschen ein erhöhter Genuss und die Gemeinschaftshaft, die der Strafe einen Teil ihrer abschreckenden Wirkungen nimmt und an deren Stelle Gefahren, die der Umgang mit Menschen, insbesondere gefallenen Menschen mit sich bringt setzt, wird gegenüber der Einzelhaft zur Vergünstigung, die verdient sein muss. Also müssen die Wirkungen der Einzelhaft hinter dem Verurteilten liegen, soll er befähigt sein, sich dieser Vergünstigung wert zu zeigen und Garantien für sein künftiges Wohlverhalten zu entwickeln. Nun stellt sich das irische System die natürliche Frage: Ist das Mass von Bewegungsfreiheit und Berührung mit der Aussenwelt, das die Gemeinschaftshaft gewährt, schon genügend, um den Sträfling für das Leben in der Freiheit auszurüsten? Diese Frage mit „nein“ beantwortend, kam es zur Zwischenanstalt, d. h. zu einer weiteren Erleichterung des Anstaltszwanges. An und für sich würde die vorläufige Entlassung, die auch noch keine volle Freiheit gewährt und den Anstaltszwang ganz beseitigt, dasselbe zu leisten imstande sein. Das irische System hat beide Stufen für nötig befunden, trotzdem es den Sträfling während der vorläufigen Entlassung noch ganz anders im Auge behielt, als das bei der heute in den meisten Kulturstaaten angenommenen vorläufigen Entlassung geschieht. Ob dies notwendig, ob insbesondere die Zwischenanstalten im System eines graduierten Strafvollzugs erforderlich sind, zur Klärung dieser Frage soll die nachfolgende Darstellung beitragen.

Sicher ist auch der progressive Strafvollzug nicht der Gipfel der Vollkommenheit, man mag drei oder vier Stufen für notwendig halten. Solche Gipfel liegen in Nirgendheim. Schliesslich braucht jeder gefallene Mensch einen Berater und Erzieher, dessen Tag noch jede Stunde mit dieser Aufgabe ausgefüllt wäre. Und auch dann noch wäre der Erfolg zweifelhaft. Menschen klassieren, einteilen, ihr Leben abstufen, ist unzweifelhaft ein Notbehelf, der durch die Ohnmacht gegenüber der Vielgestaltigkeit der Individualitäten zur Entstehung kommt. Aber fliesst denn nicht auch unser Leben ausserhalb des Gefängnisses ganz oder teilweise in solchen Klassen, Abteilungen und Abstufungen dahin?

Mit Recht kann man daher wohl sagen, dass der dem progressiven Strafvollzug innewohnende Gedanke zu gesund ist, als dass er jemals wieder, solange noch lange Freiheitsstrafen vollstreckt werden, ganz ins Meer der Vergessenheit versinken könnte. Es wird kaum eine Versammlung von Gefängnisbeamten und sonst an der Gefängnisfrage Interessierten abgehalten, auf der nicht der progressive Strafvollzug berührt würde. Allerdings, die Geschichte des irischen Systems in Irland ist nicht ermutigend. Was Holtzendorff in seinen Schriften noch als rühmens- und nachahmenswert darstellen und, wofür er mit Röder und anderen manch tapfere Lanze gebrochen, das scheint in Irland versunken und vergessen. Aschrott hat in seinem Buche: „Strafensystem und Gefängniswesen in England“ gezeigt, wie das gekommen ist. Das irische System*) ist in seinem ersten Aufbau und in seiner ersten

*) Aschrott bestreitet im Anschluss an die englische Auffassung die Berechtigung dieses Ausdrucks und meint, dass die Priorität an dem Gedanken des progressiven Strafvollzugs einschliesslich der Zwischenanstalten England zukommt. Dass in England bei Beurteilung des irischen Strafvollzugs der Nationalstolz, der nicht zugeben will, dass Irland bessere Einrichtungen besitzt oder doch besessen hat, mitwirkt, hat schon Mittermaier (Blätter f. Gef.-Kunde 2 S. 100) anerkannt. Im übrigen ist der Streit gleichgültig, da auch England ohne weiteres zugeben muss, dass es zu einer umfänglichen und grundsätzlichen Durchführung des Gedankens zuerst in Irland gekommen ist.

Organisation zu sehr das Werk eines einzelnen Mannes, Sir Walter Crofton, und seines kongenialen Mithelfers Organ gewesen, als dass es Bestand haben konnte. Sie hatten keine ebenbürtigen Nachfolger. Im Jahre 1864 trat Crofton von der Leitung des irischen Gefängniswesens zurück und bald starb auch Organ. Von da an sah Irland ruhig zu, wie England sein Gefängniswesen fort und fort verbesserte, ohne sich diese Erfahrungen zunutze zu machen.

Man dachte weder daran, die Gefängniskost neuzeitlich zu gestalten, noch reformierte man das Markensystem nach englischen Grundsätzen. Als die Public Works in Spike Island zu Ende gingen, unterliess man es, andere ausfindig zu machen, und trieb es bis zur Schliessung von Spike Island trotz mangelhafter Beschäftigung der Sträflinge noch 18 Jahre, eröffnete aber auch dann noch kein neues Public Works Prison, sondern überwies die Sträflinge dem Public Works Stage in Mountjoy. Ebenso verkümmerten die Zwischenanstalten. Im Jahre 1869 wurde die Zwischenanstalt in Smithfield aufgehoben, so dass nur noch Lusk, die Anstalt für landwirtschaftliche Arbeiten, übrig blieb. Eine Royal Kommission on Prisons, die in den 80er Jahren untersuchen sollte, wie der Strafvollzug in Irland in grössere Gleichmässigkeit mit dem englischen gebracht werden könnte, kam zu dem Vorschlage einer Übertragung der englischen Einrichtungen auf Irland mit alleiniger Ausnahme der Kost, die der irischen Lebensweise angepasst werden müsste. Damit war damals (1887) der noch übrig bleibenden Zwischenanstalt Lusk das Grab gegraben. Bis zum Brüsseler Gefängniskongress 1900 scheint Lusk schon eingegangen zu sein, denn Gibbons Bericht über das irische Gefängniswesen führt Zwischenanstalten nicht mehr auf. Aschrott warnt 1887 sogar davor, nach Irland zu gehen, um sich die dortigen Strafvollzugseinrichtungen anzusehen.

Man meint das Ende einer Entwickelung zu sehen und doch ist das Ende nicht da, denn nun übernimmt England die Gedanken des progressiven Strafvollzugs völlig in eigene Regie und dieses System herrscht dort bis auf den heutigen Tag. In den englischen Strafvollzug sind die Zwischenanstalten nicht aufgenommen und man möchte glauben, dass bei dem Übergewicht, die die englische Organisation über die irische erlangt hat, an ein Aufleben dieser spezial-irischen Einrichtung nicht zu denken wäre. In England meinte man, dass der Sträfling in der Gemeinschaftshaft genug Versuchungen ausgesetzt sei, so dass es der Einrichtung besonderer Stationen dafür nicht bedürfte. Der Strafzwang könne auch in der Gemeinschaftshaft verringert werden, insofern es auch da Vertrauensstellungen in der Anstaltsverwaltung gäbe, die den vertrauenswürdigen Sträflingen verliehen werden könnten. Schliesslich seien die Zwischenanstalten durch die englischen Fürsorgevereine, die es in Irland zu Croftons Zeit nicht gab, überflüssig geworden.

Bei diesem Stand der Ansichten nimmt es Wunder, dass man doch wieder auf die Zwischenanstalten kam. Die am 5. Mai 1894 eingesetzte Kommission zur Untersuchung des gesamten Gefängniswesens, deren Vorsitzender Herbert Gladstone, der Sohn des berühmten Staatsmannes war, sprach sich trotz des energischen Widerspruchs des früheren und derzeitigen Leiters des englischen Gefängniswesens dafür aus, dass für Gefangene mit längeren Strafzeiten eine Zwischenanstalt geschaffen werde, in der sie die letzte Strafzeit verbringen sollen und in der ihnen nach dem Zwange der eigentlichen Strafanstalt ein grösseres Mass von Freiheit und Selbständigkeit verliehen werden solle. Allerdings hat die Gefängnisbehörde, wie Aschrott in seinem Nachtrage zu dem oben erwähnten Werke berichtet, lediglich geantwortet, dass sie nicht unterlassen werde, sich über die Erfolge des Systems in Irland eingehender zu unterrichten, was bei dem oben geschilderten Zustande der irischen Zwischenanstalten nicht besonders aussichtsvoll erschien. Aschrott glaubte damals nicht, dass der Kommissionsantrag ein praktisches Resultat haben werde. Es genügt aber, dass der Gedanke der Zwischenanstalten spontan in England wieder aufgetaucht ist. Es dürfte daraus hervorgehen, dass das, was im englischen Strafvollzug an die Stelle der Zwischenanstalten gesetzt wurde, doch nicht als dessen ausreichender Erfolg angesehen worden ist. Das leuchtet auch ein, wenn man berücksichtigt, dass das Nachlassen des Strafzwanges innerhalb der festen Ordnung der Hauptanstalt und mit Rücksicht auf die die Vergünstigung nicht geniessenden Sträflinge nicht erheblich sein kann und dass die Tätigkeit der Fürsorgevereine ganz von dem guten Willen der Strafentlassenen abhängt. Es wird daher nicht überraschen, wenn auch in England die Gefängnisverwaltung von selbst wieder auf den Kommissionsvorschlag zurückkommt. Bis zum Brüsseler Kongress (1900) scheint dies allerdings nicht der Fall gewesen zu sein.

Aber auffallend ist doch der Bericht Gibbons*) an denselben Kongress über Irland. Wenn auch dort, wie gesagt, von dem Bestehen einer Zwischenanstalt nicht mehr die Rede ist, so wird doch hervorgehoben, dass man, weil in Irland Garten- und Feldarbeit in Anbetracht ihrer physischen, moralischen und finanziellen Vorteile so beliebt sei, eine Farm von 34 Ackern gekauft habe, die von Gefangenen drainiert und bearbeitet werde. Man wird es wohl keinen Fehlschluss nennen dürfen, dass dies die Neubildung einer Zwischenanstalt ist, der vorläufig wahrscheinlich nur eine bestimmte Stelle im Strafvollzug fehlt.

Ist so der Stand der Dinge in England und Irland, so verlangt es der Wert der im progressiven Strafvollzug waltenden Idee zu sehen, wie sich derselbe in Ungarn, Kroatien und Bosnien entwickelt hat, die nach diesem System 20 Jahre und mehr vollstrecken. In anderen Ländern ist es zu einer so summarischen Annahme des Systems in allen 4 Stufen nicht gekommen. Man hat entweder einzelne Anstalten darnach eingerichtet, oder einzelne Einrichtungen übernommen oder sich territorial oder personell auf ein kleineres Gebiet beschränkt. Gerade in der Zeit, als der progressive Strafvollzug mit den Zwischenanstalten in Irland bereits im Niedergange war, nahm ihn Ungarn bei sich auf. Von Ungarn übernahm ihn das mit ihm politisch doppelt vereinigte Kroatien und von da ging er nach Bosnien über. Der Sprung von England-Irland bis nach Ungarn, Kroatien, Bosnien ist weit. Anders die

*) Actes du congrès pénitentiaire, vol. IV, S. 298.

staatlichen Verhältnisse, anders Land und Leute, anders — und das ist gewiss nicht am wenigsten wichtig — die Finanzverhältnisse. Betrachtet man das Verhältnis von England zu Irland, so möchte man geneigt sein, angesichts des Verhältnisses der cisleithanischen zur transleithanischen Reichshälfte eine Parallele zu ziehen. Dass abgesehen von dem politischen Verhältnis der Reichshälften zu einander der ungarisch-kroatisch-bosnische Strafvollzug ähnlich beeinflusst werden könnte, wie der irische vom englischen, ist aber schon deswegen ausgeschlossen, weil Österreich selbst an grosser Reformbedürftigkeit seines Strafvollzuges leidet. Dagegen spricht fernerhin der Umstand, dass der progressive Strafvollzug in dem von dem gemeinsamen Reichsfinanzministerium in Wien geleiteten Bosnien nach ungarisch-kroatischem Muster eingeführt wurde. Und das ist geschehen, trotzdem auch Österreich ein Progressivsystem hat, das sich von dem ungarisch-kroatisch-bosnischen durch den Mangel der Zwischenanstalten und durch eine progressive Klassifikation in der Gemeinschaftshaft unterscheidet.

Versagen alle Vergleiche mit England-Irland, so soll noch ausdrücklich davor gewarnt werden; insonderheit was die Finanzverhältnisse angeht. Das, was in England-Irland in verhältnismässig kurzer Zeit erreicht wurde, dazu wird man in Ungarn, Kroatien, Bosnien in anbetracht beschränkterer Mittel Jahrzehnte gebrauchen. Deshalb sind 20 Jahre noch ein geringer Zeitraum. Es ist ferner unzweifelhaft, dass die originellen Gedanken, die England-Irland auf diesem Gebiete entfaltete, sich nur unter Mitwirkung eines starken allgemeinen Interesses verwirklichen liessen. In dieser Richtung hat es in den drei von mir besuchten Ländern gefehlt. Die Blicke des allgemeinen Interesses sind dort noch allzusehr auf die vitalsten Fragen des politischen Lebens konzentriert. Es kommt hinzu, dass man zur Zeit der Aufnahme des irischen Systems dieses bereits als eine bewährte Institution ansah, die lediglich den Verhältnissen der drei Länder anzupassen sei. Es ist deshalb nicht verwunderlich, dass der progressive Strafvollzug der drei Länder trotz 20jähriger Anwendung eine eigentlich propagandistische Kraft, wie seinerzeit der irische, nicht hat äussern können. Das darf nicht abschrecken. Eine 20jährige Praxis muss immerhin einen Fond von Einsichten erzeugen, von denen man lernen kann, und schliesslich wird alle Tadelsucht Halt machen müssen vor dem guten Willen, das begonnene Werk zu Ende zu führen. Aber das Ende ist noch weit!

Aus diesen Gründen würde es sich nicht rechtfertigen, eine Darstellung des ganzen Gefängniswesens der drei Länder zu geben, wie es für Belgien und England-Irland von deutscher Seite geschehen. Für uns nimmt nur das Progressivsystem weitergehendes Interesse in Anspruch. Zum Verständnis und zur Würdigung der Leistungen der drei Länder auf diesem Gebiete habe ich von einem kurzen Abriss der Geschichte des Strafvollzugswesens überhaupt, des Strafensystems und der Kriminalität in den drei Ländern nicht Abstand nehmen zu sollen geglaubt. Nur so werden sich Schlüsse aufbauen lassen, ob und welche Mängel dem progressiven Strafvollzug absolut oder nur mit Rücksicht auf die speziell ungarisch-kroatisch-bosnischen Verhältnisse innewohnen.

---

§ 4. Geschichte des progressiven Strafvollzugs in Ungarn, Kroatien und Bosnien.

I. Ungarn. Betrachtet man das Gefängniswesen in Ungarn bis zur Mitte des vorigen Jahrhunderts, so lässt sich dieselbe Beobachtung machen, wie anderwärts auch: man hatte sich nicht viel darum gekümmert. Es fehlte an jeder Organisation des Strafvollzuges. Jede Komitatsbehörde, der damals der Strafvollzug oblag, ordnete an, was ihr beliebte. Es fehlte völlig an geeigneten Baulichkeiten, so dass Gewohnheitsverbrecher mit Jugendlichen, Rückfällige mit Erstgestraften unterschiedlos und die ganze Strafzeit hindurch zusammensassen. Während sich der Vollzug der schwereren Strafen alsbald auf eine grössere Höhe hob, blieben gerade die Komitatsgefängnisse am längsten in diesem trostlosen Zustande und sind bis in die

Zeit der modernen Reformbestrebungen in der Gestalt von Gerichtshofs- und Bezirksgerichtsgefängnissen erhalten geblieben, worüber noch in den 80er Jahren von einheimischen Schriftstellern Klage geführt wird.*) Die Reform auf dem Gebiete des Strafvollzugs ging Hand in Hand mit derjenigen des Strafrechts überhaupt. Wenn man von zwei Kodifikationsversuchen von 1792 und 1827, die beide das Gebiet des ganzen Strafrechts umfassen sollten, absieht, so beginnen die modernen Reformbestrebungen im Strafrecht in den 40er Jahren. Der Reichstag von 1840 betraute eine Landeskommission mit der Ausarbeitung eines Strafgesetzentwurfes, der 1843 publiziert wurde. Er stammt aus der Feder des grossen ungarischen Staatsmannes Franz Deák. Die Aufmerksamkeit der Kriminalisten des Auslandes lenkte sich alsbald auf diesen Entwurf, der heute noch hoch in Ansehen steht. In Deutschland wies Mittermaier darauf hin. Bestandteil des Entwurfes war auch eine Gefängnisordnung, die mit dem Strafgesetz zusammen Gesetzeskraft erlangen sollte. Diese Gefängnisordnung war auf der Einzelhaft nach Philadelphischem System, jedoch mit einigen Erleichterungen, aufgebaut und enthielt, wie schon die grosse Anzahl der Paragraphen (387) erkennen lässt, nicht nur die rechtlichen Grundzüge des Strafvollzugs, sondern auch sämtliche Administrativnormen. Nachdem diese Gefängnisordnung bereits die Billigung der beiden Häuser des Landtags erfahren hatte, wurde ihr die Königliche Sanktion deswegen versagt, weil der administrative Teil nicht zum Gesetz gehöre. Allerdings wurde der Staathalterei befohlen, neuerliche Verhandlungen einzuleiten, damit ein neuer Entwurf, wie die Kabinetsordre vom 7. November 1844 besagt, „debita cum acceleratione elaboretur et comite cancella. riae voto ratificationi meae substernatur.“ Dazu kam es indessen weder schnell noch langsam. Strafgesetz- und Gefängnisordnungs-Entwurf wurden durch die politischen

*) Ich selbst habe nur das Budapester Gerichtshofgefängnis gesehen, das einen vorzüglichen Eindruck machte, wenn es auch mit seiner zu engen Verbindung mit dem Gerichtsgebäude und mit seinen 18 Eingängen nicht gerade modern anmutet.

Ereignisse hinweggeschwemmt. Es verdient der Hervorhebung, dass in neuester Zeit der 1843er Entwurf durch die Veröffentlichung sämtlicher Materialien in dem vierbändigen Werke des Budapester Strafrechtslehrers Dr. Fayer*) gewissermassen neues Leben erhalten hat.

Das Einzelhaftsystem war in Ungarn schon in den 30er Jahren bekannt geworden. Die allgemeine Aufmerksamkeit wandte sich diesem Haftsystem hauptsächlich infolge einer Reisebeschreibung Alexander Farkas de Bölön zu, der seine Studien in Amerika gemacht hatte. Er verstand es, weitere Kreise, als die der Fachgelehrten, durch seine lebhaften Schilderungen amerikanischer Gefängniszustände zu interessieren. Gleichwohl war die Annahme des Einzelhaftsystems im 43er Entwurf nicht einstimmig. Auch das Auburnsche System hatte seine Anhänger gefunden, unter denen sich besonders Baron Josef Eötvös durch seine Schrift: „Fogházjavítás“ hervortat. Von den praktischen Versuchen, die man zur Durchführung des Einzelhaftsystems machte, fällt die Erbauung des Zellengefängnisses von Komorn mit einem Kostenaufwand von 65000 Gulden besonders ins Gewicht. Andere Komitate folgten dem Beispiel Komorns (cf Fayer, Materialien zum 43er Entwurf, Bd. I, 20, IV, 107ff.) An dem Komorner Bau schlossen sich sogar österreichische Gefängnisbauten an, da Kaiser Ferdinand in dem Erlass vom 24. August 1849 nicht bloss den Komorner Bau genehmigt, sondern auch verordnet hatte, dass die Einzelhaft in Zukunft auf alle Untersuchungsgefangenen und auf die zu Gefängnis- und Kerkerstrafe Verurteilten, die ihre Strafe an Landesgerichten zu verbüssen hatten, angewendet werde. Zur

*) Nach Fayer enthalten die 8 Strafgesetzentwürfe von 1792, 1827 und 1843 einheitliche Grundgedanken, die zum Teil sogar recht modern anmuten, z. B. der auch den progressiven Strafvollzug beherrschende Grundsatz: „carendum autem praeprimis erit, ne poena delinquentem seu sibi ipsi seu publico inutilem efficiat,“ ferner der Satz: „iudex in casibus, in quibus ipsi lex arbitrium detulerit, meminisse debet, absolutam ab hominibus perfectionem desiderari haud posse, ac delinquentem etiam concivem et cohominem suum esse.“

Durchführung dieses Erlasses ist es indessen nicht gekommen. Damit ist auch alles gesagt, was an besonderen Unternehmungen im Gebiete der Einzelhaft zu nennen war.

Die Freiheitskämpfe von 1848 und 1849 unterbrachen die ungarische Strafrechts- und Strafvollzugsreform. Am 1. September 1852 trat die österreichische Strafgesetzgebung in Kraft. Daraus ergab sich ein solches Anschwellen der Gefängnisbevölkerung, dass die Sorge um die Unterbringung derselben alle Reformwünsche erstickte.*) In dieser Zeit begann man mit dem Verfahren, alle möglichen Gebäude, die nach ihrem Umfange und ihrer Bauart irgendwie geeignet schienen, Sträflinge aufzunehmen, zu Gefängnissen und Strafanstalten umzuformen; ein Beginnen, das bis auf den heutigen Tag seine Nachwirkungen zeigt. Die Strafanstalten in Illava (Militärschule, Trinarierkloster), Lipótvár (Festung), Maria-Nostra (Kloster) und Munkács (Festung) entstanden zu jener Zeit und sind bis auf letztere Anstalt, die 1897 aufgegeben wurde, noch heute nach zahllosen Um- und Neubauten unter der Herrschaft des Progressivsystems in Benutzung. Wenn im v. Holtzendorff und v. Jagemannschen „Handbuch für das Gefängniswesen" der Vorwurf der ungarischen Schriftsteller zurückgewiesen wird, dass jene österreichische Periode des ungarischen Gefängniswesens einen Rückschritt bedeute, so will ich, weil immerhin politische Gründe in Rechnung zu ziehen sind, mich hier in keinen Streit einlassen. Sicher bleibt es jedoch zu bedauern, dass Ungarn seine finanziellen Kräfte für den Aufbau neuer Strafanstalten so lange gebunden hat, so dass es schliesslich an die Frage der Einführung eines systematischen Strafvollzuges herankam, ohne im Besitz hierzu passender oder leicht passend zu machender Anstalten zu sein und ohne solche Anstalten in kurzer Frist erbauen zu können. Dass es sich ohne dieses Vermögen für die Annahme des progressiven Strafvollzugs entschied, dafür gebührt natürlich Ungarn allein die Verant-

*) Krohne, Lehrbuch der Gefängniskunde S. 128 führt an, dass damals die Zahl der Sträflinge in einem Jahre auf 10 000 gestiegen sei! Wenn damit nur Zuchthaus- und Kerkersträflinge gemeint sind, so ist das eine Zahl die heute kaum zur Hälfte erreicht ist.

wortung. Eins muss man dabei berücksichtigen. Einen besonderen Gefängnisbau für das irische System gab es zur Zeit der Einführung desselben in Ungarn nicht. Irland vollstreckte in den einzelnen Stadien des Strafvollzugs in verschiedenen Anstalten. Selbst die Gebäude der Zwischenanstalten zeigten keine uniforme Bauart, wenn man die zeitweise eingeführten eisernen Gefängnishütten, die offenbar den Zweck hatten, die Zwischenanstalt zu einer beweglichen Farm zu machen, nicht hierher rechnen will. So trat jedenfalls die Baufrage, der heute im Strafvollzuge eine so bedeutsame Rolle zugewiesen wird, bei Einführung des Systems in Ungarn nicht besonders in den Vordergrund.

Über die österreichische Periode des ungarischen Gefängniswesens wäre nur noch zu sagen, dass sie Ungarn auch die Verwaltung der Strafhäuser durch geistliche Orden brachte, wovon bis in die jüngste Zeit in der den Nonnen anvertrauten Weiberstrafanstalt in Maria-Nostra ein Überbleibsel herüberragt. Gedenkt man schliesslich noch der unter dem österreichischen Regiment eingeführten und auch jetzt noch lange nicht beseitigten Verpachtung der Sträflingsarbeit an Unternehmer, so kann man in der Tat die österreichische Periode als eine glückliche nicht bezeichnen.

Im Jahre 1865 begann in Ungarn eine neue Gefängnisbewegung, deren Aussichten um so günstiger wurden, als das mit dem 17. Februar 1867 eingerichtete selbständige ungarische Ministerium sich alsbald dafür interessierte. Unter dem Justizminister Balthasar Horvát erschien als erste Frucht ein amtlicher Bericht über die Strafanstalten: Hivatalos jelentés az országos fegyintezetekröl az 1867 ik évben kiadta az igazságügyi ministerium (Budapest 1868). Alsdann begann auch die Universität Budapest der Gefängnisfrage Aufmerksamkeit zuzuwenden, indem sie eine Preisaufgabe über folgendes Thema stellte: „Es soll eine Bearbeitung der neuesten Fortschritte auf dem Gebiete des Gefängniswesens mit Berücksichtigung jener Errungenschaften geliefert werden, die auf dem Gebiete der Theorie der verschiedenen Systeme und deren praktischer Anwendung erzielt wurden, mit besonderer Berücksichtigung Ungarns."

Die Stellung des Themas war dem Strafrechtslehrer Dr. Theodor Pauler in Budapest, dem nachmaligen Kultus- und späteren Justizminister, zu verdanken, dessen Interesse so weit ging, dass er dem Universitätspreis einen zweiten aus eigener Tasche beifügte. Nicht bloss Studenten, sondern auch Strafanstaltsbeamte und Behörden veröffentlichten daraufhin ihre Erfahrungen. Preisgekrönt wurde die Arbeit von Tauffer und Pulszky: „A börtönügy multja elmélete jelen állása különös tekintettel Magyarországra"; deutsch: „Geschichte, Theorie und jetziger Stand des Gefängniswesens, mit besonderer Berücksichtigung Ungarns" (Budapest 1867). Derselbe Tauffer hatte schon 1866 in der juristischen Wochenschrift „Magyar jogtudományi hetilap" einen Artikel veröffentlicht, in dem zum ersten Male in Ungarn der progressive Strafvollzug zur Sprache kam. Tauffer war damals noch Student, hatte aber schon auf der Universität ein für einen Studenten seltsames Interesse für den Strafvollzug gezeigt. Er ist in der Folge berufen gewesen, in der Geschichte des Strafvollzugs nicht bloss Ungarns, sondern auch der beiden andern Länder, deren Strafvollzug hier geschildert werden soll, eine so bedeutsame Rolle zu spielen, dass seiner Person einige Aufmerksamkeit gewidmet werden muss. Sein ganzes Leben ist der Einführung und der Pflege des progressiven Strafvollzugs gewidmet gewesen. Er hat durch zahlreiche Schriften dargetan, dass er nicht nur die durchdringende Sachkunde des routinierten Gefängnisbeamten besass, sondern auch mit wissenschaftlichem Sinn genug begabt war, um den Zusammenhang des Strafvollzuges mit der gesamten Strafrechtswissenschaft zu begreifen. Er war es, der fort und fort betonte, dass dem progressiven Strafvollzug nicht etwa allgemeinste Anwendbarkeit zu vindizieren sei, dass er aber bei langen Strafen das passendste Strafvollzugssystem für den Südeuropäer, speziell für Magyaren und Südslawen, sei. Tauffer hat mehrfach die Ergebnisse seiner Erfahrungen mit der Absicht dargestellt, Freunde für den progressiven Strafvollzug zu werben. Insbesondere ist er auch in deutschen Zeitschriften, den Blättern für Gefängniskunde, dem Gerichtssaal, den Jahrbüchern für Gesetsgebung, Verwaltung und Volkswirtschaft, dafür eingetreten und hat Angriffe erleiden müssen. Ich will nicht verschweigen, dass ihm auch in seinem Vaterlande der Vorwurf der Schönfärberei bei der Darstellung der Ergebnisse des Progressivsystems gemacht worden ist. Die Nachprüfung eines solchen Vorwurfs ist natürlich erschwert. Wenn sich nun auch Gelegenheit bieten wird, auf einige Bedenklichkeiten seiner Darstellung hinzuweisen, so glaube ich doch kaum, dass seine den amtlichen Nachweisen entnommenen Mitteilungen zu Misstrauen berechtigen. Tauffer hat nur immer von der Anstalt gesprochen, deren Leitung er in der Hand hatte. Ein eigentlich systematischer Kopf war er nicht. Er hat weder eine das ganze Land, in dem er gerade tätig war, umfassende Darstellung gegeben, noch hat er sich gern auf Verallgemeinerungen eingelassen. Stellt aber ein Direktor seine eigene Anstalt dar, so liegt die Gefahr nahe, dass er angesichts dieses Vorhabens sich in seinen direktorialen Handlungen beeinflussen lassen könnte.

Dass Tauffer dieser Gefahr unterlegen wäre, wage ich nicht zu entscheiden. Das eine wird man ihm nicht nehmen können: er war ein glänzender Organisator, der auch unter schwierigen finanziellen Verhältnissen zu wirtschaften wusste, ein guter Kenner von Land und Leuten, mit denen er zu rechnen hatte, und ein hervorragender Sachverständiger im Gebiete des Gefängniswesens überhaupt, der nie versäumte, sich über die Errungenschaften anderer Länder zu unterrichten, und auf der mehreren Gefängniskongressen sein Vaterland ausgezeichnet vertreten hat. Wenn er nun auch für die drei Länder eine ähnliche Rolle gespielt hat, wie Crofton für Irland, so war er diesem Manne doch nicht kongenial. Tauffers Tod machte sich zwar durch das Zurückgehen der literarischen Nachrichten über das Progressivsystem fühlbar. Mehr aber nicht. Im übrigen stellt er für uns das einzig verbindende Element in der Geschichte des progressiven Strafvollzugs der drei Länder dar. Das Gemeinsame, was man darin finden wird, ist sicher zum grossen Teile auf Tauffer zurückzuführen.

Zunächst einige vorbereitende Daten über sein Leben. Er war am 13. April 1845 zu Klausenburg in Siebenbürgen geboren und war jüdischer Abkunft. Seine juristischen Studien begann er 1863 auf der Rechtsakademie Klausenburg und setzte sie an der Universität Budapest fort. Es ist bemerkenswert, dass er damals schon ausgedehnte Sprachstudien trieb, um die ausländischen Publikationen auf dem Gebiete des Gefängniswesens studieren zu können. Diese sollte er bald anderweit verwerten können. Nach Beendigung der Universitätsstudien am 8. Februar 1868 zum Konzipisten ernannt, erhielt er noch im selben Jahre den Auftrag, in Begleitung des Sektionsrates Ladislaus Csillagh das Ausland zu bereisen, um dort den Strafvollzug einschliesslich der Besserungsanstalten für Jugendliche zu studieren. Im Jahre 1868 bereisten beide Sachsen, Preussen, Bayern, Holland und die Schweiz, 1869 Belgien, Holland, England, Irland und Frankreich. Sie veröffentlichten über das Ergebnis der Reise einen Bericht, in dem die irischen Einrichtungen nicht bloss nach ihrem inneren Gehalt, sondern auch nach der Richtung der Übertragbarkeit auf die ungarischen Verhältnisse beleuchtet wurden. Als Frucht der Reise ist ausserdem die Haus- und Dienstordnung für die Strafanstalten zu betrachten. Csillagh und Tauffer sprachen sich mit aller Entschiedenheit für die Einführung des progressiven Strafvollzugs in Ungarn aus.

Inzwischen hatte auch schon die öffentliche Meinung und die Juristenwelt in Ungarn von dem irischen System Kenntnis erlangt und in literarischer Fehde für und gegen Stellung genommen. Dazu trat endlich das Bekanntwerden der v. Holtzendorffschen Schriften über die irischen Einrichtungen. Wenn Tauffer recht hätte, so wäre die Summe aller dieser Erörterungen schon damals gewesen, dass die öffentliche Meinung in Ungarn im Sturm für das irische System gewonnen wurde und dass auch die Regierungsorgane sich alsbald für die Aufnahme desselben in das projektierte Strafgesetzbuch entschieden hätten. Das ist entschieden zu weit gegangen. Man entschloss sich zunächst zu nichts weiter, als zu einem praktischen Versuch.

Zur Realisierung desselben ward, wie fast selbstverständlich, Tauffer, der damals bereits im Ministerium arbeitete, ausersehen. Er übernahm 1869 die Direktion der Strafanstalt Lipótvár, die er bis 1877 behielt, um dann nach Kroatien überzusiedeln.

Lipótvár ist eine nach Vaubanschem System erbaute Festung, die ohne Anschluss an eine Stadt einige 100 m von der Waag mitten im Lande liegt. Im Jahre 1856, also in der österreichischen Periode, ist sie ihrer Bestimmung als Strafanstalt übergeben worden. Auch jetzt in der neuesten Zeit hat sie ihren Charakter als Festung nur insofern verloren, als der ganze Gebäudekomplex durch den üppigen Baumwuchs völlig unübersichtlich geworden ist. Zu Zeiten Tauffers besass die Anstalt nichts weniger als die Eigenschaften, welche zu der Erprobung eines neuen Strafvollzugssystems qualifizierten. Alles, was zur vollständigen Durchführung des Systems nötig war, eine ausreichende Zahl von Einzelzellen und die Gebäude der Zwischenanstalt ausserhalb der Festung, ist erst nach seinem Weggange von dort gebaut worden. Für ihn war im wesentlichen nur das eine Hauptgebäude in der Gestalt eines unregelmässigen Vierecks vorhanden, dessen vier Flügel hauptsächlich mit grösseren Räumen für die Gemeinschaftshaft ausgestattet waren.

Nach längerer Vorbereitung begann Tauffer 1871/72 mit dem eigentlichen progressiven Strafvollzug. In welchem Masse das geschah, ergibt sich daraus, dass wegen Mangel an Einzelzellen die Dauer der Einzelhaft auf einen längeren Zeitraum als acht Wochen nicht bemessen werden konnte und dass, da das Gesetz die vorläufige Entlassung nicht zuliess, für die in diese Stufe übertretenden Sträflinge ein unbedingter Gnadenantrag gestellt werden musste. So sagt Tauffer selbst: „In jeder Sache ist der Anfang schwierig. Ich hatte mit Schwierigkeiten aller Art zu kämpfen. Ungenügende Einzelzellen, zu grosse Schlaflokalitäten, zu wenig Räume für die Vermittelungsabteilung*), das bisherige Fehlen eines Strafvollzugsgesetzes, das An-

*) Zwischenanstalt.

gewiesensein auf den Schutz der vorgesetzten Regierungsbehörde allein, der Mangel eines Strafgesetzbuches und einer einheitlichen systemgemässen Zentralleitung und tausend andere Dinge beeinträchtigten sehr oft meine Wirksamkeit und stimmten meine an sich berechtigten Hoffnungen auf Erfolg herab."

Nach 7 jähriger Tätigkeit in Lipótvár berichtet Tauffer bereits von Erfolgen, an die er die Überzeugung knüpft, dass sie sich, wenn erst einmal das irische System auf Grund von Gesetzen und allgemein durchgeführt werde, noch auf einen viel höheren Grad hinaufführen lassen würden und dass sich auch im Auslande dem Systeme in kurzer Zeit die vollste und allgemeinste Sympathie zuwenden würde. Tauffer war nach allem, was ich von ihm gehört, ein Optimist vom reinsten Wasser. Er wurde wegen dieser Darstellung alsbald in den Blättern für Gefängniskunde heftig angegriffen und in der Tat sind seine eigenen Mitteilungen kaum geeignet, so kühne Aspekten zu eröffnen. Er selbst hält die Dauer von acht Wochen für die Einzelhaft, die sein Gegner als „Schnellbleiche" bespöttelt hatte, für ungenügend. Er selbst zweifelt, ob die Klassifikation der Sträflinge richtig sei. Er selbst kann einen greifbaren Unterschied zwischen den Aussenarbeiten der Gemeinschaftshaft und der Zwischenanstalt nicht klarlegen und ist nicht in der Lage, positive Nachrichten über die Wirkung der vorläufigen Entlassung zu geben, da sie dem ungarischen Recht noch unbekannt und in Kroatien durch das Gesetz vom 22. April 1875 eben erst eingeführt war. Die Zahlen seiner Disziplinarstrafen zeigten durchaus keine Stetigkeit, sondern schwankten ohne steigende oder fallende Tendenz zwischen 16 und 32 % Bestrafter. Am günstigsten stellt sich ihm die Zwischenanstalt dar. Während 5 Jahren hatten 435 Sträflinge dieselbe passiert. Von diesen hatten nur 36 wegen ihres schlechten Betragens entfernt werden müssen und davon 17 auf eigene Bitte. Es wäre sehr interessant gewesen, wenn Tauffer gerade die Gründe dieser Siebzehn für ihre Bitte um Rückversetzung bekannt gegeben hätte. Wenn man bedenkt, dass damals noch die Unterbringung ausserhalb der Hauptanstalt fehlte, so liegt der Verdacht nahe, dass sie glaubten, durch die Aufnahme in die Zwischenanstalt sich nicht verbessert zu haben.

Wichtiger scheint mir, dass Fluchtversuche von Sträflingen der Zwischenanstalt überhaupt nicht vorkamen, während in derselben Zeit aus der Hauptanstalt acht Mann entsprangen, und noch viel wichtiger, dass die Aufsicht über 30—40 Sträflinge der Zwischenanstalt nur von einem Aufseher geführt wurde, dass Botengänge, Wassertragen etc. ohne Aufseher vorgenommen wurden und dass von den Begnadigten nur einer rückfällig wurde. Damit steht im Einklang, dass es, als im Dezember 1871 in der vierten Morgenstunde im äusseren Festungsgelände ein Feuer ausbrach, allein mit Hilfe der Zwischenanstalt gelang, die Feuerlöscharbeiten zu bewältigen, ohne dass es einer besonderen Aufsicht über die Sträflinge bedurfte. Man darf dieses Moment nicht unterschätzen, denn es zeigte deutlich, — was im bisherigen Strafvollzug nachzuweisen nicht möglich war — dass die Besorgnis vor der Flucht die Einführung der Zwischenanstalten nicht hindern durfte.

Es war für die drei Länder gewiss nicht überflüssig, dass Tauffer im Jahre 1878, als er schon in Kroatien war, wo das Gesetz über die vorläufige Entlassung seit 1875 in Geltung war, darauf hinwies, welche Ersparnisse diese Einrichtung im Gefolge habe. Für die Strafanstalt Lepoglava in Kroatien weist er für das Jahr 1878 die Zahl der ersparten Straftage auf 22424 nach, die er in 5381,76 Gulden Geldersparnis umrechnet. Wenn er ferner angibt, dass die Zahl der Widerrufe bei 188 vorläufig Entlassenen Kroatiens nur 4 betrug, so ergab sich, dass die vorläufige Entlassung wenigstens kein schlechtes Geschäft war. Tauffer behauptet schliesslich, dass seit 1871/72 in Lipótvár die Mortalität ständig zurückgegangen sei. Nach der von ihm mitgeteilten Tabelle ist das richtig, hindert aber nicht, dass die Mortalität vor den Cholerajahren auf einem niedrigeren Stande angelangt war, als von 1871—1876 je erreicht worden ist. Es ist ein kühnes Unterfangen, das spätere Ebben der Motalitätsziffer mit dem Progressivsystem in Verbindung zu bringen, zumal Lipótvár ein gesunder Ort ist.

Aus dem Taufferschen Versuche in Lipótvár konnte die Regierung mit ziemlicher Sicherheit entnehmen, dass Gefahren für die Disziplin und für die benachbarte Bevölkerung aus dieser Art des Strafvollzugs nicht erwüchsen. Die Erfahrungen Tauffers sind für die Annahme des Progressivsystems in Ungarn von Bedeutung gewesen, aber dass sie allein dafür massgebend gewesen wären, wie Tauffer gern haben wollte, lässt sich keineswegs behaupten. Dagegen spricht schon, dass der erste Strafgesetzentwurf, in dem das Progressivsystem Annahme fand, in einer Zeit erschien, in der von Erfahrungen in Lipótvár noch keine Rede sein konnte. Wahrscheinlich ist es, dass der Londoner Gefängniskongress von 1872, der auch von Ungarn beschickt war und bei dem das irisch-englische Strafvollzugssystem ins hellste Licht gerückt wurde, den massgebendsten Anstoss zur Annahme des Progressivsystems gegeben hat. Die Motive zum Strafgesetzbuch sprechen sich hierüber nicht aus. Sie sagen einfach nach Aufzählung der einzelnen Strafvollzugssysteme, dass es überflüssig sei, die besonderen Vorteile des Progressivsystems zu betonen, und heben hervor, dass sich dieses deswegen so gut für Ungarn eigne, „weil es besonders bei der landwirtschaftlichen Bevölkerung so gute Wirkung zeige“. Die Motive denken sich die Zwischenanstalten als praktische Lehranstalten für die ackerbautreibenden Sträflinge. Man geht sicher nicht fehl, wenn man annimmt, dass der progressive Strafvollzug in Ungarn hauptsächlich um der Zwischenanstalten willen angenommen wurde. Daneben wird allerdings in den Motiven das Prinzip der zunehmenden Straferleichterung, wenn damit der Eindruck verbunden werden könne, dass der Sträfling imstande sei, durch Mühen und Leiden sich diese Erleichterungen zu verdienen, als besonders passend für Ungarn befunden. Über die Abweichungen, die das ungarische Progressivsystem vom irisch-englischen zeigt, sprechen sich die Motive nicht aus.

Das Progressivsystem fand also Aufnahme in den Entwurf eines ungarischen Strafgesetzbuches für Verbrechen und Vergehen. Derselbe fusste nicht auf dem 1843er Entwurf. Ein solcher war zwar versucht worden, wurde aber zurückgezogen. Verfasser des neuen Entwurfs, der in 4 Monaten zur Annahme gelangte, war der Staatssekretär Carl Csemcgi. Nach königlicher Sanktion vom 27. Mai 1878 trat das neue Strafgesetz mit dem 1. September 1880 in Geltung, mit welchem Tage auch das neue Strafgesetzbuch für Übertretungen Geltungskraft erlangte. Mit dem Strafgesetzbuch trat ferner die bisherige Hausordnung für Zuchthaus und Kerker vom 10. Juni 1870 in veränderter, den Anforderungen des Progressivsystems entsprechender Form, unter dem 9. August 1880 in Kraft.

Eine neue Strafprozessordnung erhielt Ungarn unter dem 4. Dezember 1896. Auch die Vorarbeiten für dieses Gesetz reichen bis 1867 zurück. Die allgemeinen Vorschriften über den Beginn der Strafvollstreckung, die Vollstreckungsinstanzen, Strafaufschub, Strafunterbrechung und Gesamtstrafe sind in der Prozessordnung enthalten.

Seit mehr als 20 Jahren ist nun das ungarische Strafgesetzbuch mit dem Strafanstaltsreglement in Geltung, aber schon in den 80er Jahren machten sich Reformwünsche geltend. Seit 1889 ist die Kodifikationsabteilung des Justizministeriums mit den Arbeiten für eine Reform des Strafgesetzbuchs beschäftigt. Mit dieser Reform soll die des Strafanstaltsreglements, das man ebenfalls als verbesserungsbedürftig ansieht, Hand in Hand gehen. Letzteres wurde von Tauffer selbst in seiner Schrift: „A szabadságvesztés büntetés különfélé nemeinek végrehajtása, Birálat“ (deutsch: „Kritik des Strafanstaltsreglements von 1880“) angegriffen. Ihm erwiderte Johann Varga, Direktor des Váczer Zuchthauses in der Schrift: „A börtönügy köréböl“ (deutsch: „Aus dem Gebiete des Gefängniswesens“). Das Progressivsystem wird durch die beabsichtigten Reformen nur insofern berührt werden, als es sich um eine konzisere Fassung der gesetzlichen Bestimmungen über den Strafvollzug handeln wird. Darüber wird später noch zu reden sein. Im übrigen wird man einer Vereinfachung des Strafensystems zustreben.

Das ungarische Strafgesetzbuch ist meines Wissens das einzige, das die Regelung des progressiven Strafvollzugs in seinen Grundzügen unternimmt. Gerade dieser Vorgang wurde in der Kritik günstig beurteilt, wenn man sich auch nicht verhehlte, dass es Ungarn schwer fallen würde, einen dem Gesetz (ohne seine Notbehelfe; auf die unten noch zurückzukommen) entsprechenden Strafvollzug herzustellen. So sagt Wahlberg in den juristischen Blättern: „Allerdings setzt die einsichtsvoll geplante Ordnung des angenommenen progressiven Strafvollzugs erst eine Herstellung und Einrichtung der dem Entwurf entsprechenden Strafanstalten im ganzen Staate voraus. Aber schon der prinzipielle Sieg gesunder reformatorischer Ideen des Haftsystems verdient einen unumwundenen Achtungserfolg des mit einigen Ausnahmen zurückgebliebenen Gefängniswesens in Ungarn.“ Dem lässt sich nur beipflichten. So wünschenswert es ist, dass der Strafvollzug seinem wesentlichen Inhalt nach in die strengeren gesetzlichen Formen gegossen wird, — schon im 1843 er Entwurf zeigte sich in Ungarn die Neigung dazu, nur dass sie über das Ziel hinausschoss — so liegt doch darin gegenüber der bloss reglementarischen Regelung die Gefahr einer zu starken Bindung. Ungarn hat diese Bindung zu einer Zeit übernommen, als es für die Erfüllung seiner Pflicht auf Ausführung eines vollkommenen progressiven Strafvollzugs noch nicht gerüstet war und hat die Schwere dieser Pflicht dadurch zu mildern gesucht, dass es weite Befugnisse zur Durchbrechung der Prinzipien des progressiven Strafvollzugs in die Hände des Justizministers legte. László, lange Zeit Leiter des ungarischen Gefängniswesens, erkennt selbst an*), dass die Regierung keine Fonds vorgesehen hatte, um die Kosten der Einführung des Progressivsystems zu decken und dass die irrationelle Bauart der Strafanstalten ohne schwierige Um- und Neubauten nicht zu beseitigen war.

Ungarn besass zu dieser Zeit 7 grössere Gefängnisbauten, die als Strafanstalten zu verwenden waren, näm-

*) Le système pénitentiaire progressif en Hongrie S. 69 ff.

lich die Anstalten in Lipótvár, Illava, Vácz, Nagy-Enyed, Maria-Nostra, Szamos-ujvár und Munkács. Nur Nagy-Enyed war zu Strafanstaltszwecken gebaut worden.

Über Lipótvár ist oben bereits gesprochen worden. Illava war zum Teil Kloster, zum Teil Kastell des Grafen Königseck. Vácz ist eine von Maria Theresia gebaute Militärschule, die dem Theresianum in Wien nachgebildet sein sollte. Nagy-Enyed ist die ursprüngliche Weiberstrafanstalt, die 1858 als solche errichtet worden ist. Die Anstalt hatte ursprünglich nur Gemeinschaftsräume für Tag und Nacht und stand unter männlicher Leitung. Als Misshelligkeiten hieraus entstanden, wurden 1872 die Weiber nach Maria-Nostra überführt. Das Gebäude wurde bis 1880 als Gerichtsgefängnis, bis 1885 als Kerker und von da an erst als Männerstrafanstalt benutzt. Szamos-ujvár war eine Privatfestung, die in drei Perioden 1548, 1653 und 1860 erbaut war. Seit dem 1. Januar 1887 wurde sie als Kerker, noch später als Männerstrafanstalt eingerichtet. Der Hauptfehler der Anstalt besteht darin, dass das Hauptgebäude aus grossen Schlafsälen besteht, die infolge ihrer Breite und Tiefe auch durch Zwischenmauern nicht verkleinert werden können. Ebensowenig ist dies bei den ähnlich angelegten Einzelzellen möglich. Über die jetzt aufgegebene Strafanstalt Munkács ist nicht weiter zu reden. Sie war ebenfalls eine alte Festung. Maria-Nostra, die jetzige Weiberstrafanstalt, ist ein altes Paulinerkloster.

Im Laufe der Zeiten kamen an neuen Strafanstalten Sopron (Ödenburg) und Budapest, als Kerker Szeged, als Zwischenanstalt Kis-Hartha dazu. Die erstere Anstalt ist zu Zeiten der höchsten Not an Einzelzellen eingerichtet worden. Sie entstand durch Umbau einer aufgegebenen Zuckerfabrik. Als Strafanstalt wurde sie im November 1886 eröffnet. Das Budapester Sammelgefängnis ist die modernste Erscheinung im ungarischen Gefängniswesen. Sie soll eine Anstalt sein, die den Bedürfnissen der Grossstadt Budapest entsprechend im grossen Stile die Vollstreckung der verschiedensten Strafarten zulässt und zugleich in gewisser Weise der

Irrenpflege dient. Über diese Anstalt mögen daher hier einige Worte folgen, da sonst keine Veranlassung gegeben sein wird, auf dieselbe einzugehen. Die Anstalt liegt im Südosten von Budapest noch im Stadtbezirk und umfasst einen Flächenraum von 6,854 ha, auf dem 23 Gebäude errichtet sind. Der Bau begann am 23. März 1895 und wurde am 31. Oktober 1896 vollendet. Das Sammelgefängnis hat die Bestimmung, die unter die Kompetenz des Budapester Gerichtshofes und des Gerichtshofes für den Pester Landbezirk gehörigen und von diesen verurteilten Personen männlichen und weiblichen Geschlechts aufzunehmen, ferner die zu Arrest oder Kerker und Zuchthaus von weniger als 5jähriger Dauer Verurteilten. Verurteilte, die längere Strafe zu verbüssen haben, werden in die Landesstrafanstalten oder den Distriktskerker überführt.

Mit diesem Sammelgefängnis ist eine „Landes-Beobachtungs- und Irrenheilanstalt für Internierte und Verurteilte“ verbunden, deren Gebäude einen Flächenraum von 4163 qm für sich in Anspruch nehmen. Dort werden in der Voruntersuchung befindliche Personen zweifelhaften Geisteszustandes zur Beobachtung und zu Freiheitsstrafen rechtskräftig verurteilte Männer, Weiber und Zöglinge von Besserungsanstalten, bei denen Anzeichen von Geisteskrankheit oder besondere Behandlung erfordernde nervöse Zustände vorhanden sind, zur Heilung und Pflege untergebracht. Die unheilbaren Individuen werden bis zum Ablauf der über sie verhängten Strafe hier verpflegt, bewacht und dann in irgend eine Landesirrenanstalt überführt. Eine eigentliche Strafvollstreckung findet gegen sie nicht statt. Sie werden in einem besonderen Gebäude mit eigenem Hofe gehalten. Eine derartige Anstalt erspart die Prüfung der intrikaten Fragen, die sich auf die mangelnde Vorstellung von der Bedeutung der Strafe, also auf die Haftfähigkeit beziehen. An der Spitze der ganzen Irrenabteilung steht ein Psychiater (Universitätsprofessor), der dem Direktor der Anstalt koordiniert ist.

Das Sammelgefängnis macht mit seinen grossen schönen Bauten und mit seiner den verschiedenen Strafvollzugsarten und der Irrenpflege vorzüglich angepassten inneren Einrichtung einen imponierenden Eindruck. Die Baukosten betrugen insgesamt 2 437 908 Kr. Eine andere, in dieser Darstellung nicht zu erörternde Frage ist es, ob der Versuch, so viele Strafvollzugsarten gegen Personen beiderlei Geschlechts und ausserdem noch die Irrenpflege mit zwei verschiedenen Arten von Pfleglingen zu einem Ganzen zu vereinigen. Die Anstalt erweckt jedenfalls grosses Interesse und es würde sich verlohnen, die Schwächen und Vorzüge dieses Systems im Hinblick auf die Bedürfnisse der Grossstädte näher zu untersuchen.

Die Kerkerstrafe wurde zuerst auch in Vácz, Lipótvár und Nagy-Enyed vollstreckt. In den 80er Jahren wurde ihnen diese Bestimmung wieder genommen und jetzt vollstreckt man die Kerkerstrafe soweit nicht die Gefängnisse in Betracht kommen, nur im Distriktskerker von Szegedin. Dessen Bau ist bereits 1879 nach der Überschwemmung in Angriff genommen, aber erst 1885 beendet worden. Er zeigt Sternform. In einem Flügel sind die Verwaltungsgebäude untergebracht. Die Einzelzellen sind in sehr geringer Zahl vorhanden. Der Distriktskerker ist heute noch nicht imstande, sämtliche Kerkersträflinge aufzunehmen, dieselben finden alsdann Unterkunft in den Gerichtshofgefängnissen.

Die Zwischenanstalt in Kis-Hartha ist eine besondere Strafanstalt, die mit keiner Hauptanstalt in Verbindung steht. Sie liegt im Pester Komitat nahe der Donau und der Stadt Kalocsa und wurde 1884 ihrer Bestimmung übergeben. Näheres über diese Anstalt wird im § 8 zu sagen sein.

Um- und Zubauten sind in allen alten Anstalten vorgenommen worden. An Einzelheiten ist mir darüber Folgendes bekannt geworden: In Lipótvár, wurde 1881 der eine Flügel zu einem panoptischen Zellenflügel mit 79 Einzelzellen umgestaltet. Im Jahre 1884 wurden sodann zwei einstöckige Arbeitsgebäude mit je acht Arbeitssälen und Nebenräumen und ein Parterregebäude für Schlosser- und Schmiedearbeiten gebaut. Ausserhalb der Festung sind erst 1889 besondere Zwischenanstaltsgebäude gebaut worden, in denen sich neben den notwendigen Wirtschaftsräumen zwei grössere Detentionsräume befinden. Endlich wurde 1898—99 ein abgesonderter Zellenflügel mit 188 Einzelzellen in die Festung hineingebaut, wodurch den Ansprüchen nach Einzelzellen für diese Anstalt genügt wurde. In Illava wurden dieselben Ansprüche durch Erbauung eines Gebäudes mit 186 Zellen befriedigt. In Vácz wurde 1892—93 ein dreistöckiger Zellenflügel, ein zweistöckiges Gebäude mit 45 Arbeitssälen, eine Wachkommandantenwohnung und ein Dampfkesselhaus erbaut. Die Gebäude der Zwischenanstalt sind 1884 in Benutzung genommen worden. Maria-Nostra hat 1894 einen neuen dreistöckigen Zellenflügel mit 183 Einzelzellen und ein Spitalgebäude erhalten. Nagy-Enyed, das ursprünglich nur Parterregebäude war, ist bereits 1882 um einen Zellenflügel von 64 Zellen, 1892 um ein Gebäude mit 8 Arbeitssälen, ein weiteres Arbeitsgebäude, ein Direktionsgebäude und ein dreistöckiges Zellengebäude mit 311 Einzelzellen bereichert worden. Szamos-ujvár hat keine wesentlichen Verbesserungen erfahren. Es ist diejenige Anstalt, die zuerst aufgehoben werden wird, wenn die Zahl der Sträflinge weiter zurückgeht.

Man sieht, dass bis in die Mitte der 90er Jahre viel geschehen ist, um die alten Bauten zu verbessern und dieselben den gesteigerten Bedürfnissen eines systemgemässen Strafvollzugs anzupassen. Zugleich hat man aber erkannt, dass es ein schwieriges und nicht sehr lohnendes Unternehmen ist, alte Gebäude immer und immer wieder zu aptieren und dabei schlechte Einrichtungen neben guten bestehen lassen zu müssen. So hat man sich wenigstens zu einigen modernen Neubauten entschlossen, unter denen das Budapester Sammelgefängnis die andern bei weitem überragt. Aber seit Fertigstellung dieser Anstalt stagniert der Gefängnisbau für die schwereren Strafen wieder. Damit geht allerdings der Rückgang der schweren Kriminalität Hand in Hand. Es wäre aber zu wünschen, dass Ungarn auf dem Wege, alte den modernen Bedürfnissen nicht mehr entsprechende Strafanstalten aufzuheben, fortschritte und dafür neue Anstalten errichtete. Um gerecht zu sein, sei aber bemerkt, dass Ungarn seine finanziellen Kräfte im Gebiete der Strafrechtspflege in den letzten Jahren hauptsächlich der Jugendfürsorge zugewandt hat.

Der Umstand, dass die Strafanstalten zum grossen Teil nicht neu erbaut, sondern aus Gebäuden anderer Zwecke umgebaut sind, hat die Gruppierung der Anstalten im Lande, wie mir scheint, nicht gerade günstig beeinflusst. Indessen lässt sich der Umstand, dass der Westen des Reiches etwas bevorzugt erscheint, vielleicht auch, was mir nicht bekannt ist, damit erklären, dass im Westen eine grössere Bevölkerungsdichtigkeit vorhanden ist.

Wie bei dieser Entwickelung der Strafanstaltsbauten die einzelnen Stufen des Progressivsystems gefahren sind, wird bei Besprechung der einzelnen Stufen selbst zu erörtern sein. Jetzt schon ergibt sich aber, dass Ungarn durch seine Strafanstaltsbauten ausserstande gesetzt war, nicht bloss die einzelnen Strafarten, sondern auch die Stufen des Progressivsystems genügend gegeneinander abzugrenzen. Diese Tatsachen fanden in den Übergangsbestimmungen des Strafgesetzbuchs Ausdruck. Der § 52 des ungarischen Strafgesetzbuchs sagt: „Insolange, als den Bestimmungen dieses Abschnitts entsprechende Anstalten zur Vollstreckung der Freiheitsstrafen nicht vorhanden sind, werden diese nach den bestehenden Anordnungen vollstreckt. Nach Herstellung und Errichtung dieser Anstalten hat der Justizminister Verfügung zu treffen, dass nach Massgabe der vorhandenen Anstalten die Verurteilten und zwar auch jene, welche ihre Strafe schon angetreten haben, an die neuen Anstalten abgegeben werden und den Rest ihrer Strafe nach den Vorschriften dieses Gesetzes verbüssen.“ Im § 36 a. a. O. ist sodann noch speziell nachgelassen, dass die Kerkerstrafe nicht nur im Distriktskerker, sondern auch „in den vom Justizminister zu diesem Behufe bezeichneten Gerichtshofgefängnissen vollzogen werden kann.“

So sehr anerkannt werden muss, dass diese Übergangsbestimmungen angesichts der bestehenden Zustände und der nächsten Aussichten für die Zukunft notwendig waren, so wenig darf man sich verhehlen, dass damit die

Erfüllung der durch das Gesetz geschaffenen Garantien für einen systematischen Strafvollzug in eine ungewisse Zukunft gerückt und dass eigentlich damit der ganze Strafvollzug wiederum in die Hände der Administrativgewalt zurückgelegt war, aus denen er durch das Gesetz genommen werden sollte. Es sind in Ungarn seitdem, wie wir gesehen haben, gewiss Anstrengungen genug gemacht worden, die Übergangsbestimmungen nicht in Permanenz zu erklären. Gleichwohl lässt sich eine Gefahr darin erblicken, dass auch dringende Ausgaben des Strafvollzugs durch den Hinweis auf die Übergangsbestimmungen verzögert werden dürfen. Tatsächlich waren zum Beispiel noch vor der Errichtung der Strafanstalt Sopron 2000 Zuchthaussträflinge in Gefängnissen untergebracht. Ebenso erging es den Kerkersträflingen, von denen noch Mayer konstatiert, dass sie mit Gefängnisgefangenen in einer Zelle zusammen waren. Ein einheimischer Schriftsteller, E. von Balogh, musste noch auf den eminenten Widerspruch aufmerksam machen, der darin liege, dass der Richter erst mit heisser Mühe feststelle, ob er Zuchthaus, Kerker oder Gefängnis für eine Straftat erkennen solle, während die Strafvollstreckung dann doch die gleiche sei. Es ist nicht schwer, auf andere Staaten zu exemplifizieren, die, ehe sie ein neues Strafvollstreckungssystem eingeführt haben, sich erst mit der Neuregelung der Gefängnisbauten beschäftigten, so Holland, das sein am 3. März 1881 sanktioniertes Strafgesetzbuch erst in Kraft treten lassen wollte, wenn eine genügende Anzahl für den Vollzug der Freiheitsstrafen passender Anstalten hergestellt sein würden. Man muss aber für Ungarn bedenken, dass die Einführung eines systematischen Strafvollzuges dort noch ein brennenderes Bedürfnis war, als in anderen fortgeschritteneren Staaten. Man war zu der Einsicht gekommen, dass mit der Strafvollzugsreform unter allen Umständen ein Anfang gemacht werden müsste.

Nicht ohne Einfluss auf das Strafanstaltswesen blieb die Bestimmung des § 27 des Strafgesetzbuchs, wonach die Geldstrafen zur Unterstützung armer Sträflinge sowie zur Errichtung und Erhaltung der für jugendliche Sträflinge bestimmten Besserungsanstalten verwendet werden konnten. Das Verfügungsrecht über diese Summe steht dem Justizminister zu. Da nun die Geldstrafe überaus häufig angewendet wurde, so erreichte der Fond eine solche Höhe, dass man zu der Ansicht kam, soviel Geld sei für die gedachten Zwecke unnötig. So wurden 1884 eine Million Kronen für Neubauten dieser Art angelegt. In der Zeit vom 1. September 1880 bis 31. Dezember 1886 war aber der Fond auf 4 028 906,16 Kr. aufgelaufen, wovon 1886 nach verschiedenen Neubauten an Besserungsanstalten noch 2 357 012,90 Kr. vorhanden waren. Durch Gesetz vom 21. Februar 1887 wurde daher der § 27 a. a. O. dahin abgeändert, dass $^1/_4$ der gesamten Geldstrafen für den im § 27 angeführten Zweck, $^3/_4$ aber für die Errichtung von Strafanstalten und Gefängnissen verwendet werden sollen. Dieses Gesetz wurde zunächst in der Weise zur Ausführung gebracht, dass zwei Millionen Kr. für die Verwendung gemäss § 27 festgelegt, 200 000 Kr. für Gefängnisse und Haftlokale der Verwaltungsbehörden und der Rest zur Erbauung von Strafanstalten bestimmt wurden. Durch Gesetzartikel XXVII v. J. 1892 wurde die Quotenverteilung wieder aufgehoben und sogar die Aufnahme von Darlehnen in Höhe von $^2/_3$ der für ein Jahr zu erwartenden Summe der Geldstrafen für die gleichen Zwecke gestattet. Ohne der Entwickelung der Geldstrafe nachzugehen, scheint mir doch dadurch die Gewähr gegeben zu sein, dass auch neue Strafanstalten künftighin, an Stelle der alten gesetzt werden.

Seit den Lászlóschen Berichten, die über den Zustand des Strafvollzugs, besonders auch des Progressivsystems, an den römischen Gefängniskongress gerichtet wurden, ist man allerdings nur wenig vorgeschritten. Dies gibt der ungarische Bericht an den Brüsseler Gefängniskongress vom Jahre 1900 (Band IV Seite 513 ff.) unumwunden zu. Gesetzgebungsarbeiten auf andern Gebieten, sagt er, hätten das Justizministerium vor Vollendung der Reform des Strafrechts und des Strafvollzugs in Anspruch genommen.

II. Kroatien hat zwar durch den XXX. Gesetzartikel des Jahres 1868 vollständige Autonomie für innere Angelegenheiten, nämlich die Ressorts de

Ministeriums des Innern, der Justiz, des Unterrichts und Kultus und des Ackerbaus erlangt, ist aber erst durch die Einverleibung der Militärgrenze ein einheitliches Land geworden. Dieses staatsrechtliche Verhältnis ist auf alle Gebiete des Lebens, also auch des Strafrechts und Strafvollzugs, von Einfluss gewesen. Der definitiven Einverleibung ging schon seit dem 1. Januar 1872 die Entmilitarisierung der Militärgrenze voran. Letztere hatte auch ihren eigenen Strafvollzug in den sog. Stockhäusern gehabt, die nach Regimentern verteilt waren (z. B. Mitrovica für das Peterwardeiner Grenzregiment No. 9, Glina für das Banat-Regiment No. 10). Mit der Entmilitarisierung der Grenze wurden auch die militärischen Stockhäuser aufgehoben und als k. k. Strafhäuser der „Grenz-Landesverwaltungsbehörde" — das war damals noch das k. k. Generalkommando in Agram — unterstellt. In dieser Zei terst fing man an, den Strafvollzug neuzeitlich zu ordnen. Als Basis für die wirtschaftliche Einrichtung der Strafanstalten wurde eine Dienst- und Verrechnungsinstruktion nach dem Muster der Strafanstalt Graz eingeführt, die Versuche aber, den Sträflingen systematische Beschäftigung und gewerblichen Unterricht zuzuwenden und ihnen regelmässigen geistlichen Zuspruch zukommen zu lassen, sind in dieser Zeit noch ohne Erfolg geblieben.

Endlich durch kaiserliche Verordnung vom 15. Juli 1881 wurde die Militärgrenze dauernd dem Mutterlande wieder einverleibt und kam damit auch die Verwaltung in die Hände der Zivilbehörde, des Banus. Am 1. August 1881 übernahm die Justizabteilung der Königlichen Landesregierung in Agram, die schon durch Gesetz von 1876 die Verwaltung der selbständigen Strafanstalten von der Regierungsabteilung für innere Angelegenheiten überkommen hatte, die oberste Leitung der bisherigen Grenzstrafanstalten. Im Altlande hatte es bis dahin zwei Strafanstalten gegeben, von denen die in Lepoglava im Varasdiner Komitat für Männer, die in Agram für Weiber bestimmt war. An allgemeinen Reformen auf den Gebieten des Strafrechts und Strafvollzugs ging man jedoch erst vor, als die mit der Einverleibung zusammenhängenden politischen Fragen gelöst waren.

Kroatien ist dasjenige Land, welches den Strafvollzug vor dem Strafrecht reformierte. Der Grund liegt auf der Hand. Ein Strafvollzug, wie der in der ehemaligen Militärgrenze, liess sich unter keinen Umständen länger dulden. So kam es, dass lange, bevor es entschieden war, ob Kroatien imstande sein würde, sich ein eigenes Strafgesetzbuch zu schaffen, Tauffer ins Land gerufen wurde. Mit ihm kam der progressive Strafvollzug. Allerdings hatte die Regierung letzteren schon ins Auge gefasst. Eine Kommission hatte schon früher die angesehenen Strafanstalten Deutschlands bereist. Sodann waren auch die Zustände in den österreichischen und ungarischen Strafanstalten erkundet worden. Der Banus berief eine Kommission, die auf Grundlage des gesammelten Materials sich in Übereinstimmung mit dem Justizchef Dr. Marian Derenčin für die Annahme des progressiven Strafvollzugs aussprach. Der Regierungssekretär Vladislav von Cuculić, der im Auftrage der Regierung das Ausland bereist hatte, hatte Tauffer in Lipótvár besucht und seinen Strafvollzug dort kennen gelernt. Ohne die Person Tauffers hätte man nicht riskiert, dieses Strafvollzugssystem zu jener Zeit in Kroatien einzuführen. Am 30. Juni 1877 wurde Tauffer zum Direktor der Strafanstalt in Lepoglava ernannt und begann sofort diese Anstalt nach irischem System einzurichten. Abgesehen von vielen baulichen Veränderungen und Neuschaffungen, die er alle mit Sträflingen bewerkstelligte, schuf er eine Haus- und Dienstordnung, die grundlegend für den progressiven Strafvollzug in Kroatien wurde. Etwa 9 Jahre blieb Tauffer an der Spitze der Anstalt in Lepoglava und verschaffte während dieser Zeit ihr und seinem Vollzugssystem einen grossen Ruf im Inland und Ausland, nicht zum wenigsten durch seine Publikationen. Aufsehen erregte besonders seine in deutscher Sprache erschienene Schrift*): „Die Erfolge des progressiven Strafvollzugs und der eigenen Staatsregie in der königlich-kroatischen Landesstrafanstalt in Lepoglava“ (Berlin 1883), die in allen namhaften Werken der Gefängnisliteratur zitiert und besprochen wurde. Neben den Vorzügen des

*) Die Schrift wird im folgenden kurz nur mit „Erfolge“ zitiert werden.

progressiven Strafvollzugs wusste er — allerdings nicht unangefochten — die finanziellen Erfolge der Staatsregie in ein so helles Licht zu setzen, dass man auf der Bahn, den Entreprise-Betrieb zu beseitigen, seitdem rastlos fortschritt. Gegenüber dem bisherigen Strafvollzug sprangen allerdings die Vorzüge der Staatsregie sehr in die Augen Von 1855—1878 hatte der Fiskus aus der Arbeit der Sträflinge keinen Heller Nutzen gezogen, sondern die Beschäftigung der Sträflinge war den Verpflegungspächtern unentgeltlich überlassen. Wie anders nimmt sich dagegen die Jahresbilanz Tauffers von 1882 aus, nach der ein Reingewinn von 23730,10 Gulden nur für Lepoglava nachgewiesen werden konnte?

Seine Anstalt hatte bei und nach dem grossen kroatischen Erdbeben vom 9. November 1880 schwere Zeiten zu bestehen. „52 Schlafzimmer und Einzelzellen", schreibt er, „so auch die meisten in diesem Trakte befindlichen Arbeitslokalitäten mussten geräumt werden. Der Stand der Sträflinge betrug am Tage des Erdbebens 683 Mann. Diese mussten nun in den disponibel gebliebenen 25 Schlafzimmern und in den Lokalitäten des Spitals untergebracht werden. Auf 2 aneinander gerückten Betten schliefen 3 Sträflinge und jeder Spann des Fussbodens wurde mit Strohsäcken bedeckt. Es waren dies wahrhaft drückende und desperate Verhältnisse, welche mehrere Monate dauerten."

In die Zeit des Taufferschen Direktorats in Lepoglava fällt der Versuch Kroatiens, sich ein eigenes Strafrecht zu schaffen. Im Altlande galt bis dahin das österreichische Zivilstrafrecht, während in der Militärgrenze bis zur Einverleibung das österreichische Militärstrafrecht in Geltung gewesen war. Man ging nunmehr daran, für das gesamte Königreich ein besonderes einheitliches Strafgesetzbuch auszuarbeiten. Schon 1875 war ein Spezialgesetz, die bedingte Beurlaubung betreffend, das heute noch in Kraft ist, erlassen worden. Den Anstoss zu diesem Gesetz gab, wie Tauffer hervorhebt, das von Holtzendorffsche Buch: „Über die Kürzungsfähigkeit der Freiheitsstrafen." Tatsächlich sind auch die Motive des kroatischen Gesetzes ein getreuer Ausdruck der dort ausgesprochenen Gedanken, der im Gesetze selbst und in der Vollzugsordnung bis zur Wortübereinstimmung hervortritt. Vater des Gedankens, ein kroatisches Strafgesetzbuch zu schaffen, war der Justizchef der Landesverwaltung Dr. Marian Derenčin, der selbst den ersten Entwurf veröffentlichte. In- und Ausland beschäftigten sich, wie in Ungarn seinerzeit, mit dem Entwurfe, und er erfuhr im allgemeinen eine wohlmeinende Kritik. Tauffer sammelte diese Kritiken in einem besonderen Werke. Der Banus setzte eine Enquêtekommission ein, die den Entwurf einer genauen — man behauptet, zu genauen — Durchsicht unterzog, wobei man sich in die kleinsten Einzelheiten der Redaktion verlor. Man wollte damit die parlamentarische Behandlung erleichtern und brachte den ganzen Entwurf zu Falle. Im Jahre 1883 wurde der Justizchef Dr. Derenčin pensioniert. Von da an gerieten die Verhandlungen der Kommission ins Stocken und heute — ist Kroatien nach wie vordem im Besitz des österreichischen Strafgesetzbuchs von 1852.

Der kroatische Strafgesetzentwurf, der sich in seinen Fundamenten an das ungarische Strafgesetzbuch anlehnt, enthielt auch, gleich dem ungarischen, die vollständige Regelung des progressiven Strafvollzugs. Die in Ungarn neben der Zuchthausstrafe und Gefängnisstrafe als Mittelglied angewandte Kerkerstrafe fiel im kroatischen Entwurfe weg. Für den progressiven Strafvollzug kam nur die Zuchthausstrafe ganz und die Gefängnisstrafe von mehr als einem Jahre inbetracht. Beide Strafen schlossen den progressiven Strafvollzug derart in sich, dass bei ihnen die Zwischenanstalt zur Verwendung kommen konnte, bei Zuchthausstrafe immer, bei Gefängnisstrafe, wenn die Strafe mindestens 3 Jahre betrug. Die Versetzung in die Zwischenanstalt konnte auch schon nach der Hälfte der Strafzeit eintreten. Der Inhalt der zweiten Stufe, die Gemeinschaftshaft, war hier in der Weise gesetzlich festgelegt, dass es hiess „gemeinsame Haft mit einer auf Grund der Individualität und Moralität der Sträflinge vorgenommenen Klassifikation“. Die Strafenandrohungen in dem kroatischen Entwurfe erscheinen wenigstens in einzelnen Abschnitten sehr streng. Das hing mit den Verhältnissen der Militärgrenze zusammen, die nach längerer Herrschaft des Militärstrafrechts an ein hartes Strafrecht gewöhnt war. Der Eindruck der Strenge dieser Strafandrohungen muss hingegen verschwinden angesichts der Bestimmungen über die Strafanwendung, die gleich dem ungarischen Strafgesetzbuch den humanen Grundzug des progressiven Strafvollzugs enthalten, ja in der Ausdehnung der Zwischenanstalt auf die Gefängnisstrafe noch weiter gehen sollte, als dieses. Wäre der Entwurf Gesetz geworden, so wäre es Kroatien ebenso, wie Ungarn, schwer gefallen, einen dem Gesetz entsprechenden Strafvollzug zu schaffen. So aber steht Kroatien mit dem alten Strafgesetzbuch freier da und kann abwarten, wann der Zeitpunkt gekommen ist, mit den eingerichteten Strafanstalten progressiven Systems ein eigenes Strafgesetz zu schaffen.

Die in Kroatien geltende Strafprozessordnung ist im grossen und ganzen die österreichische vom 17. Mai 1873 in der Gestalt des kroatischen autonomen Gesetzes vom 17. Mai 1875.

Die Geschichte der Strafanstalten in Kroatien bewegt sich auf derselben Linie wie in Ungarn. Lepoglava, von dem der progressive Strafvollzug ausging, war ein aus weitläufigen Gebäudekomplexen bestehendes Paulinerkloster, das im Jahre 1855 in ziemlich baufälligem Zustande gegen eine ewige Rente von 1575 Gulden jährlich vom Kollegiat-Kapitel in Časma angekauft worden war. Wie wenig praktisch solche Ankäufe sind — sie weisen nur den einzigen, allerdings für die Finanzlage des Landes erheblichen Vorteil auf, dass nicht auf einmal eine so grosse Summe zu verauslagen ist — zeigt sich auch hier, da die Ausgestaltung der Räume zu einer für 700 Köpfe ausreichenden Strafanstalt 752 521 Gulden verschlang. Wenn man dazu die kapitalisierte Rente an das Kapital schlug, so ergaben sich 784 021 Gulden, wofür man sehr gut auch eine neue Strafanstalt hätte haben können. Schlimmer stellen sich die Zahlen noch dar, wenn man den wirklichen, durch Taxe ermittelten Wert der Anstalt, den sie natürlich nur als Strafanstalt besitzt, ins Auge fasst. Dieser betrug nämlich 1882 nur 607 695 Gulden.

Die Weiberanstalt in Agram stammt aus dem Jahre 1855 und ist seit dieser Zeit der Leitung der barmherzigen Schwestern anvertraut. Sie ist zwar als Strafanstalt gebaut, ist aber durchaus unmodern geworden und ausserdem innerhalb des Überschwemmungsgebietes der Save gelegen, so dass sie als geeignet für den progressiven Strafvollzug nicht angesehen werden kann.

Die Anstalt in Glina, die schon zu den Anstalten der Militärgrenze gehört, ist 1873 errichtet und hat im Laufe der Zeit die Bestimmung einer Anstalt für Jugendliche erhalten, so dass sie für den progressiven Strafvollzug nicht inbetracht kommt.

Die Anstalt in Gospić ist noch von der Militärbehörde erbaut und als Landesstrafanstalt erst seit dem August 1883 eingerichtet. Sie ist im Anschluss an das Gerichtshofgebäude gebaut, so dass sie mehr den Eindruck eines Gerichtshofgefängnisses macht. Sie hat überdies nur einen Fassungsraum für 300 Mann, darin die Untersuchungs- und Strafgefangenen des Gerichtshofes einbegriffen.

Die Strafanstalt in Mitrovica in Slavonien endlich ist ursprünglich auch eine der Militärgrenze angehörige Anstalt gewesen und hat als solche nur eine Belegungsfähigkeit von 200 Mann gehabt. Dort hat man jedoch unter dem soeben pensionierten Justizchef der Landesregierung Klein im Jahre 1895 eine moderne Strafanstalt zu bauen unternommen, die vollständig den Zwecken des progressiven Strafvollzugs angepasst ist, insofern Einzelhaft, Gemeinschaftshaft und Zwischenanstalt innerhalb derselben Anstalt zur Vollstreckung gelangen kann. Als Muster zu diesem Bau, der vollständig in Staatsregie ausgeführt wurde und demgemäss — was mit Rücksicht auf die Finanzkräfte des Landes wohl erklärlich — die Zeit von 4 Jahren, nämlich bis 1899*) in Anspruch nahm, hat die Anstalt in Ženica in Bosnien gedient. Jedoch hat man sich bemüht, die Bau-

---

*) Die Anstaltskirche ist erst 1908 fertiggestellt. Sie enthält getrennte Schiffe für den römisch-katholischen und griechisch-orientalischen Kultus.

fehler, die dort noch gemacht wurden, beiseite zu lassen. Darunter rechnete man die geräumigere Gestaltung des Verwaltungsgebäudes, die Einführung einer Dachlüftung im Einzelhaftgebäude und die Stellung des Spitalgebäudes gegen widrige Winde.

Die Verteilung der Strafanstalten auf das Land kann nicht ebenmässiger gestaltet werden, als in Kroatien. Das Land hat die Gestalt eines etwa gleichschenkligen Dreiecks, dessen Spitze nach Süden gekehrt ist. Die drei Männerstrafanstalten liegen in den drei Winkeln des Dreiecks und die Weiberstrafanstalt in der Mitte nahe der Landeshauptstadt Agram.

Auch in Kroatien sucht man sich in den Geldstrafen einen Fond zu schaffen, um den Bau der Straf- und Besserungsanstalten und Gerichtsgefängnisse zu fördern. Dies ist aber erst durch das Gesetz vom 16. April 1902 eingeführt. Bis dahin flossen die Geldstrafen an verschiedene Stellen, so die nach dem Strafgesetz verhängten Geldstrafen an den Armenfonds der Gemeinde des Ortes der Tat, die nach den Prozessordnungen verhängten dem Gemeindeschulfonds, andere wieder an die Staatskasse. Nach dem erwähnten Gesetz werden alle Geldstrafen ohne Ausnahme und der Erlös verfallener Bestechungsobjekte der Landeskasse zugeführt. Dieser Fond erhielt noch insofern eine Vermehrung, als durch ein Gesetz vom gleichen Tage das österreichische Strafgesetzbuch dahin abgeändert wurde, dass der Richter auch an Stelle des strengen Arrestes — nicht bloss, wie dort, beim einfachen Arrest — auf Geldstrafe erkennen darf, wenn besonders berücksichtigenswerte Umstände vorliegen. Ausgenommen hiervon sind die aus Gewinnsucht begangenen Übertretungen, der fahrlässige Bankerott und noch einige andere Vergehen. Dasselbe Gesetz ordnet auch die Strafteilung der Geldstrafen. Seit dem 1. Mai 1902, dem Tage des Inkrafttretens der beiden Gesetze vom 16. April 1902, bis zum 7. Dezember 1903, dem Tage der mir erteilten Auskunft, sind 107071 Kr. in diesen Fond geflossen. Vorläufig sind nur die Zinsen verwandt für die Erhaltung der Besserungsanstalt in Glina. Offenbar will man das Kapital erst noch zu beträchtlicherer Höhe anwachsen lassen, ehe man darüber Verfügung trifft. Dazu wird es noch einiger Jahre bedürfen. Immerhin ist anzuerkennen, dass für den Ausbau der Anstalten nunmehr eine feste Basis geschaffen ist.

III. **Bosnien.** Ein Land aus den Händen der ottomanischen Herrschaft empfangen, heisst am Beginn einer der schwierigsten Kulturaufgaben stehen, die es gibt. Noch heute ist in Bosnien Abendland und Morgenland so eng miteinander verbunden, dass man Bosnien und die Herzegowina nicht mit Unrecht als einen Zwitter zwischen Orient und Occident bezeichnet hat. Dazu kommt, dass Bosnien aus einem andauernden Kriegszustand erst langsam in friedliche Zustände überführt werden musste. Diese Umstände beherrschen natürlich auch die Entwickelung des Strafrechts und des Strafvollzugs. Ein ausgezeichnetes Buch, das von der bosnisch-herzegowinischen Landesregierung herausgegeben wurde: Eduard Eichler, „Das Justizwesen Bosniens und der Herzegowina“ (Wien 1889) gibt hierüber Auskunft. Dasselbe folgt der Landesgeschichte, indem es die Rechtszustände vor, während und nach der Okkupation beschreibt.

Zu Zeiten der ottomanischen Herrschaft galt das Scher'i in Bosnien. Darunter versteht der Mohammedaner den Inbegriff aller die Dogmatik, den Ritus, das öffentliche und private Leben regelnden Vorschriften. Ein Bestandteil des Scher'i ist die Multeka, eine unter Suleiman II. (1520—66) veranstaltete Sammlung von Koran-Kommentaren. Sechs Bücher der Multeka el ebhur (Zusammenfluss der Meere) handeln allein vom Strafrecht.

Das Scher'i ist allgewaltig und darf durch kein Gesetz angegriffen werden. Nun ist allerdings im Jahre 1857 ein Strafgesetz der türkischen Regierung erschienen, das sich dem modernen Strafrecht nähert, insofern darin nicht bloss die Dreiteilung der strafbaren Handlungen enthalten ist und Zurechnungsfähigkeit und Konkurrenz ihre Stelle haben. Jedoch bleibt neben dem Strafgesetz das Scher'i in allen Punkten aufrecht. Damit ist die Entwickelung des ottomanischen Rechts beendet und es beginnt mit der Okkupation im Jahre 1878 das abendländische

Recht seine Wirksamkeit. Die Okkupation durch die Truppen der österreichisch-ungarischen Monarchie brachte naturgemäss zunächst das österreichische Militärstrafrecht und -strafverfahren ins Land. Zwar versuchte man zunächst den Status der heimischen Gerichte aufrecht zu erhalten. Das liess sich aber nicht durchführen, da die nicht landesangehörigen Kadis das Land verliessen, die andern sich nicht mehr zu Richterdiensten hergaben. So trat die Militärgerichtsbarkeit auch gegen Nichtangehörige des Militärstandes in Wirksamkeit. Dieser Zustand erhielt sich bis zur Einsetzung der Zivilverwaltung, die nach der Tätigkeit einer provisorischen Kommission mit dem 8. Juni 1880 dauernd in die Hände des Reichsfinanzministers in Wien überging. Dieser übt seine Funktionen namens des gemeinsamen Ministeriums aus. Im Lande selbst wirkt unter Aufsicht und Leitung des Ministeriums die schon längere Zeit eingerichtete Landesregierung mit dem Armeekorpskommandanten als Chef an der Spitze.

Die Strafrechtspflege erfuhr mit Rücksicht darauf, dass das bestehende Recht unbekannt und erst durch authentische Übersetzungen zugänglich gemacht werden musste, dass die ottomanischen Gesetze im Lande nicht immer in praktischer Anwendung und dass die vorhandenen Funktionäre ohne die erforderliche Fähigkeit und Vertrauenswürdigkeit waren, eine provisorische Regelung im Verordnungswege, die den Einzug des nötigen Richterpersonals aus dem Altlande zur Folge hatte. Praxis und Studium des ottomanischen Rechts verschafften die Einsicht, dass das im Scher'i wurzelnde Recht für eine abendländische Strafrechtspflege ungeeignet sei. Es kam hinzu, dass für das tatsächlich bisher in Bosnien in Ausübung befindliche Strafrecht eine authentische Rechtsquelle nicht ermittelt werden konnte. Auf Anregung der Landesregierung verfügte das gemeinsame Ministerium die Ausarbeitung eines Strafgesetzes für Bosnien und die Herzegowina das auf der Grundlage des Militärstrafgesetzes ruhen sollte. Der Erfolg war das Strafgesetz über Verbrechen und Vergehen für Bosnien und die Herzegowina vom

7. Juli 1879, mit Geltungskraft vom 1. September 1879. Dasselbe ist noch heute in Geltung.

Die Normen des österreichischen Militärstrafrechts entsprechen im wesentlichen wiederum, soweit es sich um nicht militärische Delikte handelt, dem österreichischen Strafgesetzbuch vom 27. Mai 1852, nur bei einzelnen Verbrechen, wie Raub, Brandlegung und Diebstahl sind die militärrechtlichen Strafnormen strenger. Es war mit Rücksicht auf das okkupierte Land einmal selbstverständlich, dass die gegen die Kriegsmacht und den Bestand des Staates gerichteten Straftaten auch unter dem neuen Strafgesetzbuch noch von der zivilen Strafrechtspflege eximiert und der Militärstrafgerichtsbarkeit vorbehalten blieben, auf der andern Seite, dass auf die mohamedanische Lehre Rücksicht genommen wurde. Dies geschah bezüglich der Bigamie, des Totschlags, wenn der Ehebrecher in flagranti ertappt wurde und des Hausfriedensbruchs in Beziehung auf ein mohamedanisches Frauengemach, welch letzterem der Charakter eines Sittlichkeitsvergehens beigemessen wurde. Die Übertretungen wurden der Polizeistrafrechtspflege überlassen. Im Jahre 1882 wurde infolge des Aufstandes in der Herzegowina das Gebiet der Militärstrafgerichtsbarkeit noch auf eine Reihe gemeingefährlicher gemeiner Delikte ausgedehnt, dies aber durch den Zirkularerlass und die Verordnung der Landesregierung vom 23. Juni 1884 wiederum erheblich eingeschränkt, welche Bestimmungen durch die Verordnung der Landesregierung vom 1. April 1889, „betreffend die Ausdehnung der Standrechtsverordnung vom 23. April 1884 auf die Bildung von Räuberbanden“ ergänzt wurden. Die Militärstrafjustiz gegen Zivilpersonen hat man immer nur als Ausnahmezustand angesehen und so ist es allmählich dahin gekommen, dass in den letzten 10 Jahren eine Verurteilung im standrechtlichen Verfahren nicht mehr erfolgt ist. Was hinwiederum die Rücksichtnahme auf die Volksanschauungen anlangte, so hat durch eine Verordnung vom Jahre 1885 noch besonders eingeschärft werden müssen, den Sonderrechten und Gebräuchen in Beziehung auf Ehe, Familie etc. Rechnung zu tragen.

Im Gebiete des zivilen Strafprozesses war noch unter ottomanischem Szepter gerade zur Zeit der Okkupation eine Strafprozessreform im Gange, deren Abschluss aber wahrscheinlich nach dem Laufe der Dinge im ottomanischen Reiche noch Jahrzehnte lang auf sich hätte warten lassen müssen. Als Provisorium war im Jahre 1868 eine Verordnung „das Strafverfahren betreffend" erlassen worden. In der Okkupationszeit kam es zu der Strafprozessordnung für Bosnien und die Herzegowina vom 12. Januar 1880 mit Geltungskraft vom 1. Januar 1881. Ihr hat die österreichische Strafprozessordnung vom 23. Mai 1873 zum Vorbilde gedient. Sie ist von dem Prinzip der Parteiöffentlichkeit, Mündlichkeit und freier Beweiswürdigung beherrscht, entbehrte aber der Einführung des Laienelements in die Rechtsprechung und der Staatsanwaltschaft vollständig. Diese Prozessordnung ist durch die jetzt geltende Strafprozessordnung vom 30. Januar 1891 mit Geltungskraft vom 1. Januar 1892 ersetzt, durch die sowohl Staatsanwaltschaft als auch Laienrichter, letztere sogar in der ganzen Rechtsprechung erster Instanz eingeführt sind. Auch da ist auf die Gebräuche der Mohamedaner weitgehende Rücksicht genommen. Ein standrechtliches Verfahren gegen Zivilpersonen wegen Aufruhrs, „wenn die übrigen Mittel zu dessen Unterdrückung nicht ausreichen", und ausserdem bei einer Reihe von Verbrechen, wenn dieselben in solcher Weise um sich greifen, dass dadurch eine grössere Gefahr für die öffentliche Sicherheit, Ruhe und Ordnung zu entstehen droht, ist danach noch zugelassen.

Dass man bei Übernahme der Landesfürsorge für Bosnien und die Herzegowina die Gefängnisse im traurigsten Zustande vorfand, wird jeder ohne weiteres glauben, der türkische Verhältnisse kennt. Wir müssten bei uns bis ins Mittelalter zurück greifen, wollten wir ähnliche Zustände beschreiben. Vollstrecker des Urteils waren die politischen Behörden. Mögen andere Administrativzweige sich noch einer gewissen Fürsorge erfreut haben, das Gefängniswesen sicher nicht. Kaum dass die Untersuchungsgefangenen von den Strafgefangenen abgesondert gehalten wurden. Die Häftlinge hatten sich selbst zu verpflegen und waren, falls sie dies nicht vermochten, auf die öffentliche Wohltätigkeit angewiesen, mit deren Anrufung sich die Wachorgane — gewiss nicht ohne eigenen Vorteil — beschäftigten. Die zu längeren Freiheitsstrafen Verurteilten wurden in der Regel zur Abbüssung ihrer Strafe in die Festung Widdin abgegeben.

Mit dem Augenblicke der Okkupation begann sofort die Besserung, insoweit nun wenigstens sofort der Staat die Sorge für Verpflegung und Bekleidung der Häftlinge übernahm und eine angemessene Beschäftigung derselben einführte. Ferner sorgte man für ein zuverlässigeres Aufsichtspersonal. Im baulichen Zustand der Gefängnisse selbst konnte natürlich nicht sofort Wandel geschaffen werden, es handelte sich vielmehr nur um die nötigsten Adaptierungen. Neubauten wurden schon deswegen nicht in Angriff genommen, weil man den Entschliessungen späterer Zeiten nicht vorgreifen wollte. Dies muss im Hinblick auf die Entwickelung der Gefängnisbauten in Ungarn und wohl auch in Österreich selbst als eine besonders weise Massregel angesehen werden. Eben hatte man ein Strafgesetz geschaffen. Wie sich, zumal unter den schwierigen Verhältnissen eines okkupierten Landes, dem jedes Jahr neue Verwickelungen bringen konnte, die Kriminalität entwickeln würde, konnte man damals nicht voraussehen. Was lag also näher, als abwarten und während der Zeit des Wartens sich nach auswärtiger Hilfe umsehen. Dies geschah durch Verhandlungen mit der kroatischen Landesregierung und der Leitung der Militärgrenze, dem Reichskriegsministerium. Infolge eines auf unbestimmte Zeit geschlossenen Übereinkommens vom April 1880 wurden die männlichen Strafgefangenen von bestimmter Strafdauer zur Abbüssung ihrer Strafe nach der Strafanstalt Lepoglava in Kroatien, später auch in die ehemaligen Festungsstrafhäuser in Slawonisch Brod, Alt-Gradiska und Esseg und die Garnisonarreste in Agram und Bagusa; die weiblichen Sträflinge in die Weiberstrafanstalt in Agram gebracht. Dies geschah natürlich nur gegen Erstattung der Kosten an die beiden Regierungen. Dadurch verteuerte sich der Strafvollzug, weil selbst noch bei der Veranstaltung von Sammeltransporten in anbetracht der schwierigen Verkehrsverhältnisse grosse Kosten entstanden. Die Unterbringung in den kroatischen Anstalten hat nur bezüglich der männlichen Strafgefangenen aufgehört, bezüglich der weiblichen Strafgefangenen dauert sie heut noch fort. Es ergab sich nämlich, dass auch dieses Auskunftsmittel auf die Dauer nicht genügte. Die Garnisonarreste in Alt-Gradiska und Slawonisch-Brod erwiesen sich aus sanitären Gründen als unzureichend. In Lepoglava konnten die Bosniaken und Hercegovzen nur in beschränkter Zahl aufgenommen werden. Auf der andern Seite nutzten alle Adaptierungen nichts, um dem Strafvollzug in den Kreisgerichtsgefängnissen, die noch aus der türkischen Zeit stammten, aufzuhelfen.

So konnte es sich denn nur um eine gründliche Abhilfe im Lande handeln und man dachte bald daran, sich die Vorteile eines einheitlichen Strafvollzugssystems durch Erbauung einer Zentralstrafanstalt zu sichern, ohne die finanziellen Kräfte des Landes durch Gefängnisbauten bei den Kreisgerichten, in denen auch die langen Strafen hätten verbüsst werden können, zu zersplittern. Man begnügte sich damit bei den Kreisgerichten Gefängnisse für Untersuchungshaft und kurzzeitige Strafhaft zu schaffen.

Für die Erbauung einer solchen Zentralstrafanstalt sprachen auch finanzpolitische Gründe verschiedener Art: Ersparung von Transportkosten und der nach Kroatien gezahlten Verpflegungskosten, so weit sie die Kosten baulicher Meliorationen enthielten, Verpflegung und Bekleidung aus eigenen Erträgnissen und ökonomische und kulturelle Verwendung der Sträflingsarbeit im Interesse des eigenen Landes.

Was die Wahl des Strafvollzugssystems anbelangt, so lag der progressive Strafvollzug besonders nahe, weil ihn die Sträflinge, des eigenen Landes in Lepoglava bereits kennen gelernt hatten. Dazu kam die schriftstellerische Darstellung, die der progressive Strafvollzug durch Tauffer in Lepoglava erfahren hatte. In dem von der Landesregierung herausgebenen Buche wird ausserdem die Rücksicht auf den südslawischen Nationalcharakter als

Grund der Annahme des Progressivsystems hervorgehoben. Wenn man diese Erwägungen liest, so meint man Tauffer selbst reden zu hören. Seine Ansicht war es vornehmlich, dass, wie er sich selbst in einem Privatbriefe ausdrückt, der ganze Süden Europas ein Terrain ist, wo das Isoliersystem noch durch ein volles Jahrhundert nicht Posto fassen könne. Der Südslawe sei für eine lange Einzelhaft nicht geeignet, weil er zu weich sei. In der Einzelhaft verfalle er in Stumpfheit oder Reizbarkeit, während durch eine angemessene Abstufung die zurückgebliebenen geistigen und moralischen Kräfte gehoben würden.

Diese von der bosnisch-herzegowinischen Landesregierung angenommene Ansicht entbehrt insofern genügender Begründung, als weder Bosnien noch die beiden andern Länder, auf die ersteres sich berufen könnte, hinreichende Erfahrung mit der Einzelhaft gemacht hatten. Es ist auch nicht richtig, das Einzelhaftsystem so ohne weiteres als das fortgeschrittenere darzustellen. Leicht kann es kommen, dass man auch in Ländern völlig durchgeführter Einzelhaft wiederum davon abkommt.

Mir scheint in Bosnien der Hauptgrund der Annahme des Progressivsystems in dessen humanem Grundzug zu liegen. Dass in den ersten Jahren und Jahrzehnten unter der österreichisch-ungarischen Herrschaft die Zügel der Strafverfolgung noch recht straff angezogen werden mussten, ergibt sich aus obiger Darstellung. So sollten die mit der Verwaltung in Berührung gebrachten ihr gewissermassen zur Erziehung übergegebenen Elemente nachdem strenges Recht gesprochen war, im Strafvollzuge erkennen lernen, dass sie in guten Händen waren. Und in der Tat, dieser Erfolg, um der Darstellung insoweit vorzugreifen, ist erreicht worden. Man kann wohl annehmen, dass die Zentralstrafanstalt für Bosnien ein nicht zu unterschätzendes Moment in der Pacifizierung und in dem kulturellen Fortschritt des Landes geworden ist. Allerdings hat Bosnien das Glück gehabt, sich in Tauffer einen ausgezeichneten Experten als Erbauer und ersten Leiter der Zentralstrafanstalt des Landes zu sichern. Er hat den ersten Grund zu diesen Erfolgen gelegt.

Tauffer war es, der die Vorarbeiten für die Erbauung der Zentralstrafanstalt lieferte. Der Reichsfinanzminister erteilte ihm den Auftrag, sich über die Verhältnisse in Bosnien durch eigene Anschauung zu informieren und alsdann über zwei bereits vorliegende Projekte zum Bau einer bosnischen Strafanstalt sein fachmännisches Gutachten abzugeben, eventuell einen neuen Vorschlag zu machen. Tauffer hielt sich einen Monat in Bosnien auf, und erstattete dann einen ausführlichen Bericht, den er später auszugsweise in den Blättern für Gefängniskunde 19, S. 166 ff. veröffentlichte.

Wenn im folgenden auf den Bau einer Zentralstrafanstalt in Bosnien etwas näher eingegangen wird, als dies bei den anderen Anstalten der Fall war, so liegt das daran, dass in Bosnien zum ersten Male der Bau einer nach progressivem System eingerichteten Anstalt so vollständig unternommen worden ist, dass darin die drei Haftstadien — Einzelhaft, Gemeinschaftshaft, Zwischenanstalt — zur Vollstreckung kamen und eine einheitliche Leitung den ganzen Komplex des Strafvollzuges umfassen konnte. Die Anstalten, in denen früher das Progressivsystem durchgeführt wurde, sind alle erst mehr oder weniger für diesen Zweck aptiert worden. Wir haben bereits gesehen, dass Kroatien diesen Bau in Mitrovica nachahmte. In Ungarn lässt sich auch heute noch ein solcher Anstaltsbau vermissen.

Die zwei bereits vorliegenden Projekte, die sich mit dem Ausbau zweier Kastelle in Tesanj und Gradacac beschäftigten, lehnte Tauffer mit Rücksicht auf die Lage der Orte und die Bauverhältnisse von vornherein ab. Er selbst zog drei Orte in nähere Betrachtung, von denen ihm ein solcher in der Nähe von Serajewo hauptsächlich mit Rücksicht auf die günstigen Ertragsverhältnisse der Anstaltsprodukte am meisten interessierte. Er verkannte allerdings nicht, dass politische oder strategische Gründe gegen die Anlage einer Strafanstalt in der Nähe der Hauptstadt des okkupierten Landes sprechen könnten. An zweiter Stelle schlug er Ženica vor, das an einer Bahnstation und zugleich am Bosna-Flusse gelegen ist und einen vortrefflichen Baugrund besass. Dieser Ort ist denn auch von der Regierung gewählt worden.

Hören wir, wie sich Tauffer den Bau einer neuen Strafanstalt, den er in acht Plänen unter Berechnung der Kosten und mit den nötigen Erläuterungen beschreibt, denkt. Es kann dabei auf den Plan von Ženica verwiesen werden, das diesen Angaben entsprechend gebaut wurde. Das Einzelzellengebäude sollte sich auf der einen Seite des Hauptgebäudes und ohne baulichen Zusammenhang mit diesem befinden. Von einer Belegschaft von 626 Mann ausgehend, berechnet Tauffer die Zahl der Einzelzellen auf 62, also 10 % der gesamten Belegschaft. Das Gebäude soll deswegen ohne bauliche Anlehnung an ein anderes sein, damit es leicht verlängert oder mit einem zweiten Stockwerk versehen werden kann. Die Einzelzelle ist auf 29,91 cbm im Parterre und 32,1 cbm Luftraum im ersten Stock und auf 9,59 qm Flächenraum berechnet, so dass darin auch gearbeitet werden kann. Die Kosten des vollständigen Zellentraktes sollen sich auf 86 820 Kr. belaufen.

Das Hauptgebäude ist als dreiflügeliger einstöckiger Bau gedacht, in dem 450 Mann unterkommen sollen. Die Zellen sollen 20,74—21,5 cbm Luftraum, ferner Luftheizung und Ventilation haben. Baukosten 265 360 Kr.

Für die Zwischenanstalt benutzt Tauffer das Muster von Lepoglava und hält demgemäss zwei Gebäude für notwendig, von denen das eine den Feldarbeitern, das andere den Handwerkern dienen soll. Er berechnet die Belegschaft auf 10 % einer Gesamtzahl von 600 Mann, meint aber selbst, dass die nicht ganz ausreichend sei, das nach seinen Erfahrungen sich 15—18 % der Gesamtbelegschaft als würdig zur Aufnahme in die Zwischenanstalt erwiesen. Er rechnet daher mit der Einrichtung eines dritten Gebäudes. An Luftraum sind ihm hier 15—16 cbm ausreichend. Das Wohnhaus für die Handwerker berechnet Tauffer auf 8312 Kr., das der Feldarbeiter auf 6698 Kr.

Beim Spitalbau rücksichtigt Tauffer darauf, dass für grössere Gruppen von Krankheiten (chirurgische Fälle, Phtysis, Blut- und innere Krankheiten) verschiedene Räume vorhanden sein müssen. Dazu kommen noch einige kleine

Zimmer für Isolierung der ansteckender Krankheiten und geistiger Erkrankung verdächtigen Sträflinge. Daraus ergeben sich ihm bei einem einstöckigen Gebäude vier durchlaufend geschlossene Korridore mit fünf geschlossenen Abteilungen. Belegungszahl 66 Mann, Baukosten 69290 Kr. Den Spitalbau bringt Tauffer insofern mit den Eigentümlichkeiten des Progressivsystems in Verbindung, als nach seinen Erfahrungen die Zwischenanstalt so gut wie gar keine Krankheiten liefert und somit bei Bemessung der Belegungsfähigkeit auf sie keine Rücksicht genommen zu werden braucht. Die übrigen Gebäude enthalten keine spezifischen Eigentümlichkeiten, so dass die Darstellung derselben hier füglich unterbleiben kann.

Tauffer kommt bei vollständigem Ausbau der Anstalt auf eine Gesamtsumme von 675 620 Kr., berechnet aber daneben ein Projekt für den vorläufigen Ausbau einer Anstalt von 200 Mann Belegschaft, die später zu einer Vollanstalt zu 626 Mann ausgebaut werden könnte. Auf diese beschränktere Anstalt will er nur 215 860 Kr. verwenden dürfen. Glücklicherweise ist man darauf aber nicht eingegangen. Der Reichsfinanzminister genehmigte das Tauffersche Projekt bezüglich Ženica auf die volle Belegschaft von 626 Mann. Wie gewöhnlich war aber der Kostenanschlag hinter den tatsächlichen Ausgaben zurückgeblieben. Der Bau kostete 1 185 658 Kr. Im Frühjahr 1885 wurde mit der Ausführung des Baues begonnen, den Tauffer selbst leitete. Am 16. Juli 1886 bereits wurde er zum Direktor der entstehenden Anstalt ernannt, die er nach Fertigstellung im Jahre 1887 nicht ganz 5 Jahre verwaltete. Er starb, nachdem er schon in den letzten Jahren seines arbeitsreichen Lebens gekränkelt hatte, am 18. April 1891 in Ženica.

Die Anstalt ist die einzige des Landes geblieben. Insbesondere ist die Frage einer Weiberstrafanstalt und einer Anstalt für Jugendliche noch nicht gelöst. Aber auch diese Anstalten sollen bald geschaffen werden und wird fortwährend an diesbezüglichen Projekten gearbeitet. Es besteht die Neigung, die neuen Anstalten mit der alten zu verbinden.

Wenn im folgenden Ženica öfter mit besonderer Bevorzugung genannt werden muss, so wolle man nicht vergessen, dass eine Anstalt, der allein alle für den schweren Strafvollzug verfügbaren Mittel des Landes zufliessen und die mehr als 15 Jahre diese Vorzugsstellung inne hat, naturgemäss zu einer höheren Blüte gelangen muss, zumal in einem Lande, in dem sich noch eine so dankenswerte Kulturarbeit verrichten lässt, wie in Bosnien.

---

§ 5. Gesetzliche und administrative Basis des progressiven Strafvollzugs.

I. Ungarn.

Die beiden ungarischen Strafgesetzbücher, das eine für Verbrechen und Vergehen, das andere für Übertretungen, kennen für diese Straftaten folgende Freiheitsstrafen: Zuchthaus, Kerker, Staatsgefängnis, Gefängnis, Arrest. Ausgehend davon, dass Verbrechen, Vergehen und Übertretungen in den Strafgesetzbüchern nicht begrifflich unterschieden werden, sondern dass einfach Delikt auf Delikt in die eine oder andere Kategorie eingereiht wird, sind Zuchthaus und Kerker die ausschliesslichen Strafen für Verbrechen; Gefängnis die ausschliessliche Strafe für Vergehen; Staatsgefängnis Strafe für Vergehen, wenn auf weniger als 5 Jahre erkannt wird, für Verbrechen, wenn auf 5 Jahre und mehr erkannt wird; Arrest die ausschliessliche Strafe für Übertretungen.

Für das Progressivsystem kommen nur Zuchthaus, Kerker und Gefängnis in Betracht. Staatsgefängnis ist entsprechend unserer Festungshaft custodia honesta. Die Zuchthausstrafe dauert lebenslänglich oder ist zeitig, nämlich mindestens zwei Jahre und längstens 15 Jahre. Die längste Dauer der Kerkerstrafe beträgt 10 Jahre, die kürzeste 6 Monate. Die Gefängnisstrafe kann bis zu 5 Jahren verhängt werden. Ihre kürzeste Dauer beträgt ein Tag.

Das ungarische Strafgesetzbuch will den progressiven Strafvollzug in seinen hauptsächlichsten Normen festlegen. Wenn nun auch auf den Inhalt und die Bedeutung der einzelnen gesetzlichen Normen des Strafvollzugs bei Besprechung der Stufen des Systems wiederum einzugehen sein wird, so treten doch alsdann die rein gesetzlichen Normen in der Zusammenfassung mit den reglementarischen Normen nicht mehr mit völliger Deutlichkeit hervor. Es möchte aber die zusammenfassende Darstellung dessen, was zur Aufnahme in ein Strafgesetzbuch, das den progressiven Strafvollzug einführen und regeln will, für nötig gehalten worden ist, nicht für überflüssig angesehen werden.

Der § 28 des ungarischen Strafgesetzbuches bestimmt, dass die Zuchthausstrafe in Landesstrafanstalten vollstreckt wird. Dass aber diese Bestimmung durch § 52 a. a. O. eine wesentliche Erschütterung erleidet, ist bereits oben (§ 4, I) gezeigt worden. Ebensowenig fest ist der Ort der Vollstreckung der Kerkerstrafe bestimmt, denn neben dem Distriktskerker sind noch die vom Justizminister zu diesem Behufe bezeichneten Gerichtshofgefängnisse zugelassen. Die Gefängnisstrafe wird in den Gerichtshof- oder Bezirksgerichtsgefängnissen vollstreckt.

Die Zuchthausstrafe enthält nicht nur Arbeitszwang, sondern auch Ausschluss der Arbeitswahl. Arbeitszwang ist auch den Kerker- und Gefängnisgefangenen auferlegt, jedoch muss die Arbeit, wie das Gesetz sagt, ihren Verhältnissen entsprechen. Das bedeutet schliesslich nichts Anderes als das Recht der Arbeitswahl. Dieselbe darf sich aber nur auf die im Kerker oder Gefängnis eingeführten Arbeiten erstrecken. Für die Gefängnisgefangenen gilt noch insofern eine Ausnahme, als sie schon im Urteil vom Arbeitszwange entbunden werden können.

Was die Aussenarbeit anlangt, so erstreckt sich der Arbeitszwang für Zuchthaussträflinge auch auf diese. Jedoch dürfen die Arbeiten nur öffentliche sein und darf die Verwendung der Sträflinge hierzu nur dann erfolgen, wenn die Absonderung von anderen Arbeitern durchführbar ist. Kerker- und Gefängnisgefangene können nur mit ihrer Einwilligung zu Aussenarbeiten und auch nur dann, wenn es öffentliche Arbeiten sind, verwandt werden.

Die Pflicht der Absonderung ist im Gesetz nur für die Zuchthaus- und Kerkersträflinge ausgesprochen. Die Kerkersträflinge sollen auch von den Zuchthaussträflingen getrennt arbeiten. Diese Bestimmung gilt aber nur für die Stufen der Einzel- und Gemeinschaftshaft. Die Absonderung der Zuchthaus- und Kerkersträflinge von den Gefängnisgefangenen, mit denen sie unter den Voraussetzungen der mehrfach zitierten §§ 36 und 52 ung. StGB. zusammenkommen können, ist im Gesetz nicht besonders ausgesprochen.

Die Abgrenzung der Kerkerstrafe gegen die Zuchthaus- und Gefängnisstrafe ist abgesehen von der Bestimmung über die Dauer nur insofern angedeutet, als die besonderen Vorschriften für den Kerker milder gehalten sein müssen Selbstverständlich sollen sie auf der anderen Seite auch strenger sein, wie die Vorschriften für die Gefangenen. Worin aber Milde und Strenge bestehen soll, wird im Gesetze nicht gesagt.

Zuchthaus, Kerker und Gefängnis beginnen „in der Regel" mit der Einzelhaft (1. Stufe). „In der Regel" bedeutet nur, dass die Einzelhaft nicht angewendet werden darf, wenn sie die körperliche oder geistige Gesundheit des Sträflings unmittelbar gefährdet, und dass die Enthebung von der Einzelhaft schon erfolgen muss, sobald der Arzt die Anzeichen einer solchen Gefährdung wahrnimmt. Diese Einschränkung gilt zwar ebenso für Zuchthaus, als Kerkersträflinge, nicht aber für Gefängnisgefangene, für welche diese Bestimmungen nicht ausdrücklich als anwendbar erklärt worden sind. Ist der Fall der Nichtanwendung der Einzelhaft eingetreten, so kann, wenn das Hindernis behoben ist, die nachträgliche Unterbringung in Einzelhaft angeordnet werden, so lange noch nicht die erste Hälfte der Strafzeit, bei Lebenslänglichen 10 Jahre, verbüsst sind. Über die erste Hälfte der Strafzeit hinaus darf die Einzelhaft nicht angewendet werden, wenn nicht als Disziplinarstrafe.

Die Dauer der Einzelhaft beträgt bei Zuchthaus und Kerker, wenn die Strafe 3 Jahre und darüber beträgt, ein Jahr, andernfalls ein Drittel der Strafzeit. Die Gefängnisgefangenen sollen nur dann in Einzelhaft kommen, wenn die Strafe mehr als ein Jahr beträgt.

Unter Einzelhaft versteht das Gesetz vollständige Absonderung bei Tag und Nacht, die nur durch die reglementarisch zugelassenen Besuche, den Gottesdienst und den Aufenthalt in freier Luft unterbrochen wird, während die Arbeit immer in der Zelle verrichtet werden muss. Für Zuchthaussträflinge wird im Gesetz die Bewegung in freier Luft auf die Dauer einer Stunde bemessen, während die Kerkersträflinge zweistündigen Spaziergang haben, der nur im Disziplinarwege auf eine Stunde herabgesetzt werden kann. Diese Beschränkung darf ohne Unterbrechung nur zwei Tage dauern. Dass die Sträflinge der Einzelhaft beim Spaziergang von den Sträflingen anderer Stufen getrennt zu halten sind, ist im Gesetz ausdrücklich bestimmt, ebenso dass aus Gesundheitsrücksichten der Arzt den Zuchthaus- und Kerkersträflingen die Spazierzeit um eine Stunde verlängern darf.

Die Gestaltung der Einzelhaft bei den Gefängnisgefangenen ist im Gesetz — abgesehen von der schon erwähnten Vorschrift über die Dauer — nicht geregelt, sondern dem Gefängnisreglement überlassen, wie überhaupt die Bestimmungen über Verpflegung, Hausordnung und Disziplin. Das Gesetz verlangt, dass dieses Reglement milder sei, wie dasjenige für Zuchthaus und Kerker, sagt aber nicht inwiefern. Nur für Jugendliche, d. h. Züchtlinge von nicht über 20 Jahren, findet sich noch die Bestimmung, dass das Gericht im Urteil anordnen kann, dass sie, wenn ihre Strafzeit sechs Monate nicht übersteigt, die ganze Strafzeit, im andern Falle einen sechs Monate nicht übersteigenden Teil derselben in Einzelhaft zu verbüssen haben. Allerdings kann an Stelle der Einzelhaft auch die Verbringung in die Besserungsanstalt treten. Der Besserungszweck tritt dabei so weit in den Vordergrund, dass der Justizminister die Überführung in die Besserungsanstalt anordnen kann, auch wenn das Gericht dieselbe im Urteil nicht angeordnet hat.

Über die Gemeinschaftshaft (2. Stufe) ist dem ungarischen Strafgesetzbuch die einzige Vorschrift enthalten, dass die Sträflinge nur am Tage in Gemeinschaft gehalten werden dürfen, dass sie aber in der Nacht getrennt sein müssen.

Im übrigen springt das Gesetz gleich zu den Bestimmungen über die Zwischenanstalten (3. Stufe) über. In die Zwischenanstalt sind diejenigen Zuchthaus- und Kerkersträflinge zu überführen, die mindestens zu einer dreijährigen Zuchthaus- oder Kerkerstrafe verurteilt sind und durch Fleiss und gute Führung gegründete Gewähr für ihre Besserung bieten. Auch die zu lebenslänglichem Zuchthaus Verurteilten werden nach Verbüssung des zehnten Strafjahres, wenn sie im übrigen den gleichen Anforderungen genügen, in die Zwischenanstalt überführt. Dort werden sie gleichfalls mit Arbeiten beschäftigt, geniessen aber eine mildere Behandlung. Die Gefängnisgefangenen sind von der Überführung in die Zwischenanstalt ausgeschlossen. Die Bestimmungen über die Zwischenanstalt enthalten nach dem Wortlaut („sind . . . . zu überführen") zwingendes Recht.

Die Überführung in die Zwischenanstalt erfolgt nach Anhörung der Aufsichtskommission durch den Justizminister. Die Sträflinge können in die Hauptanstalt zurückgeschickt werden, wenn sie sich eines Disziplinarvergehens schuldig machen. Unbeschadet vorläufiger Massnahmen des Direktors, wenn die schnelle Rückversetzung in die Hauptanstalt zur Notwendigkeit wird, ist anzunehmen, dass das Gesetz dem Justizminister auch die Rückführung in die Hauptanstalt übertragen will.

Die vorläufige Entlassung*) (4. Stufe) kommt in erster Linie den Sträflingen der Zwischenanstalt, wenn sie durch gute Aufführung und Fleiss die Hoffnung auf ihre Besserung bestärken, auf ihr eigenes Ansuchen und auf Vorschlag der Aufsichtskommission zu gute. Die zu zeitiger Zuchthausstrafe Verurteilten können nach $^3/_4$, die zu lebenslänglichem Zuchthaus Verurteilten, wenn sie wenigstens 15 Jahre verbüsst haben, vorläufig entlassen werden.

Neben den Sträflingen der Zwischenanstalt können unter denselben Voraussetzungen Personen, die zu Zuchthaus von weniger als dreijähriger Dauer oder zu mehr als einjährigem Kerker oder zu einer sonstigen mindestens einjährigen Freiheitsstrafe — also Gefängnis, Staatsgefängnis — verurteilt sind, der vorläufigen Entlassung teilhaftig werden, wenn sie nur die an die Überführung in die Zwischenanstalt geknüpften Bedingungen erfüllen. Auch in diesen Fällen ist die Gewährung der Vergünstigung an eigenes Ansuchen und den Vorschlag der Aufsichtskommission gebunden.

Die Bevorzugung der in die Zwischenanstalt überführten Sträflinge ist auch noch durch den mehrfach erwähnten § 52 des ungarischen Strafgesetzbuchs durchbrochen. Solange die nötigen Zwischenanstalten noch nicht vorhanden sind, soll ohne Rücksicht auf die Dauer der im Urteil zuerkannten Freiheitsstrafe — das zielt auf die Mindestdauer der Strafe, die zur Aufnahme in die Zwischenanstalt befähigt, — auch für die nicht in die Zwischenanstalt Aufgenommenen die vorläufige Entlassung zulässig sein, wenn nur die sonstigen eben erwähnten Voraussetzungen zutreffen.

Hiernach sind also ganz ohne Rücksicht auf die vorherige Aufnahme in die Zwischenanstalt alle zu Freiheitsstrafen von mindestens einem Jahre Verurteilten — mit einer sogleich zu besprechenden Ausnahme — zur vorläufigen Entlassung zugelassen, wenn sie nur $^3/_4$ ihrer Strafzeit, mindestens also $^3/_4$ Jahre, verbüsst haben.

---

*) In den 8 Ländern wird diese Einrichtung meistenteils deutsch mit „bedingte Freilassung" oder „Freilassung auf Widerruf" bezeichnet.

Die Bestimmungen über die vorläufige Entlassung sind dispositiv gefasst mit folgender zwingendes Recht enthaltenden Einschränkung. Von der vorläufigen Entlassung sind unbedingt Ausländer und die zu den Verbrechen und Vergehen des Diebstahls, Raubes, der Erpressung, der Unterschlagung, der Sachenhehlerei, des Betrugs und der vorsätzlichen Brandstiftung in allen ihren Formen verurteilten Rückfälligen ausgeschlossen. Was Rückfall ist, ist im Gesetz für jede der erwähnten Strafarten mit Ausnahme der Brandstiftung angegeben. Bezüglich des letzteren Delikts ist anzunehmen, dass schon die zweite Bestrafung die vorläufige Entlassung ausschliesst.

Die vorläufig Entlassenen unterstehen hinsichtlich ihres Aufenthaltsortes, ihres Verhaltens und ihrer Lebensweise besonderen polizeilichen Vorschriften. Verletzung dieser Vorschriften kann den Widerruf der vorläufigen Entlassung zur Folge haben. Ist dieser erfolgt, so wird die in der Freiheit verbrachte Zeit nicht in die Strafe eingerechnet, sondern es muss der ganze Strafrest verbüsst werden. Vorläufige Festnahme der vorläufig Entlassenen ist in dringenden Fällen gestattet, jedoch gebührt auch dann dem Justizminister die Entscheidung. Die seit der vorläufigen Festnahme verbrachte Haft wird auf die Strafe angerechnet.

Das zeitliche Verhältnis der 3. zur 4. Stufe bestimmt sich nach den angeführten Bestimmungen derart, dass, wenn die Aufnahme in die Zwischenanstalt nach $^2/_3$ der geringsten Strafe, die dazu berechtigt, also bei 3 Jahren Zuchthaus oder Kerker nach 2 Jahren erfolgt, die vorläufige Entlassung nach 2 Jahren 3 Monaten zulässig ist, der Aufenthalt in der Zwischenanstalt also 3 Monate dauert. Bei 4jähriger Strafe dauert der kürzeste Aufenthalt in der Zwischenanstalt 4 Monate. Demnach währt die Zeit in der Zwischenanstalt so viel Monate, als die Strafe Jahre zählt. Bei lebenslänglichem Zuchthaus beträgt der Mindestaufenthalt in der Zwischenanstalt 5 Jahre.

Über die schon mehrfach erwähnte Aufsichtskommission enthält das ungarische Strafgesetzbuch folgende Bestimmungen. Mitglieder derselben sind: der

Präsident des Gerichtshofes desjenigen Sprengels, in denen die Strafanstalt oder das Gefängnis liegt, oder sein Stellvertreter, der Staatsanwalt desselben Sprengels oder sein Substitut, der Anstaltsdirektor, der Seelsorger, der Lehrer der Strafanstalt und zwei von dem Verwaltungsausschuss des Munizipiums gewählte Personen, also zwei vom Magistrat gewählte Bürger. Hauptaufgabe der Aufsichtskommission ist die Mitwirkung bei der Entscheidung über die Aufnahme in die Zwischenanstalt und Besserungsanstalt und über die vorläufige Entlassung. Es wirken darin drei verschiedene Interessenkreise zusammen, die gerichtlichen Behörden, die Leitung der Strafanstalt und die Kommune des Sitzes des Gerichtshofes, diese gewissermassen als Vertreterin der Heimatsgemeinde. Bei einer Beschlussfassung, welche die Überführung einer in einem Bezirksgerichtsgefängnis einsitzenden jugendlichen Person in eine Besserungsanstalt betrifft, ist auch der zuständige Bezirksrichter anzuhören.

Die Entscheidung über die Überführung in die Zwischenanstalt und über die vorläufige Entlassung trifft der Justizminister nach Anhörung der Aufsichtskommission.

Dies ist der Kreis der Bestimmungen des ungarischen Strafgesetzbuchs über den Strafvollzug, soweit er hier in Betracht kommt. Unverkennbar ist es eine schwierige kodifikatorische Aufgabe, diejenigen Strafvollzugsnormen zu bestimmen, welche in das Gesetz und welche in das Reglement gehören. In beiden Richtungen kann der Gesetzgeber fehlgehen. An dem Fehler der Aufnahme reglementarischer Normen in den Gesetzeskodex hatte der 1843er Strafgesetzentwurf gelitten. Dieser Fehler ist auch im ungarischen Strafgesetzbuch nicht ganz vermieden (z. B. Bestimmung der Spaziergangsdauer während die Arbeitsdauer nicht fixiert ist). Inwiefern im übrigen das ungarische Strafgesetz zur Kritik auffordert, möge sich aus folgenden Erörterungen ergeben.

1. Zunächst lassen die gesetzlichen Bestimmungen nicht deutlich genug erkennen, dass sie den Strafvollzug als einen progressiven normieren wollen. Ebenso gut könnte man auch aus dem deutschen Strafgesetzbuch

einen progressiven Strafvollzug herauslesen. Es ist oft genug hervorgehoben worden und erst jüngst hat dies wieder ein ungarischer Jurist*) getan, dass das deutsche Strafgesetzbuch die Elemente des progressiven Strafvollzugs in den drei Stufen Einzelhaft, Gemeinschaftshaft und vorläufige Entlassung enthält und doch kann man in Deutschland von einem Progressivsystem nicht reden. Die Stufenfolge nach Massgabe fortschreitender Besserung tritt im ungarischen Strafgesetzbuch nur in den Bestimmungen über die Zwischenanstalt und die vorläufige Entlassung klar zu Tage, insofern da die Anwendung der Vergünstigungen von der Aufführung des Sträflings abhängig gemacht ist. Dass auch die Gemeinschaftshaft durch gute Führung in der Einzelhaft verdient sein muss, ist nicht gesagt, vielmehr ist die Dauer der Einzelhaft absolut bestimmt ohne Rücksicht darauf, ob ihr Zweck erreicht ist oder nicht. Es hat dies nicht etwa nur seinen Grund in dem Mangel an Einzelzellen, sondern, wie mir von autoritativer Seite gesagt wurde, — die Motive schweigen darüber — in der Besorgnis vor der Willkür der Strafvollzugsbeamten. Zur Zeit des Inkrafttretens des ungarischen Strafgesetzbuchs und voraussichtlich auch für die spätere Zeit besass man noch nicht genügend geschulte Strafanstaltsbeamten, denen man den Strafvollzug in den ersten und schwersten Stadien vollkommen anvertrauen zu können glaubte. Auch glaubte man, dass die Einzelhaft überhaupt nicht den Besserungszwecken zu dienen hätte, sondern nur der Beugung des rechtswidrigen Willens und dass deshalb variable Grenzen entbehrlich seien. Das erste Argument entzieht sich für mich natürlich der Kritik, insoweit die Qualifikation der Strafanstaltsbeamten in Betracht kommt. Dass aber im übrigen die Besorgnis vor der Beamtenwillkür keine sehr grosse gewesen sein kann, wird unter 2. zu erörtern sein. Das zweite Argument scheint verfehlt. Wenn auch mit dem Progressivsystem sowohl die Zwecke der Abschreckung, als auch der Besserung verbunden sein sollen, so gilt das doch nicht in dem Sinne, dass gesetzlich bestimmt werden

*) Dr. Vambéry, A nemet BTK reviziója I Alapelo és büntetési rendszer.

könnte, wo zeitlich mit der Beugung des rechtswidrigen Willens aufgehört und mit der Besserung begonnen werden soll. Wo diese Grenze im einzelnen Sträfling läuft, das ist ein so innerlicher, geheimnisvoller Vorgang, dass man es nicht erreichen wird, die gesetzlichen Zeitmasse für die Stufenfolge damit in Übereinstimmung zu bringen. Allerdings hatte auch das irische System eine absolute Mindestdauer der Einzelhaft, nämlich 9 Monate. Schon 1857 wurde aber die Kürzungsfähigkeit um 1 Monat bei ausgezeichnetem Betragen eingeführt, damit also der Zweck der Besserung auch für die erste Stufe anerkannt.

Insofern der Mangel an Einzelzellen auf die gesetzlichen Bestimmungen über die Einzelhaft eingewirkt hat, wäre zu sagen, dass es sich empfohlen hätte, wie in Kroatien und Bosnien, zunächst die Einzelhaft auf eine kürzere Frist zu bemessen. War man in Ungarn der Ansicht, dass nur in Ausnahmefällen mit so kurzzeitiger Einzelhaft auszukommen sei, so konnte für die andern Fälle immer noch die jetzt bestimmte Dauer der Einzelhaft verordnet werden.*)

Bemerkenswert dagegen ist der Standpunkt des ungarischen Rechts, dass die Dauer der Einzelhaft über das angegebene Zeitmass hinaus auch nicht in das Belieben des Sträflings gestellt ist, wie in Deutschland.

2. Es fällt auf, dass der Gemeinschaftshaft im Gesetze nur mit einer einzigen dürftigen Bestimmung Erwähnung getan, dass insbesondere nicht ein Wort über die Klassifikation der Sträflinge gesagt wird. Die Klassifikation ist dem Reglement vorbehalten geblieben. Tauffer sagt, das sei „zweifelsohne deshalb geschehen, weil die Gesetzgebung in Angelegenheiten rein administrativer Natur, welche oft den Lokalverhältnissen entsprechend umgestaltet werden müssen und durch Geltendmachung neuerer Erfahrungen beständigen Veränderungen unterworfen sind, keine Bestimmung habe treffen wollen“. Das scheint mir

*) Tauffer spricht sich in seinen „Erfolgen des progressiven Strafvollzugs in Lepoglava sehr energisch für verschiebbare Grenzen der Einzelhaft aus. Übrigens hat diesen Grundsatz auch der Stockholmer Gefängniskongress angenommen.

mit dem Inhalt und dem späteren Schicksal des Reglements nicht recht vereinbar. Das Reglement gibt nämlich eine für alle Strafanstalten feststehende Klassifikation, lässt es aber zu, dass der Direktor neben diesen reglementarischen Klassen den Bedürfnissen seiner Anstalt entsprechend anderweite Klassen bildet. Und diese Art der Klassifikation — also eine feststehende Ordnung neben einer variablen — ist bis heute trotz des vielfach angegriffenen Reglements erhalten geblieben und hat allen Bedürfnissen genügt. Ist dies aber der Fall, so steht nichts im Wege, die feste Klassifikation und die Bestimmungen über die Zulässigkeit weiterer Klassenbildung in das Gesetz aufzunehmen. Ich kann nicht finden, dass diese Bestimmungen mehr administrativer Natur sind, als etwa diejenigen über den Spaziergang. Wenn man als aufnahmebedürftig diejenigen Bestimmungen ansieht, die sich auf die persönliche Freiheit beziehen, so gehören doch gewiss auch die Klassifikationsbestimmungen hinein, denn werden Klassen gebildet, so ergibt sich daraus ganz von selbst eine verschiedenartige Behandlungsweise der Sträflinge je nach der Klasse, in die sie eingereiht werden. Das aber hat seine Wirkung auch auf das Mass der persönlichen Freiheit. Am meisten tritt dies hervor, wenn es dem Direktor gestattet ist, Klassen zu bilden, die in sich eine Stufenfolge enthalten. Auch derartige Klassen lässt das ungarische Reglement zu und davon ist in einer Strafanstalt, in Illava, Gebrauch gemacht. Gerade eine solche Stufenfolge — ein Progressivsystem für sich! — greift ähnlich in die persönliche Freiheit ein, wie etwa die Überführung in die Zwischenanstalt, denn sie lässt Vergünstigungen und Erschwerungen der Haft nach Massgabe der Führung zu. Ohne solche hätte sie keinen Inhalt und wäre daher zwecklos. Wenn eine solche Klassifikation ohne besondere Einschränkung dem Direktor überlassen ist, so kann die Besorgnis vor der Beamtenwillkür, von der oben geredet wurde, nicht eben gross gewesen sein.

3. Nach dem Wortlaut des Gesetzes stellen die Bestimmungen über die Zwischenanstalten zwingendes Recht dar, während diejenigen über die vorläufige Entlassung dispositiver Natur sind. Es soll also an und

für sich dem Sträfling ein Recht auf Überführung in die Zwischenanstalt zugestanden werden, falls er den gesetzlichen Bedingungen genügt, während für die vorläufige Entlassung kein Rechtsanspruch besteht. Der Unterschied wird juristisch damit begründet, dass die vorläufige Entlassung als ein Begnadigungsakt aufzufassen sei, der jure delegato von der Justizverwaltung ausgeübt werde. Allein es steht nichts im Wege, auch die Erleichterungen der Haft, die die Zwischenanstalt bietet, in ihrer Gesamtheit auch als einen Gnadenakt anzusehen. Ist die vorläufige Entlassung $^3/_4$ der Freiheit, so ist die Zwischenanstalt die Hälfte. Eine derartig unterschiedliche Behandlung der Zwischenanstalt von Gesetzes wegen empfiehlt sich um so weniger, weil re vera nie eine solche gemacht werden wird. Fast immer wird es möglich sein, die Nichtüberführung in die Zwischenanstalt mit der Berufung auf den mehrfach zitierten § 52 des ungarischen Strafgesetzbuchs zu rechtfertigen. Und wenn es heisst, dass Fleiss und gute Führung zur Aufnahme in die Zwischenanstalt berechtigen, so sind das nicht juristische Begriffe, mit denen Ansprüche auf Versetzung in die Zwischenanstalt begründet werden können. Insbesondere würden Fleiss und gute Führung noch nicht durch den Mangel disziplinarer Bestrafung zu erweisen sein. Schliesslich fehlt der Weg Rechtens, mit dem derartige Ansprüche durchgesetzt werden könnten.

Im übrigen lassen sich bei der Frage der Überführung in die Zwischenanstalt ebenso, wie bei der vorläufigen Entlassung, Gründe genug denken, die eine solche trotz Fleiss und guter Führung nicht ratsam erscheinen lassen z. B. Fluchtgefahr oder Gemeingefährlichkeit der Verbrecher.

Die Bestimmungen des ungarischen Strafgesetzbuchs über den Strafvollzug lassen deutlich erkennen, dass man eigentlich von vornherein ein Gebäude auf Abbruch errichten wollte. Es sollte lediglich der Anfang gemacht werden, die Strafe progressiv vollstrecken zu können, ohne dass man sich jedoch tatsächlich zu binden brauchte. Die Macht über den Strafvollzug bleibt vollkommen in den Händen der Zentralinstanz, die durch kein Gesetz verpflichtet ist, für baldige Herstellung der zur vollkommenen Durchführung des Progressivsystems erforderlichen Anstalten zu sorgen und so für eine Stufenfolge zu sorgen, die lediglich mit den reinen Strafvollzugsprinzipien operiert. Es wäre zu wünschen, dass Ungarn bald das Gesetz in Übereinstimmung brächte mit den tatsächlichen Verhältnissen. Alsdann würde auch eine gewisse Dezentralisation zur Entlastung des Ministeriums und zur Stärkung des Ansehens der Strafanstaltsleiter angebracht sein.

Im übrigen ist es zu begrüssen, dass die niedereren Organe der Justizverwaltung in der Aufsichtskommission an dem Strafvollzug beteiligt sind. Dass die erkennenden Gerichte Jugendliche statt ins Gefängnis in die Besserungsanstalt entsenden können, ist allerdings in die meisten modernen Gesetzgebungen übergegangen. Eine exzeptionelle Vorschrift dagegen ist es, dass die erkennenden Gerichte Verurteilte von der Arbeit befreien und ihnen eigene Verpflegung gestatten können. Diese Vorschrift, die sich lediglich auf die Gefängnisstrafe bezieht, möchte ich, weil sie gerade einige besondere Vergünstigungen aus dem Reglement herausreist, die sich möglicherweise gar nicht mit den Erfahrungen des Strafvollzugs decken, als glücklich nicht bezeichnen.

Die Beteiligung der Justizorgane am Strafvollzug gewährleisten auch in Ungarn nicht, dass sich die höheren Justizbeamten ein eingehenderes Verständnis für den Strafvollzug verschaffen. Und so sind auch in Ungarn und selbstverständlich auch in Kroatien und Bosnien, wo die Richter noch viel weniger mit dem höheren Strafvollzug befasst sind, wie hier gleich erledigt werden mag, die Klagen über mangelndes Verständnis auf diesem Gebiete allgemein. Die Verurteilungen zu Gefängnisstrafen schliessen z. B. in Ungarn die Anwendung des progressiven Strafvollzugs so gut wie ganz aus. In Ungarn wurden im Jahre 1901 31 Personen zu 1—2 Jahren, 9 Personen zu 2—3 Jahren Gefängnis verurteilt. Meistens wird nur eine Gefängnisstrafe von 1—2 Monaten angewandt. Aber auch im übrigen tritt in den Urteilen bei Bemessung der Strafe niemals der Gedanke an den bessernden Charakter des progressiven Strafvollzugs zutage.

Dagegen pflegen die Universitäten die Gefängniskunde. Abgesehen von regelmässigen Kollegien über diese Gegenstände besuchen auch die Studenten mit den Dozenten Strafanstalten. So hat Dr. Vambéry, Dozent des Strafrechts an der Universität Budapest, noch im Sommer 1903 mit einer grossen Zahl von Hörern eine Reise zum Besuch der Zentralstrafanstalt Ženica in Bosnien, Professor Dr. Šilović in Agram 1902 eine solche zum Besuche der kroatischen Anstalt in Mitrovica unternommen. Mögen auch diese Reisen bei Studenten ausser dem reinen Studienzwecke noch anderen Genüssen dienen, so ist doch damit immerhin ein lehrreicher Anschauungsunterricht geboten, auf dem sich leichter ein Interesse für diesen Zweig der Strafrechtspflege aufbaut.

Das erste ungarische Reglement für Zuchthaus und Kerker datiert vom 10. Juni 1870. Im Anschluss an das Strafgesetzbuch von 1880 erschien ein Reglement vom 9. August 1880, das das erstere Reglement zum Teil aufhob, zum Teil ergänzte. Die Einzelheiten dieses Reglements werden bei den einzelnen Stufen des Progressivsystems besprochen werden. Ebenso wird mit den Reglements der beiden anderen Länder verfahren werden.

Besondere Hausordnungen bestehen neben dem Reglement nicht, höchstens lokale Verordnungen der Anstaltsleiter über einzelne besondere Angelegenheiten der Anstalt

II. In **Kroatien** gilt immer noch das österreichische Strafgesetzbuch vom 27. Mai 1852, soweit seine Bestimmungen nicht durch die autonomen kroatischen Gesetze, die seit 1861 geschaffen wurden, modifiziert sind. Das österreichische Strafgesetzbuch kennt an Freiheitsstrafen für Verbrechen den Kerker, der sich in zwei Grade teilt, die als „Kerker“ und „schwerer Kerker“ unterschieden werden; für Vergehen und Übertretungen den Arrest, der gleichfalls in zwei Grade abgestuft ist, den blossen „Arrest“ und den „strengen Arrest“. Der Hausarrest, der nach § 240 des österreichischen Strafgesetzbuchs noch zugelassen ist, hat keine praktische Bedeutung in Kroatien erlangt. Es wird nur selten auf diese Strafe erkannt. Die Bestimmungen des österreichischen Strafgesetzbuches über den Vollzugsinhalt der Strafen sind ziemlich detailliert. Das aber, was den Kerker vom „schweren“ Kerker unterschied, das Eisen an den Füssen, ist sowohl in Österreich wie in Kroatien weggefallen. Allerdings ist das österreichische Gesetz vom 15. November 1867, das die Eisen (Ketten) abschaffte und dafür die Verschärfungsarten einführte, in Kroatien nicht rezipiert. Diese Verschärfungsarten waren: Fasten, hartes Lager, Einzelhaft, Dunkelzelle, Landesverweisung nach ausgestandener Strafe. An die Stelle des österreichischen Gesetzes von 1867 ist in Kroatien ein Gesetz vom 17. Mai 1875 getreten, das die Eisen ohne Ersatz durch die Verschärfungen des österreichischen Strafgesetzbuches abschaffte. Fesselung ist danach im Strafvollzuge nur disziplinarisch bei besonders widerspenstigen, gewalttätigen und andere zum Widerstande aufreizenden Sträflinge und beim Fluchtversuche anwendbar. Der Unterschied des einfachen vom schweren Kerker besteht in Kroatien nur noch darin, dass bei der Verteilung der Arbeit auf den Grad der Kerkerstrafe Rücksicht genommen werden soll, soweit dies nach dem progressiven Strafvollzug möglich ist und dass Besuche und Unterredungen nur in ganz besonderen und wichtigen Fällen gestattet werden sollen, was schon im § 16 des österreichischen Strafgesetzbuchs vorgeschrieben war. Die Bestimmungen des Strafgesetzbuchs über die Einzelhaft sind in Österreich ersetzt durch das Gesetz vom 1. April 1872 „über die Einzelhaft und die Bestellung von Strafvollzugskommissionen“. Auch dieses Gesetz gilt in Kroatien nicht. Dort ist die Einzelhaft durch die Dienstinstruktion für die Strafanstalten und Gefängnisse geregelt.

Arrest und strenger Arrest scheiden sich nach den bei der letzteren Strafe zugelassenen Verschärfungsarten.

Was die Dauer anlangt, so ist die Kerkerstrafe eine lebenslängliche oder zeitige, im letzteren Falle währt sie kürzestens $^1/_2$ Jahr, längstens 20 Jahre, ohne dass dabei zwischen Kerker und schwerem Kerker unterschieden wird. Im Fall, dass mehrere Milderungsgründe zusammentreffen, kann aber noch unter 6 Monate heruntergegangen werden. Die Arreststrafe dauert kürzestens 24 Stunden und längstens 6 Monate.

Für das Progressivsystem kommt nur der Kerker in Betracht, wenn wegen Verbrechens auf eine Strafe von mehr als 6 Monaten erkannt ist. Alsdann nämlich sind die Verurteilten in die Strafanstalten zu überführen, für die nach Reglement der progressive Strafvollzug gilt. Wir haben es in dem österreichischen Strafgesetzbuch mit einem veralteten Strafensystem zu tun. Es wäre unmöglich gewesen, den progressiven Strafvollzug mit einem Gesetz zu verbinden, das den grössten Teil der Disziplinarstrafen zur urteilmässigen Strafe macht und diese Verschärfungen ohne Rücksicht auf die Stufenfolge, ohne Rücksicht auf die eingetretene Umwandlung, während der ganzen Strafzeit bestehen lässt. Deshalb musste auf gesetzlichem Wege Abhilfe geschaffen werden.

Arbeitszwang ohne Arbeitswahl gilt für jede Art des Kerkers. Indessen soll bei Verteilung der Arbeit auf den Grad der Kerkerstrafe, die bisherige Beschäftigungsweise und die Bildungsstufe tunlichst Rücksicht genommen werden.

Die von Tauffer entworfene „Instruktion über die innere Einrichtung der Strafanstalt Lepoglava" vom 28. Februar 1878 ist auf die übrigen Strafanstalten übertragen worden. Darin sind alle den progressiven Strafvollzug umfassenden Bestimmungen enthalten.

III. **Bosnien.** Das bosnische Strafgesetzbuch vom 7. Juli 1879 lehnt sich im Strafensystem ganz an das österreichische Strafgesetzbuch von 1852 an. Die Freiheitsstrafen sind in derselben Weise geregelt. Der Kerker ist also auch da in zwei Grade geschieden. Das bosnische Strafgesetzbuch lässt auch dieselben Verschärfungen zu, wie das österreichische. Hier hat die judizielle Praxis eingegriffen, um den Strafvollzug als einen progressiven möglich zu machen, indem man sich auf diejenigen Verschärfungen beschränkt hat, die dem progressiven Strafvollzug nicht hinderlich sind. Im wesentlichen bleibt es bei dem Eisen, das in einem einfachen Bande um den Fuss getragen wird. Die Einzelhaft als Verschärfung darf ununterbrochen jedenfalls nicht länger als einen Monat dauern und dann erst wieder nach einem Zwischenraume von einem Monat zur Anwendung kommen. Während dieser Einzelhaft hat der Sträfling täglich mindestens zwei Besuche zu erhalten und er hat Anspruch auf angemessene Beschäftigung.

Mit der Kerkerstrafe ist nicht, wie im österreichischen Strafgesetzbuch, stets, sondern nur „in der Regel" Anhaltung zur Arbeit verbunden. Nach dem Reglement von Ženica ist aber jeder Sträfling zu einer angemessenen Arbeit anzuhalten.

Bestimmung, Inhalt und Bedeutung des Arrestes und Hausarrestes sind dieselben, wie im österreichischen Strafgesetzbuch.

Das bosnische Strafgesetzbuch sagt, abgesehen von Verschärfungen, kein Wort über die Art der Vollstreckung der Freiheitsstrafen. Der ganze Strafvollzug der schweren Strafen ist in der „Verordnung enthaltend die grundsätzlichen Bestimmungen über die Leitung der Zentralstrafanstalt in Ženica und über den Strafvollzug in derselben" geregelt. Diese hat die Bedeutung einer kaiserlichen Verordnung; genehmigt unter dem 13. Oktober 1887 und durch Erlass des k. k. gemeinsamen Ministeriums vom 28. Oktober 1887 bekannt gemacht. Ihr schliesst sich zur weiteren Ausführung die Haus- und Dienstordnung für die Zentralstrafanstalt in Ženica an, die vom k. k. gemeinsamen Ministerium erlassen ist.

Danach werden in der Regel Kerker und schwerer Kerker in der Dauer von über einem Jahr in der Zentralstrafanstalt Ženica vollstreckt. Aus besonderen Gründen kann aber die Landesregierung anordnen einerseits, dass auch Freiheitsstrafen ohne Unterschied der Kategorie und ohne Rücksicht auf die Strafdauer, also auch Arreststrafen und Strafen von einem Jahre und kürzerer Dauer in Ženica, andererseits, dass auch Kerkerstrafen über ein Jahr in einem anderen Gefängnisse abgebüsst werden. In solchen Fällen ist es aber der Landesregierung vorbehalten zu bestimmen, ob und welche Rücksichten beim Strafvollzug zu beobachten sind, damit dem Strafensystem entsprochen werde. In der Praxis ist es bei Durchführung der normalen Bestimmungen für die Belegung der Zentralstrafanstalt Ženica verblieben.

IV. **Die Organisation des Strafvollzuges.** In allen drei Ländern wird der Strafvollzug in seinem ganzen Umfange als Angelegenheit der Justizverwaltung betrachtet.

In Ungarn steht die III. Sektion des Justizministeriums an der Spitze der Organisation. In deren Ressort gehören allerdings nicht nur die Strafvollzugsangelegenheiten, sondern auch die anderen Angelegenheiten der Kriminaljustiz, als da sind: strafrechtliche Gutachten, Geschäftsführung, Personalien und Wirtschaftsgebarung der Staatsanwaltschaften und Oberstaatsanwaltschaften, Transportwesen und Winkeladvokatur. Sie beaufsichtigt ferner die gerichtschemischen Institute und hat einen justizärztlichen Senat, der die Gerichtsarztprüfungen abnimmt. An der Spitze steht ein Ministerialrat als Oberleiter. Ein Sektionsrat bearbeitet ausschliesslich das Strafanstaltswesen je ein anderer die Angelegenheiten der Staatsgefängnisse und Besserungsanstalten, ein Hilfsarbeiter das Gefängniswesen, ein rechtskundiger Ministerialsekretär die Personalien der Gefängnisbeamten, je ein rechtskundiger Hilfs-Ministerialsekretär speziell die vorläufige Entlassung und Gefängnisbauten. Die Ausführung der Bauten selbst ist aber abgetrennt und gehört in die V. Sektion des Ministeriums.

In neuester Zeit ist die Bildung einer speziellen Sektion für Gefängniswesen geplant.

Die Gefängnisse unterstehen zunächst der Aufsicht der Staatsanwälte und Oberstaatsanwälte und mittelbar erst dem Justizministerium. Die Strafanstalten einschliesslich der Zwischenanstalten und Distriktskerker werden direkt vom Ministerium beaufsichtigt.

In Kroatien und Bosnien leiten die Justizabteilungen der Landesregierungen in Agram und Serajewo den ganzen Strafvollzug. Die Leiter dieser Abteilungen sind Sektionsräte. Bei dem geringeren Umfang der Geschäfte sind besondere Beamte für den Strafvollzug bisher nicht erforderlich gewesen. Die notwendigen Lokalrevisionen werden von dem Justizchef selbst oder dessen

Spezialkommissar vorgenommen. Der kroatische Justizchef bearbeitete z. Zt. meines Besuchs das Dezernat der Strafanstalten und Gefängnisse selbst. Er nimmt fast alle Revisionsreisen selbst vor.

In keinem der drei Länder ist die statistische Abteilung z. Zt. direkt an das Justizressort angeschlossen. In Ungarn war es bis vor kurzem der Fall.

Das Amt eines Generalgefängnisinspektors, der sich ständig mit Revisionen der Gefängnisse und Strafanstalten befasst und in der Mitte zwischen den Anstalten und der Zentralinstanz stehend die Bedürfnisse der Anstalten prüft und die Wünsche der Sträflinge anhört, hauptsächlich aber die Gesetzmässigkeit des Strafvollzugs überwacht, ist in keinem der drei Länder eingeführt. Dieses Amt wird aber dort überall für nötig erachtet und die Anstellung eines General-Gefängnisinspektors wird lebhaft erwogen. In Kroatien ist eine Persönlichkeit bereits dafür ins Auge gefasst, die nach gehöriger Praxis im Strafanstaltsdienst, in den nächsten Jahren mit dieser Aufgabe betraut werden soll.

Überall ist jetzt schon den Sträflingen das Recht eingeräumt, an die zu Revisionen entsandten Ministerialkommissare heranzutreten und ihnen ihre Wünsche und Beschwerden vorzutragen.

Sämtliche Vorgänge in den Strafanstalten werden durch Tagesrapporte zur Kenntnis der Landeszentralinstanz gebracht.

Die Verteilung der Sträflinge auf die Anstalten geht in Ungarn und Kroatien — in Bosnien ist das bei der einen Anstalt nicht nötig — vom Ministerium bezw. der Landesregierung aus. Strafvollstreckungspläne, die für die nachgeordneten Vollstreckungsbehörden die Vorschriften über die Verteilung der Verurteilten enthielten, gibt es nicht. In Kroatien mag die Verteilung der Sträflinge auf die einzelnen Anstalten bei deren geringer Zahl keine erhebliche Mehrbelastung der Justizabteilung darstellen, wohl aber in Ungarn, das für 65 Staatsanwaltschaften die Sträflinge zu verteilen hat. Man meint dort, dass es zu umständlich sei, die Staatsanwaltschaften fortwährend über den Stand der Belegung der Strafanstalten auf dem Laufenden zu erhalten. Das wäre nur zutreffend, wenn die Strafanstalten sich fortwährend oder wenigstens an der Grenze der Belegungsfähigkeit befänden, was aber schon lange nicht mehr der Fall ist. Tatsächlich bestehen in Ungarn Verteilungsgrundsätze, die sich wohl für einen die Vollstreckungsbehörden bindenden Vollstreckungsplan eigneten. So werden die langzeitigsten Verbrecher nach Illava geschafft.*) Das religiöse Bekenntnis wird in der Weise berücksichtigt, dass man den Sträfling nach der Anstalt verweist, in der er möglichst einen Geistlichen seines Bekenntnisses findet. Man nimmt sogar auf die Gesundheit Rücksicht, in dem man einen Tiefländer nicht nach dem Hochland bringt u. dgl. Sodann wird noch ins Feld geführt, dass es den nachgeordneten Vollstreckungsbehörden wegen der kleinen Zahl von Verurteilten, die zu verteilen sind, nicht möglich wäre, zwecks Kostenersparnis Sammeltransporte zu veranstalten. Auch dies ist nicht zutreffend. Das Sammeltransportwesen in Preussen zeigt, dass es wohl möglich ist, ohne Mitwirkung der Zentralinstanz die Vollstreckungsbehörden zur Veranstaltung von Sammeltransporten zu verbinden.**)

Mit einer so weit gehenden Zentralisierung des Strafvollzugs wird m. E. nichts gewonnen. Misstrauen gegen die Vollstreckungsbehörden, die dadurch, wie man in Ungarn befürchtet, einen unzulässigen Einfluss auf den Strafvollzug gewinnen könnten, ist jedenfalls dann nicht begründet, wenn man den Vollstreckungsplan so eindeutig gestaltet, dass der Staatsanwalt über die zuständige Strafanstalt nicht im Zweifel ist.

In allen drei Ländern gilt der Grundsatz, dass die zu

---

*) Ob Illava sich allerdings zur Aufnahme der schwersten Verbrecher eignet, ist eine andere Frage. Mayer fand 1888, dass Illava sich mit seinen 31 Einzel- und 8 Dunkelzellen wenig dazu eigne. Dabei hatte Illava damals keinen Sträfling, der weniger als 5 Jahre zu verbüssen gehabt hätte Heute hat Illava 203 Einzelzellen.

**) In dem Budget der Strafanstalten Ungarns pro 1902 sind nur 4000 Kr. für Transportkosten ausgeworfen. Mit einer so kleinen Summe ist allerdings nicht viel zu erreichen.

Gefängnisstrafen Verurteilten in dem zuständigen Gerichtshofgefängnis zu verbüssen haben. In Bosnien gilt das mit der Einschränkung, dass Sträflinge, welche wegen eines Verbrechens zu einer mehr als einjährigen Freiheitsstrafe verurteilt sind, die Strafe in der Zentralstrafanstalt Ženica, alle andern dagegen in dem Gefängnis des Erkenntnisgerichtes erster Instanz zu verbüssen haben.

Allerdings kann — wenigstens in einem kleineren Staate — im progressiven Strafvollzug, wenn mit demselben eine vollständige Klassifikation verbunden ist, die Zentralisierung der Sträflingsverteilung zur Notwendigkeit werden. Es wird sich dann oft zeigen, dass eine Anstalt für gewisse Klassen überhaupt nicht geeignet ist oder dass der Überfüllung bestimmter Klassen vorgebeugt oder die Anfüllung leerstehender Klassen gesichert werden muss, kurzem dass für eine regelmässige Verteilung der Sträflinge auf die einzelnen Klassen Sorge getragen werden muss. Allein diesen Gesichtspunkt habe ich weder in Ungarn noch in Kroatien gewahrt gesehen, weil die Klassifikation überhaupt nicht durchgeführt wird.

Die Leitung der Strafanstalten ist überall in den Händen von Direktoren oder Verwaltern, die zugleich Vorgesetzte der andern Beamten der Anstalt sind und Disziplinargewalt haben. Man ist einig in dem Wunsche, dass wenigstens bei den grösseren Anstalten vollständig ausgebildete Juristen an die Spitze gestellt werden. Das ist m. W. in allen drei Ländern nur in je einem Falle gelungen. In zweien dieser Fälle sind die betreffenden Direktoren schon jetzt dazu ausersehen, das Gefängniswesen in höheren Stellungen zu bearbeiten. Unter den jüngeren Juristen besteht keine Neigung, sich dem Gefängnisdienste zu widmen. In Kroatien ist dieser Mangel von Angeboten besonders lebhaft, zumal dort überhaupt bisher der Zudrang zu den Verwaltungsbehörden, die die Ablegung der Richteramts- oder einer anderen ihr gleichstehenden Prüfung nicht verlangten, stärker war als zur Justiz. In Bosnien ist schon jetzt in die Organisationsvorschriften aufgenommen, dass nicht nur der Direktor der Strafanstalt, sondern auch sein Vertreter Jurist sein muss, der die Richteramtsprüfung bestanden hat. Letztere Stelle ist schon zweimal vorübergehend vorschriftsmässig besetzt gewesen. In beiden Fällen ist es jedoch zu einer definitiven Anstellung nicht gekommen und die Stelle muss daher unbesetzt bleiben.

Der Direktor hat natürlich den umfassendsten Pflichtenkreis. In seinen Händen ruht in Wahrheit der ganze Strafvollzug, die ganze Wirtschaftsgebarung, die Regelung und Beaufsichtigung des Dienstes der Beamten und die Disziplinargewalt über Beamte und Sträflinge. Im wesentlichen entsprechen die Vorschriften über das Amt des Direktors den unsrigen. Dem progressiven Strafvollzug entspringen aber noch einige weitere Pflichten. Das ist zunächst die Überwachung der Klassifikation, sodann die Überwachung der mit der Hauptanstalt etwa verbundenen Zwischenanstalt mit Rücksicht auf den Strafvollzug und die landwirtschaftliche Arbeit.

Die Klassifikation wird dem Direktor natürlich um so grössere Schwierigkeiten bereiten, je ungeeignetere Räume er in seiner Anstalt besitzt. Welche Schwierigkeiten sich ihm dabei in den Weg stellen, wird später zu erörtern sein. Ebenso wird die Darstellung der Zwischenanstalten die Schwierigkeiten der Regelung des Strafvollzugs in diesen ergeben. Hier mag noch ein Wort über die landwirtschaftliche Tätigkeit des Direktors gesagt werden. Ist es für einen Anstaltsleiter, der nicht industrielle und kaufmännische Vorbildung besitzt, schon schwer die industrielle Arbeit der Anstalt so zu leiten, dass sie auf der einen Seite den Zwecken des Strafvollzuges entspricht und den von jeder nationalen Arbeit zu fordernden Nutzen abwirft, auf der anderen Seite, dass sie keine unzulässige Konkurrenz macht, so verlangt der landwirtschaftliche Betrieb der Zwischenanstalten noch ein bedeutendes Plus an Kenntnissen auf diesem von dem Industriebetrieb wieder weitab liegenden Gebiete. Und doch arbeiten eine Reihe von Direktoren der drei Länder ohne die Beihilfe eines landwirtschaftlichen Sachverständigen, so Vácz, Lipótvár, Kis-Hartha, Gospić. In anderen ist ein landwirtschaftlicher Beamter zwar vorhanden. Er hat aber nur die Aufgabe eines sachkundigen Arbeitsaufsehers, während der Direktor die eigentliche Arbeits- und Feldverteilung, Bestellungsart, Ein- und Verkauf für sich durchführt, so Lepoglava, Mitrovica. Er ist also der eigentliche Wirtschaftsleiter, während der Landwirt Schaffer, Leutevogt oder höchstens Wirtschaftsassistent ist. In keinem Falle habe ich gefunden, dass ein Landwirt selbständig für die vollständige Regelung des landwirtschaftlichen Arbeits- und Feldbetriebes bestellt ist. Dass dadurch die Landwirtschaft gelitten hätte, konnte ich nicht feststellen, wie wohl ich zugeben muss, dass ein Landwirt vielleicht zu einem anderen Ergebnis kommen könnte. Da aber der Strafvollzug immer an die erste Stelle zu treten hat, so wäre gegen die bisherige Gestaltung der Verhältnisse in den besuchten Ländern nichts zu sagen. Verkannt soll aber dabei nicht werden, dass der Hinzutritt der Zwischenanstalt mit ihrem so sehr abweichenden Strafvollzug und Arbeitsbetrieb in dem Direktor eine ausserordentliche Kraft verlangt. Schon der Umstand, dass die Zwischenanstalt so viel seinen Aufenthalt ausserhalb der Gefängnismauer auf den oft verstreut liegenden Feldern und Arbeitsstellen erfordert, illustriert deutlich die Schwierigkeit dieses Amtes, dessen Hauptaufgaben doch nach anderen Systemen und schliesslich auch nach dem Progressivsystem innerhalb der Mauer zu erledigen sind.

Ein richtiger Landwirtschaftsbetrieb verlangt auch eine genauere Kenntnis der Markt- und Absatzverhältnisse. Deshalb sieht das bosnische Reglement ausdrücklich vor, dass der Direktor befugt sein soll, grössere Geschäftsverbindungen anzuknüpfen und Engrosein- und -verkauf selbst vorzunehmen. Der Direktor kann zu diesem Zwecke Geschäftsreisen vornehmen oder durch seine Beamten vornehmen lassen. Er erhält dafür die gesetzliche Reiseentschädigung, ist aber verpflichtet, vor der Reise die Zustimmung der Landesregierung einzuholen, die Abreise anzuzeigen und über das Ergebnis zu berichten. Ich habe nicht gehört, dass von dieser Ermächtigung viel Gebrauch gemacht wird. Der Direktor wird auch kaum Zeit zu Geschäftsreisen finden. Ein- und Verkauf gestalten sich dort noch leicht an Ort und Stelle. Ich habe überhaupt keine einzige Klage gehört, dass es den Strafanstalten schwer fiele, ihre Erzeugnisse abzusetzen. Im Gegenteil sind oft die Direktoren nicht imstande, den an sie herantretenden Nachfragen gerecht zu werden. Es scheint sogar eine grosse Vorliebe für die Produkte der Strafanstalten zu bestehen, offenbar deswegen, weil den Käufern jede Gefahr bei Verträgen mit einem fiskalischen Institut ausgeschlossen erscheint.

Die Fortbildung des Direktors und der anderen Oberbeamten in allen Zweigen des Strafvollzugsdienstes liegt allen drei Ländern am Herzen. Dafür dürften die zahlreichen Mitglieder, die der Verein der deutschen Strafanstaltsbeamten in Behörden und Beamten dortselbst hat und die vielen Studienreisen, die von dorther vornehmlich nach Deutschland und Österreich mit staatlichen Mitteln unternommen werden, sprechen. Dass für die industrielle und landwirtschaftliche Ausbildung der Direktoren speziell gesorgt würde, davon habe ich weniger gehört. Die landwirtschaftliche Ausbildung kann deshalb eher entbehrt werden, weil in diesen Ländern landwirtschaftliche Kenntnisse noch in einem ganz anderen Grade als bei uns Gemeingut Aller sind. Es soll nicht unterlassen werden hervorzuheben, dass der Verwalter der Strafanstalt Mitrovica, deren Zwischenanstalt grossen Weinbau treibt, auf Kosten der Regierung an der Weinbauschule in Klosterneuburg im Weinbau und Kellereiwesen ausgebildet wurde.

Die Strafanstaltsbeamten haben in den meisten Fällen grössere Gärten und Ackerfelder der Anstalt zur Eigennutzung, deren Erträge einen Teil ihres Einkommens bilden, so dass sie gewissermassen am eigenen Fleische lernen können. Sie dürfen sich zur Pflege dieser Gärten und Äcker der Arbeitskraft der ihnen unterstellten Sträflinge gegen den auch sonst bestehenden Entgelt bedienen. Dass die Direktoren oder andere Beamten von ihren Erzeugnissen an die Anstalt liefern könnten, ist jetzt überall ausgeschlossen.

Jeder Direktor hat im Kontrolor, Sekretär, Adjunkten oder einem anderen Oberbeamten einen ständigen Vertreter. Die Oberbeamten der Anstalten sind selten aus dem Strafanstaltsdienste hervorgegangen, sondern kommen aus anderen

Berufen, besonders dem Militärdienste, dahin. Eine Spezialprüfung für den Oberbeamtendienst besteht nirgends. Nur an der bosnischen Anstalt befinden sich zwei Beamte, die die für die österreichischen Strafanstaltsbeamten vorgeschriebene Prüfung bestanden haben. Dort werden auch die Beamten, wie nicht überall sonst, durch schriftliche Arbeiten und Vorträge über Gegenstände nicht bloss des Strafanstaltsdienstes, sondern auch besonders der Sozialpolitik und anderer den Strafvollzug berührender Wissensgebiete fortgebildet.

Unter den Oberbeamten ist die Stellung des Wachinspektors (Kerkermeisters) hervorzuheben, eine der wichtigsten Persönlichkeiten im Strafanstaltsdienste der drei Länder. Er ist besonders dazu bestimmt, das Korps der Wachmannschaft zu schulen und zu beaufsichtigen. Dieser Beamte ist nicht mit unserm Oberaufseher zu verwechseln, der auch in seiner beaufsichtigenden Stellung Unterbeamter bleibt. Die Wachmannschaft hat in den drei Ländern einen weit mehr militärischen Charakter, als bei uns das Aufseherpersonal. Die Wachleute kommen gewöhnlich direkt nach Ableistung ihrer Militärpflicht, nicht als Zivilversorgungsberechtigte, zur Strafanstalt. Sie sind deshalb durchweg noch in einem jugendlichen Alter und bedürfen deshalb strenger Aufsicht, die militärisch geübt wird. Sie sind zum grössten Teil unverheiratet und werden kasernenmässig untergebracht.

Der Wachinspektor muss vom Aufschluss bis zum Einschluss in der Anstalt sein. Er hat in Bosnien laut Vorschrift Dienstwohnung innerhalb der Mauer. Er ist der für die Sicherheit der Anstalt Erstverantwortliche. Er überwacht jedoch auch die Tageseinteilung. Von ihm gehen die Signale für die einzelnen Tagesabschnitte aus. Er unterrichtet die Wachleute über ihre Dienstobliegenheiten, hält Schulstunden mit ihnen ab und sorgt dafür, dass sie die ihnen anvertrauten Waffen gebrauchen können und dass sie wissen, wann sie dazu berechtigt sind. Er hat den Feuerlöschdienst in seinen Händen. Er regelt den ganzen Dienst der Wachmannschaft und sorgt für eine regelmässige Bereitschaft. Darunter versteht man denjenigen Teil der

Wachmannschaft, der sich für besondere Verwendung immer bereit halten muss. Diese Leute sind regelmässig in einem besonderen Raume untergebracht, in dem sie zu finden sein müssen.

Die Sorge dieses im Strafanstaltsdienst so überaus wichtigen Beamten ist aber nicht auf die Wachleute beschränkt. Er ist auch mit den Sträflingen befasst, indem er zuerst den Sträfling nach der Aufnahme aus den Händen des Direktors in Empfang nimmt, die Leibesvisitation überwacht, das Signalement und die Körpermasse feststellt und für Photographierung sorgt. Er soll zuerst den Sträfling daraufhin beobachten, welches Mass von Sicherheitsmassregeln gegen ihn und für ihn zur Anwendung zu bringen sei. Eine seiner wichtigsten Aufgaben bleibt es während des ganzen Strafvollzuges, den Verkehr des Wachmannes mit dem Sträfling im Auge zu behalten. Der Wachinspektor ist dafür verantwortlich, dass sich keine Kameradschaft oder Freundschaft zwischen Wachmann und Sträfling entwickele, dass nicht einmal eine Unterhaltung, die nicht die Aufgaben des Strafvollzugs betrifft, geführt werde, dass weder die Sträflinge noch die Wachleute sich eines Übergriffes über ihre Rechte schuldig machen.

Die Stellung des Wachinspektors ist mit Rücksicht auf das Material, aus dem sich die Wachmannschaft in den drei Ländern zusammensetzt, unbedingt nötig. Natürlich ist der Wachinspektor nicht bloss im progressiven Strafvollzug zu verwenden. Wohl aber habe ich gehört, dass die Stimme des Wachinspektors als eine der wichtigsten bei Überführung des Sträflings in die ferneren Stufen, wie überhaupt für seine ganze Beurteilung erachtet wird. Seine Stellung ist so recht vergleichbar der des Kompagniefeldwebels. Die Direktoren sagten mir öfter, erst wenn diese Stellung ordentlich ausgefüllt werde, könnten die anderen Oberbeamten eine gedeihliche Wirksamkeit ausüben. Übrigens wird durch die Stellung des Wachinspektors nach allseitiger Auffassung nicht diejenige des Oberwächters (Oberaufsehers) überflüssig gemacht, da ein Korps von 100 Mann immer noch kleinere Unterabteilungen verträgt, um als gut diszipliniert gelten zu können.

Das Amt und die Tätigkeit der Bureau- und Kanzleibeamten und der anderen Oberbeamten, als da sind Arzt, Geistlicher, Lehrer, bedarf keiner Besprechung, da besondere Eigentümlichkeiten diesen Ämtern nicht innewohnen. Unerwähnt mag nicht bleiben, dass aus dem Zusammenwirken von Geistlichen so verschiedener Bekenntnisse, wie sie in den drei Ländern vertreten sind, Unzuträglichkeiten nicht entstanden sind. Nur der Bildungsgrad der Geistlichen griechisch-orientalischer Konfession entspricht so wenig dem der Geistlichen anderer christlicher Konfessionen, dass es ihnen schwer wird, den an sie gestellten Anforderungen zu genügen. Dagegen fügt sich der mohammedanische Imam der Strafanstalt Žенica ausgezeichnet in den Beamtenkörper ein. Wenn man bedenkt, wie fern sich der Mohamedaner abendländischer Denkweise und Auffassung der Beamtenpflichten hält, so ist dies um so mehr anzuerkennen.

Mit der Wachmannschaft ist man im allgemeinen sehr unzufrieden, einmal weil die Leute zu ungebildet sind und sodann, weil sie den Strafanstaltsdienst nicht zu ihrem Lebensberuf machen. Nach Erreichung der Pensionsfähigkeit streben sie meist wieder, den Dienst zu verlassen, weil sie dann mit der Pension als Zuschuss ein bequemeres Leben führen können. Dass dieses Ziel so leicht zu erreichen ist, mag allerdings in erster Linie mit den Pensionsgesetzen zusammenhängen. Zu Tauffers Zeiten konnten in Lepoglava von 79 Wachleuten nur 43 lesen und schreiben, 45 davon waren im Lebensalter bis zu 35 Jahren. Die Änderungen im Personal der Wachmannschaft betrugen in einem einzigen Jahre 38% des ganzen Standes. Leider stehen mir für andere Anstalten und andere Zeiten Zahlen nicht zu Gebote. Ich habe aber überall Klagen gehört, die auf ähnliche Zahlen schliessen lassen. Dass bei dieser Sachlage an die Oberbeamten ungewöhnlich hohe Anforderungen gestellt werden müssen, liegt auf der Hand.

Schuld an diesen Verhältnissen trägt zuvörderst die geringe Besoldung der Wachleute, die durchschnittlich nicht mehr als das Tagelohn eines Arbeiters erhalten. So bekommen in Ungarn die Oberaufseher 800—1000 Kr.

nebst 100—200 Kr. Wohnungsgeld, die Aufseher 500—700 Kr. bei gleichem Wohnungsgeld. Allerdings werden sie daneben vom Staate bekleidet und erhalten eine tägliche Brotportion von 84 gr. In Kroatien sind die Oberaufseher mit 640 Kr. Gehalt und 25 Kr. Remuneration, die Wächter 1. Klasse mit 520 Kr., 2. Klasse mit 480 Kr., 3. Klasse mit 400 Kr. besoldet und erhalten daneben entweder freie Dienstwohnung mit Garten oder 80 Kr. Quartiergeld. Dazu treten Remunerationen, die aber nicht für jeden erhältlich sind, im Betrage von 25 Kronen. Das ergibt ein Durchschnittseinkommen von 570 Kr. jährlich, so dass noch lange nicht 2 Kr. auf den Tag kommen. Etwas besser sind die Verhältnisse in Bosnien, wo für die Wachleute ein Durchschnittseinkommen von 770 Kr. herauskommt. Die Oberaufseher haben durchschnittlich 1120 Kr. einschliesslich Remuneration. Während in Ženica über die Wohnungen für die Oberbeamten — wie mir scheint, mit Recht — geklagt wird, haben die verheirateten Wachleute dort 12 sehr nette kleine in der Zeit von 1899 bis 1903 erbaute Zweifamilienwohnhäuser, die durch ihre Bauart Streitigkeiten unter den Hausbewohnern verhindern. Dazu tritt ein weniger praktisches 1897—98 erbautes Zwölffamilienwohnhaus.

Die angegebenen Gehaltsverhältnisse werden auch in den drei Ländern als ein grosses Übel empfunden. Man meint, dass man für diese Bezahlung kein besseres Material erhalten könne. Besser sind ja natürlich die Gehälter der Oberbeamten, indessen auch noch keineswegs glänzend, was um so mehr zu bedauern ist, als in der Tat aussergewöhnliche Anforderungen an die Oberbeamten gestellt werden. In Ungarn liegt dem Parlament ein Gesetzentwurf über die Erhöhung sämtlicher Beamtengehälter vor, der eine allgemeine Erhöhung derselben um 200—400 Kr. vorsieht. Jetzt sind die Besoldungen der Strafanstaltsbeamten in Ungarn folgende:

		Gehalt	Zulage	Wohnungsgeld
		Kronen		
1	Direktor	2800—4800	Von der Industrie 800	Freie Wohnung
2	Kontrolor	2200—2600	—	480
3	Verwalter	1600—2000	Von der Industrie 400	350—480
4	Arzt	1600—2600	Für die Verwaltung der Hausapotheke 800	400—560
5	Seelsorger	1600—2000	—	350—500
6	Lehrer	1000—1400	—	300—420
7	Kanzlist	1000—1400	—	300—420
8	Wachkommandant	1000—1400	—	Freie Wohnung

Für Kroatien entnehme ich dem Budget für 1902 folgende Einkünfte der Beamten:

Beamte	Gehalt	Quartiergeld
	Kronen	
2 Direktoren	4000—4800	Freie Wohnung
3 Verwalter	2200—3200	" "
4 Offiziale	1600—2000	Freie Wohnung, einer 420 Kr.
4 Kanzlisten je	1000	"
3 Kerkermeister je . . .	1000	Freie Wohnung, einer 360 Kr.
2 Seelsorger je	2200	"
2 Ärzte	2200—2600	Freie Wohnung, einer 480 Kr.

Dazu treten Remunerationen im Gesamtbetrage von 800 Kr. und Honorare für eine Reihe von Beamten, die ihre Funktionen bei der Strafanstalt im Nebenberufe ausüben. Dahin gehören sämtliche an den Anstalten wirkenden Lehrer und eine Reihe von Geistlichen. Ein Rabbiner und ein helvetischer Geistlicher erhalten nur Reisespesen.

Für die Anstalt in Ženica in Bosnien sind dem Spezialbudget für 1903 folgende Bezüge der Beamten zu entnehmen:

No.	Beamte	Gehalt	Zulage	Wohnungsgeld
		Kronen		
1	Direktor	4800	980	Freie Wohnung
2	Direktionssekretär . . .	3600	840	„
3	Direktionsadjunkt . . .	2800	700	„
4	Offizial	2200	560	„
5	Hausarzt	3600	840	„
6	Röm.-kathol. Seelsorger .	1600	200	200
7	Orient.-orth. Seelsorger .	1600	200	200
8	Imam	1600	200	200
9	Lehrer	1600	200	200
10	Wachinspektor	2400	560	Freie Wohnung
11	Assistent	1600	420	„
12	Gärtner	1200	200	200
13	Ökonom	1200	200	200
14	Vertreter des Wachinspektors	1600	420	Freie Wohnung
15	Assistent	1600	420	„
16	Maschinist	1800	420	„

Trotz dieser durchaus bescheidenen Besoldungen war der Eindruck der Oberbeamten mit dem Direktor an der Spitze, was nicht genug hervorgehoben werden kann, ein ganz vorzüglicher. Überall mit einigen wenigen Ausnahmen stand man auch im Herzen auf seiten des progressiven Strafvollzugs. Die Zwischenanstalten als Strafvollzugseinrichtung überhaupt zu bemängeln, hat keiner unternommen. Überhaupt kann man sagen, dass durch alle mir kundgegebenen Ansichten über den Strafvollzug als gemeinsamer Grundzug der ging, dass man nur mit humaner Behandlung der Sträflinge etwas erreichen könne. Darunter verstand man hauptsächlich die nicht zu übermässig zu bemessende Einzelhaft und die Anwendung von Ermahnungen und Belehrungen vor und nach der Verhängung von Disziplinarstrafen.

Die Kameradschaft unter den Beamten blüht natürlich am meisten in den Orten, die durch ihre weite Entfernung von der Stadt die Beamten auf den Verkehr untereinander anweisen. In zwei Anstalten habe ich Beamtenkasinos gefunden, in denen gemeinsam Zeitungen gehalten werden. Zahlreicher sind die Beamtenbibliotheken. In Ženica hatte sich eine Lesevereinigung gebildet, in der die neuesten Erscheinungen der Weltliteratur zu finden sind. Es ist mir nirgends so aufgefallen, wie dort, dass sich die Beamten so völlig übereinstimmend über Zwecke und Ziele des Strafvollzugs aussprachen.

Die Haltung der Sträflinge und deren sonstige Formen gegenüber den Beamten ähneln den unsrigen durchaus. Auffallend unterschied sich die übergrosse Devotion der Sträflinge in Vácz vor denen der übrigen Anstalten. Es macht einen eigentümlichen und keineswegs angenehmen Eindruck, beim Spaziergang die sich bis zum rechten Winkel und darüber hinaus verbeugenden Gestalten der Sträflinge vorüberziehen zu sehen, die diesen Gruss beim jedesmaligen Ansichtigwerden des Beamten und sogar hinter seinem Rücken wiederholen. In der Zwischenanstalt, wo nun doch schon mehr die Menschenwürde wieder zum Durchbruch kommen soll, möchte ich eine derartige Devotion für geradezu fehlerhaft ansehen.

Das sog. Zuchthausgesicht findet man in den drei Ländern nur wenig. Das Scheren von Haupt- und Barthaar, um dadurch eine uniforme Erscheinung herzustellen, ist nicht üblich. In der Anrede des Sträflings richtet man sich nach der Landessitte, die öfters das „Du“ erfordert.

Was schliesslich die Organisation der beiden Weiberstrafanstalten in Maria-Nostra und Agram anlangt, so ist die Leitung dieser Anstalten Nonnen anvertraut. An der Spitze der Anstalten stehen Oberinnen. Die Nonnen besorgen die Aufsicht, den Unterricht, Verpflegung und Bekleidung. An der Seite der Oberin in Maria-Nostra steht ein ständig dorthin beorderter Kommisar. Weder in Ungarn, noch in Kroatien ist man mit der Verwaltung der Strafanstalten durch die Nonnen zufrieden, sieht sich aber vorläufig zu Änderungen ausserstande. So human man über den Strafvollzug denkt, so hält man doch dafür, dass er in diesen Strafanstalten zu milde ist. So wurde in der Agramer Strafanstalt unter den Disziplinarstrafen eines Zeitraums von 10 Jahren am häufigsten vom Verweise

Gebrauch gemacht, der in den Disziplinarstrafen der Männerstrafanstalten erst die 5. Stelle einnimmt, und „hartes Lager“ wurde nicht ein einziges Mal verhängt.

---

§ 6. Die Einzelhaft.

Dass es ohne andauernde einsame Einsperrung im Strafvollzuge nicht abgeht, darüber ist man auch in den drei Ländern einig. Über die Dauer dieser Einsperrung ist man aber verschiedener Ansicht. Dass Ungarn eine absolute Dauer der Einzelhaft für nötig gehalten hat und welches Zeitmass dafür festgesetzt ist, wurde bereits oben erläutert. Kroatien und Bosnien dagegen gestatten dem Direktor eine Einwirkung auf die Dauer der Einzelhaft. In Kroatien dauert die Einzelhaft, wenn nicht der Direktor auf Antrag des Arztes aus Rücksichten der Gesundheit des Sträflings von der Vollstreckung der Einzelhaft überhaupt Abstand nimmt, acht Wochen. Diese Zeit kann abgekürzt werden, wenn der Direktor überzeugt ist, dass der Zweck der Einzelhaft erreicht sei, insbesondere dass der Sträfling sich in der Gemeinschaftshaft gut aufführen werde. Auf der anderen Seite kann die Einzelhaft über acht Wochen verlängert werden, wenn von einem Sträfling ein übler Einfluss auf die Mitsträflinge zu erwarten ist. Dann sind dem Direktor zeitliche Schranken für die Einzelhaft nur insofern gesetzt als er sie ausdehnen kann „bis zum Eintritt eines entsprechenden Benehmens“. In Bosnien dauert die Einzelhaft in der Regel drei Monate. Sie kann aber je nach dem Charakter, der Moralität und dem Verhalten des Sträflings bei Verurteilung zu schwerem Kerker bis auf zwei Monate, bei Verurteilung zu einfachem Kerker bis auf einen Monat herabgesetzt werden. Andererseits gestattet Gemeingefährlichkeit des Sträflings oder seine moralische Verkommenheit ohne Rücksicht auf die Art der Freiheitsstrafe die Ausdehnung auf mehr als drei Monate bis zu einem Jahre.

Über ein Jahr kann die Einzelhaft nur mit Bestätigung der Landesregierung ausgedehnt werden. Auch in Bosnien ist Rücksicht genommen auf den Fall, dass der Sträfling wegen seiner körperlichen oder geistigen Verfassung die Einzelhaft nicht verträgt. Auf Anzeige des Arztes ist alsdann mit der Einzelhaft entweder nicht zu beginnen oder damit aufzuhören. Ist dies der Fall gewesen, so kann die Einzelhaft bis zur Hälfte der Strafzeit nachgeholt werden. Bei lebenslänglicher Strafdauer ist diese Frist auf 10 Jahre bemessen. Aber auch damit ist das höchste Mass der Einzelhaft noch nicht erreicht. Das bosnische Reglement sieht ausdrücklich vor, dass aus zwingenden Gründen auch zu Zwecken der Prävention die Einzelhaft nach Massgabe der Haus- und Dienstordnung während der ganzen Strafdauer zur Anwendung gebracht werden kann. Ebenso kann die Einzelhaft als Disziplinarstrafe für die ganze Strafdauer angewendet werden. Es stimmen also Kroatien und Bosnien darin überein, dass in den schwersten Fällen die Einzelhaft bis zum Ende der Strafzeit währen kann. Nur schafft Bosnien in der Notwendigkeit der Zustimmung der Landesregierung zu länger als ein Jahr andauernder Einzelhaft eine Kautel gegen etwaige Willkür des Strafanstaltsleiters.

Die erste Stufe des progressiven Strafvollzugs beginnt mit dem Zeitpunkt, von dem an die Strafe rechnet, gleichgültig, ob in diesem Zeitpunkt der Sträfling schon in einer Strafanstalt untergebracht ist oder nicht. Die etwa angerechnete Untersuchungshaft und die Zeit, die der Verurteilte bis zum Transport im Gerichtshofgefängnis verbleibt, wird also auf die Einzelhaft verrechnet. Damit ist besonders bei der kurzen Normaldauer der Einzelhaft in Kroatien und Bosnien zu rechnen. Aber auch in Ungarn fällt es ins Gewicht. Rechtsmittel werden dort fast regelmässig eingelegt. Die bis zur Rechtskraft in Untersuchungshaft verbrachte Zeit wird ebenfalls regelmässig angerechnet, nach § 505 der ungarischen Strafprozessordnung sogar die Zeit seit der vorläufigen Festnahme und es kann dies auch ohne Hauptverhandlung durch nachträglichen Gerichtsbeschluss geschehen. Ferner kann in Ungarn ein Angeklagter, der ein Rechtsmittel nur wegen der Höhe der erkannten Strafe eingelegt hat, die Strafe vor Erledigung der angerufenen Instanz antreten. Auch dann wird er nicht in die Strafanstalt überführt, bis die endgültige Strafe feststeht. Er wird dann einfach als Untersuchungsgefangener weiter behandelt. Dieser Zustand wird in Ungarn selbst sehr bedauert und er ist in der Tat ein grosser Übelstand, denn die in Untersuchungshaft oder ähnlichen Stadien in Einzelhaft verbrachte Zeit trägt natürlich einen ganz anderen Charakter, als die Einzelhaft der Strafanstalten. Es liesse sich dem leicht durch eine Bestimmung begegnen, wonach ungeachtet des schon verbüssten Teils der Strafe in der Strafanstalt als dem eigentlichen Vollzugsorte mit der Einzelhaft in ihrer gesetzlichen Form zu beginnen ist.

Die tatsächliche Dauer der gesetzlichen oder reglementarischen Einzelhaft ist natürlich zu jeder Zeit stark von den vorhandenen Einzelzellen abhängig gewesen. Besonders schwer hat Ungarn um den notwendigen Bestand an Einzelzellen ringen müssen. Ein Jahr nach Eintritt der Geltungskraft des ungarischen Strafgesetzbuchs besass dieses Land nur 78 Einzelzellen in Strafanstalten und 1101 in Gerichtshofgefängnissen.*) In diesen Zellen konnten damals jährlich insgesamt 430335 Hafttage vollstreckt werden, während tatsächlich 1060742 Hafttage zu vollstrecken waren, wozu man 2922 Einzelzellen benötigt hätte. Nur 13,52% der Gefangenen konnten also in Einzelhaft untergebracht werden. Das Verhältnis wird bei Betrachtung der Strafanstalten allein noch weit ungünstiger. Die erste Stufe des progressiven Strafvollzugs fiel in dieser Zeit fast vollständig aus. Statt 33% der Hafttage wurden nur 2,74% in der Einzelhaft zugebracht. Bis 1884 wuchs die Zahl der Einzelzellen der Strafanstalten von 78 auf 636 d. h. 22,34% statt 33% der Hafttage. Dies wurde einmal durch Einbau neuer Zellenflügel in die bestehenden Strafanstalten (136 Zellen), sodann durch Er-

---

*) Diese und die nachfolgenden Zahlen sind László, le système pénitentiaire S. 73 ff., entnommen.

bauung zweier neuer Strafanstalten mit 170 und 252 Einzelzellen erreicht. Aber auch damit war die Zellennot noch nicht beseitigt. In dieser Zeit richtete man die Strafanstalt Sopron ein. Eigentlich hätte man eine neue Strafanstalt bauen müssen. Alsdann hätte man aber schliesslich nur das eine Zellengebäude gehabt, das für die eine Anstalt ausgereicht hätte, wollte man überhaupt eine Anstalt für das progressive System bauen. Und ausserdem wären dazu eine Million Gulden nötig gewesen. „Ce million, nous ne le possédions pas", sagt László freimütig. Es wurde deshalb die gerade in Liquidation befindliche Zuckerfabrik Sopron für 28000 Gulden angekauft und ausgebaut. Man neigte sich diesem Projekt um so lieber zu, als Sopron in einem Landesteile lag, der noch keine Strafanstalt hatte. Die vorhandenen Bauten gestatteten den Einbau einer grossen Anzahl von Einzelzellen. Es wurden 252 lichte Tagzellen, 416 Nachtzellen, 12 Krankenzellen und 12 Dunkelzellen geschaffen, zusammen 692 Einzelzellen. In dieser Anstalt kann natürlich nicht nur die Einzelhaft, sondern auch die nächtliche Trennung in der Gemeinschaftshaft vollständig durchgeführt werden. Hierin ist aber auch die Anstalt allein geblieben. Die Zahl der Einzelzellen, die ja, wie anerkannt werden muss, in ständigem Wachsen begriffen ist, ist, wenn man die einzelnen Strafanstalten betrachtet, sehr ungleichmässig. Über die Zunahme der Einzelzellen überhaupt geben folgende Zahlen Auskunft:

Es waren vorhanden an Einzelzellen:

	hell	dunkel	im ganzen
1887	920	48	968
1890	1081	53	1134
1893	1570	66	1636
1895	1828	71	1899
1899—1901	2660	57	2717

Die Einzelzellen sind also in 20 Jahren der Gültigkeit des Strafgesetzbuchs um 2639 gewachsen. Etwas anders wird, wie gesagt, das Bild, wenn man die einzelne Anstalt betrachtet. So besassen

	1891	1901
Illava	203	203
Lipótvár	81	254
Maria-Nostra	9	192
Nagy-Enyed	69	377
Sopron	692	692
Szamos-ujvár	30	30
Vácz	37	227

Einzelzellen. Das Streben nach Ausgleichung lässt sich gleichwohl nicht verkennen, wenn man vou Szamos-ujvár absieht, dessen Verbesserung aus den früher angeführten Gründen nicht mehr verlohnt, und von Sopron, das mit Zellen saturiert ist.

Kroatien und Bosnien brauchen für die erste Stufe nicht so viel Einzelzellen, weil die Normaldauer der Einzelhaft sehr viel kürzer ist, desto mehr aber für die nächtliche Trennung in der Gemeinschaftshaft. Kroatien hat das für die erste Strafstufe notwendige Mass von Einzelzellen nur in Mitrovica erreicht, das ein besonderes Einzelhaftgebäude mit 117 Zellen besitzt. Die beiden andern Männerstrafanstalten und die Weiberstrafanstalt kranken sehr am Mangel von Einzelzellen. Lepoglava hatte bis vor kurzem nur 55 Einzelzellen. Im letzten Jahre sind 20 neue Zellen dadurch geschaffen worden, dass man dünne Gypswände in grössere Zellen einzog und so aus einer Zelle zwei machte. Wie ich mich selbst überzeugt habe, hindern diese Wände aber nur in sehr geringem Masse die Unterhaltung der Häftlinge. Mit dieser Zahl der Einzelzellen kann in Lepoglava der Einzelhaft der ersten Stufe genügt werden, insbesondere seitdem man die Jugendlichen nach Glina überführt. Wenn Tauffer 1883 von Lepoglava berichtet, dass er 74 Einzelzellen und 12 Disziplinarzellen zur Verfügung gehabt habe, so hat er die eisernen Zellen mitgezählt. Diese benutzte er auch als Tagzellen, während sie doch höchstens als Nachtzellen verwendet werden können. Dass sie ein furchtbares Strafmittel sind, erkennt Tauffer selbst an. Er teilt in den „Erfolgen“ mit, dass alle Mittel der Verstellung, Krankheit, Melancholie, Geistesstörung auf der einen, ausgelassene Fröhlichkeit und vollkommene Zufriedenheit auf der andern Seite zur Schau getragen wurden, um im Bösen oder Guten aus der Eisenzelle herauszukommen. Viele hätten ihm versichert, sie würden sich lieber ertränken, als wiederum Bewohner der Eisenzelle zu werden. Dieselbe ist seit Tauffer überhaupt aus Kroatien verschwunden. Ich habe keinen einzigen Strafanstaltsbeamten gefunden, der sich mit ihr als Tages- oder Nachtzelle befreunden konnte. Gospić hat für den progressiven Strafvollzug nur 8 Einzelzellen zur Verfügung, da die übrigbleibenden 46 Einzelzellen dem Gerichtshof für die Untersuchungshaft zur Verfügung stehen. — Die bosnische Strafanstalt besitzt ein Einzelzellengebäude mit 65 Einzelzellen, die zur Vollstreckung der Einzelhaft in der Normaldauer ausreicht. Um aber die zugelassenen Ausdehnungen der Einzelhaft durchführen zu können, müssten wenigstens 100 Einzelzellen vorhanden sein.

Hiernach kann die erste Stufe des progressiven Strafvollzugs in keinem der drei Länder in vollem Umfange der gesetzlichen und reglementarischen Vorschriften ausgeführt werden.

Man hat mir in allen drei Ländern gesagt, die Eingeborenen, also nicht bloss Slawen, sondern auch die Angehörigen anderer Nationalitäten, vertrügen lange Einzelhaft nicht, sie seien zu weich, sie verkümmerten darin. Ich kenne die Nationalitäten nicht genug, um dies zu beurteilen. War aber dies die allgemeine Ansicht, so hat sie nicht immer einen ebenso allgemeinen Ausdruck gefunden. Nicht nur, dass die ungarische Einzelhaft viel länger dauert, als die kroatische und bosnische, so hatte auch Kroatien im § 41 des gescheiterten Strafgesetzentwurfes die Einzelhaft viel weiter bemessen. Dieser Paragraph ordnete an, dass Sträflinge, welche zu einer vier- oder mehrjährigen Zuchthausstrafe verurteilt sind, ein Jahr; diejenigen, die auf kürzere Zeit verurteilt sind, $^1/_4$ der Strafe in Einzelhaft zuzubringen hätten. Die längere Dauer der Einzelhaft wurde auch in der Kommission entgegen der Ansicht Tauffers gebilligt. Die Neigung die Einzelhaft zu verlängern, war also offenbar vorhanden. Tauffer berechnete sodann, wieviel Zellen zur Durchführung dieser Gesetzesvorschrift nötig sein würden. Da er für Lepoglava allein die Notwendigkeit von 194 Einzelzellen herausrechnete, so liegt die Annahme nahe, dass der Entwurf in dieser Bestimmung niemals Gesetz geworden sein würde, denn zu einer solchen Vermehrung der Einzelzellen war man einfach ausserstande. Nimmt man nun noch hinzu, dass in Bosnien die Einzelhaft erheblich über das Normalmass verlängert werden kann und dass die tatsächliche Durchführung einer verlängerten Einzelhaft auch da nur wegen Zellenmangels unterbleibt, so lässt sich kaum von der Hand weisen, dass man in allen drei Ländern schliesslich gerne eine längere Zellenhaft vollstrecken würde, wenn man über die hierzu erforderlichen Zellen verfügte. Eine sehr beachtenswerte Persönlichkeit des Strafanstaltsdienstes sagte mir, die Ungeduld der Sträflinge, aus der Einzelhaft in die Gemeinschaftshaft zu kommen, wäre gar nicht so gross, wenn sie nicht wüssten, dass sie, wenn nicht rechtlich, so doch tatsächlich einen Anspruch auf Versetzung in die Gemeinschaftshaft haben, weil keine Zellen vorhanden sind, sie länger darin zu behalten. Sodann weiss ich in den drei Ländern von Fällen, in denen anerkannt wurde, dass gewisse Sträflinge nur in der Einzelzelle richtig zu behandeln sind. Individuen, die sich für die Gemeinschaftshaft nicht eignen, wird es überall geben. Deswegen muss der Direktor auch innerhalb des progressiven Strafvollzugs nicht nur ein liberum spatium für die Fortsetzung der Einzelhaft, sondern auch Einzelzellen zur Verfügung haben, um diese Leute dauernd darin unterzubringen. Allerdings ist nicht zu verkennen, dass damit dem Direktor die Macht in die Hand gegeben ist, für einzelne Fälle den progressiven Strafvollzug überhaupt aufzuheben. Dass dies nicht zur Willkür wird, dafür lassen sich jedoch Rechtsgarantien beschaffen.

Bei der geringzeitigen Einzelhaft kann es sogar Fälle geben, dass die sonst so sehr benötigten Einzelzellen leer stehen, weil gerade keine Sträflinge vorhanden sind. Wenn dann, wie in Mitrovica angeordnet wird, dass die leeren Zellen mit Sträflingen der Gemeinschaftshaft zu besetzen seien, nur um sie nicht leer stehen zu lassen, so wird man sich dort darüber klar geworden sein, dass ein solches Verfahren einen vollkommenen Bruch mit einem systematischen Strafvollzug bedeutet.

Was die tatsächliche Dauer der Einzelhaft anlangt, so kann ich nur der kroatischen Statistik folgende Zahlen entnehmen. Von 1885—1894 verbrachten bei einem Zugang im Laufe dieser Jahre von insgesamt 8116 Sträflinge in Einzelhaft:

bis zu 20 Tagen	2467
von 20—40 Tage	2425
von 40—60 Tage	1007
von 2—3 Monate	566
von 3—4 Monate	158
von 4—6 Monate	73
über 6 Monate	21
zusammen	6717
so dass von dem Zugang	8116
noch übrig bleiben	1390

noch übrig bleiben 1390 Sträflinge, die überhaupt nicht in Einzelhaft kamen, wärend die überwiegende Hälfte der Sträflinge nicht die reglementarische Einzelhaft genossen. Diese Zahlen haben sich aber seitdem etwas verbessert, denn bei einem Zugang von 12170 Sträflinge für den Zeitabschnitt von 1895—1902 verbrachten in Einzelhaft:

bis zu 20 Tagen	1308
von 20—40 Tagen	2601
von 40—60 Tagen	1207
bis zu 3 Monaten.	3799
bis zu 4 Monaten.	34
bis zu 6 Monaten.	692
über 6 Monate	77
zusammen	9718,

so dass von dem Zugang von 12170 Sträflingen zwar verbleiben 2452, die nicht in Einzelhaft kamen, dass aber doch die Zahl derer, die die vorschriftsmässige Einzelhaft zu bestehen hatte, im Wachsen begriffen ist.

Schliesslich sei noch erwähnt, dass keins der drei Länder unangenehme Erfahrungen mit der Zunahme der Selbstmorde in der Einzelhaft gemacht hat.

Was nun die Vollstreckung der Einzelhaft anbelangt, so unterscheidet Ungarn nach seinem Reglement noch ein besonders strenges Vorstadium, das bei Erstbestraften drei Wochen, bei Rückfälligen vier Wochen andauert. In dieser Zeit erhalten die Sträflinge nur $^2/_3$ der Kost. Sie bekommen keine Beschäftigung, werden aber desto öfter besucht, wobei man in ihnen Reue zu erwecken sucht. Als einzige Lektüre ist für diese Zeit ein Gebetbuch vorhanden, das speziell für den Verbrecher in der Einzelhaft geschrieben ist. Man sucht hier auch zu ergründen, welche Arbeit am besten für den Sträfling taugt und in welche Schulklassen er gebracht werden soll. In Kroatien kann man es als ein ähnliches Vorstadium betrachten, wenn angeordnet ist, dass der Sträfling erst vom dritten Tage an Arbeit und Lektüre erhalten soll.

In allen drei Ländern werden die Sträflinge der Einzelhaft von den Sträflingen anderer Stufen dauernd getrennt gehalten. Das bezieht sich nicht bloss auf den Spaziergang, sondern auch auf den Kirchen- und Schulbesuch. Indessen sind alsdann für die Sträflinge der Einzelhaft weder Stalls noch Schutzkappen u. dgl. eingeführt. In Bosnien beginnt der Unterricht in der Zelle vom ersten Tage der Haft. Der Lehrer wandert von Zelle zu Zelle und erteilt jedem Sträfling nur für einige Minuten Unterricht, indem er ihm die Anfangsgründe des Schreibens, Lesens und Rechnens beibringt und ihm für die Zeit bis zu seiner Rückkunft Aufgaben stellt.

Nicht nur in Ungarn, sondern auch in Kroatien und Bosnien ist die Einzelhaft die Zeit der stärksten Einwirkung auf den Sträfling durch die Beamten und Oberbeamten. Deshalb sind überall häufige Zellenbesuche vorgeschrieben und sind in den meisten Anstalten Zellenbesuchsbücher eingerichtet, in denen sich die Beamten über die Zellenbesuche auszuweisen haben. Das Ergebnis der Zellenbesuche soll in einem möglichst vollständigen Kennenlernen des Sträflings nach seinem Charakter, seinem Vorleben, seiner Familie, seinen Fähigkeiten und seinem Bildungsstand bestehen. Speziell in Bosnien habe ich mich mit der Art und Weise, wie man den Sträfling behandelt, etwas näher vertraut gemacht. Beim Besuche des Beamten hat sich der Sträfling zu erheben und seine Arbeit wegzulegen. Er nimmt seinen Schemel und setzt ihn für den Beamten bereit. Er selbst stellt sich ihm gegenüber auf. In der nun folgenden Unterredung hat der Beamte darauf zu halten, dass er den Sträfling zum Reden bringt, nicht dass er selbst mit Reden auf ihn eindringt. Der Sträfling soll selbst möglichst viel von seinem Vorleben erzählen. Der Direktor macht es den Beamten zur Pflicht, dass sie den Sträfling nicht über seine Straftat ausfragen und nicht auf ein Geständnis hinwirken. Kommt der Sträfling selbst auf seine Straftat zu sprechen, was ja meistens der Fall sein wird, so soll man seine Erklärungen ruhig hinnehmen, ohne weiter darauf einzugehen. Zweifelt er an der Richtigkeit des Urteilsspruches oder an der gerechten Bemessung der Strafe, so soll man ihm ganz allgemein bedeuten, die Richter hätten gewiss nach bestem Wissen und Gewissen entschieden, sie sähen nur auf die Tat und nicht auf den Täter, es werde eine Zeit kommen, wo er einsehe, dass ihm sein Recht geworden.

In andern Anstalten habe ich andere Ansichten vertreten hören. Insbesondere hat man mir gesagt, dass gerade der scharfe Strafeindruck der Einzelhaft am besten geeignet sei, auf ein Geständnis zu wirken. In den späteren Stadien trete der Gedanke an die Straftat hinter den Gedanken an die Zukunft zurück.

Mir möchte das Verfahren in Ženica als das angemessenere erscheinen. Die Berührung der Straftat wird ja in vielen Fällen unvermeidlich sein. Allein starke Einwirkung auf den Sträfling, er solle gestehen, kann leicht den Erfolg haben, dass er sich durch die Ablehnung des Geständnisses gebunden fühlt und dass so in einem späteren Stadium, wenn der Sträftling schon zu einer anderen Ansicht über seine Schuld gekommen ist, ein spontanes Geständnis verhindert wird. Ein Interesse der Rechtspflege an dem nachträglichen Geständnis des Verurteilten, wie es auch behauptet wurde, kann nicht anerkannt werden, da die Verurteilung ohne die volle Überzeugung von der Schuld nicht möglich ist und das Eindringen auf den Sträfling, er solle gestehen, leicht die Auslegung erhalten könnte, dass Zweifel an seiner Schuld rückständig geblieben sind.

Es folge nun ein Auszug aus dem Zellenbesuchsbuch der Strafanstalt Ženica über den Sträfling Ibro Mustafić, der wegen Raubes und Verläumdung zu 5 Jahren schweren Kerkers verurteilt wurde und diese Strafe vom 31. Juli 1897 in Ženica verbüsste. Er befand sich vom 31. Juli bis zum 31. Oktober 1897 in Einzelhaft.

Tag des Besuches	Aufzeichnungen des mohammedanischen Hausgeistlichen über die beim Sträfling G B. Nr. 2508 Ibro Mustafić gemachten Zellenbesuche
2. 8. 97 4. 8. 97 6. 8. 97 9. 8. 97 12. 8. 97 17. 8. 97 20. 8. 97 22. 8. 97 25. 8. 97 29. 8. 97 3. 9. 97 4. 9. 97 8. 9. 97 12. 9. 97 15. 9. 97 19. 9. 97 24. 9. 97 26. 9. 97 30. 9. 97 4. 10. 97 8. 10. 97 12. 10. 97 15. 10. 97 17. 10. 97 22. 10. 97 25. 10. 97 27. 10. 97 29. 10. 97	Ibro Mustafić ist in Dolj. Tuzla geboren, ansässig in Zvanik, wohin sein Vater vor ca. 30 Jahren übergesiedelt ist und geheiratet hat. Nach dem Tode des Vaters blieb Ibro Mustafić in Zvanik. Seine Stiefmutter, die ihn aufgezogen hat, lebt in Zvanik, seine Schwester ist in Maglaj verheiratet. Ibro Mustafić ist ledig geblieben. Er ist unbescholten. Ibro war zuerst Koch bei einem Österreicher, wurde dann Bäcker und zuletzt war er bei Smajo Smajić Bäckergehilfe. Er ist nicht geständig, er sagt nur, er sei zu schwer betrunken gewesen; wer das Verbrechen begangen habe, wisse er nicht. Die Gendarmen haben ihn, sagt er, so geschlagen, dass er gestand, weil er gestehen musste. Ibro Mustafić kann weder lesen noch schreiben, auch in religiösem Wissen ist er schlecht bewandert, weil er noch ein Kind war, als der Vater starb, und sich Niemand um seine Erziehung gekümmert hat, weshalb er in dieser Hinsicht ganz vernachlässigt wurde. Er begreift schwer. Er ist ein Säufer gewesen. In der Einzelhaft führt er sich gut auf. Es ist wahrscheinlich, dass er sich bessern wird.

Tag des Besuches	Aufzeichnungen des Anstaltslehrers über die beim Sträfling G. B. Nr. 2508 Ibro Mustafić gemachten Zellenbesuche.
1. 8. 97 6. 8. 97 10. 8. 97 13. 8. 97 17. 8. 97 20. 8. 97 23. 8. 97 27. 8. 97 31. 8. 97 3. 9. 97 7. 9. 97 10. 9. 97 14. 9. 97 17. 9. 97 21 9. 97 24. 9. 97 28. 9. 97 1. 10. 97 5 10. 97 8. 10. 97	Der Vater ist vor 25 Jahren, die Mutter noch früher gestorben; die Stiefmutter, die ihn gut behandelt hatte, lebt noch. Mustafić ist ledig, dem Berufe nach Bäckergehilfe. Bis zu der Zeit, wo er etwas verdienen konnte, nährte ihn die Stiefmutter, und gab ihn dann einem Bäcker in die Lehre. Dieses Handwerk hat er erlernt. Schulunterricht hat er nicht genossen, kann weder lesen noch schreiben, ist schulpflichtig, wird in der Einzelhaft unterrichtet und dann in die Anstaltsschule aufgenommen werden. Sein Vorleben ist unbescholten. Verurteilt, weil er einem Manne mit dem Messer drohte, das Leben zu nehmen, wenn er ihm kein Geld für Schnaps gibt, und weil er Gendarmen fälschlich der Misshandlung beschuldigte. Weder des einen noch des anderen Verbrechens ist er geständig und es sind auch keine Anzeichen von Reue vorhanden, die Haft wirkt auf ihn degressiv, er ist stets niedergeschlagen. Sein Benehmen ist stets ruhig und besonnen. Die Geistesanlagen sind minder entwickelt, die Auffassung langsam, für den Schulunterricht minder geeignet. Wenn er auch des Verbrechens nicht geständig ist, was dem Schamgefühl entspringen kann, ist dennoch mit Rücksicht auf die Wirkung der Haft eine Besserung möglich.

Tag des Besuches	Aufzeichnungen des Anstaltsarztes über die beim Sträfling G B. Nr 2508 Ibro Mustafić gemachten Zellenbesuche.
6. 8. 97 13. 8. 97 20. 8. 97	Ist in Dolj. Tuzla geboren. Sein Vater war bei der Finanzwache, ist von Tuzla nach Zvanik versetzt worden und starb dort noch vor der

26. 8. 97 Okkupation. Ein Bruder lebt in Tuzla, doch
3. 9. 97 weiss er nichts näheres über ihn, noch weniger
9. 9. 97 über seine Schwester, die in Maglaj verheiratet
15. 9. 97 sein soll. Er lebte in den letzten Jahren mit
22. 9. 97 seiner Stiefmutter, war Bäckergehilfe.
30. 9. 97 Gesund!
8. 10. 97 Gibt zu, Trinker und wegen Trunkenheit
15. 10. 97 wiederholt polizeilich bestraft worden zu sein.
22. 10. 97 Er leugnet die ihm zur Last gelegte Tat, will
29. 10. 97 total betrunken gewesen sein, was jedoch den
Ausführungen des Urteils widerspricht. In seiner Familie sind seines Wissens weder physische noch Geisteskrankheiten hereditärer oder infektiöser Art vorgekommen.

Bittet als Bäcker verwendet zu werden, da er durch viele Jahre hindurch bei einem österreichischen Bäcker gedient hat und mit allen Zweigen seines Handwerkes wohl vertraut ist.

Ein verkommenes trunksüchtiges Individuum, jeder Erziehung bar, ohne moralische Basis, welchem das Verbrechen, das ihm zur Last gelegt wird, wohl zuzumuten ist. Er leugnet dasselbe und behauptet berauscht und sich seiner Handlungen nicht bewusst gewesen zu sein. Doch lässt sich von der langjährigen Detention und einem geregelten Schulbesuche eine Besserung erhoffen.

Es sei bemerkt, dass bei diesem Sträfling unter dem Eindrucke der Strafanstaltszucht und des Religionsunterrichts alsbald der gute Kern zum Vorschein kam. Er legte später freiwillig ein reumütiges Geständnis ab, wurde sechs Monate nach erreichter Strafhälfte in die Zwischenanstalt überführt, betrug sich auch dort tadellos, so dass am 25. März 1901 die vorläufige Entlassung beantragt werden konnte.

Mir ist öfters und in allen drei Ländern versichert worden, dass die einer vollständigen Individualisierung gewidmete Einzelhaft auf die Erstbestraften meist von der besten, manchmal von einer wunderbaren Wirkung sei. Das mag zum Teil mit der Naivität der Leute, insbesondere mit den falschen Vorstellungen von dem Inhalt der sich im Strafvollzuge manifestierenden obrigkeitlichen Gewalt zusammenhängen. Die neueingelieferten Sträflinge erwarten, so sagte man mir, geschimpft, geschlagen, gestossen zu werden und sehen dann, dass man sie, wie es der ungarische Strafgesetzentwurf ausdrückt, als „concives et conhomines“ ansieht. Öfters hätten die Sträflinge ihre Verwunderung ausgesprochen, dass sie nicht schlechter behandelt werden. Trotzdem sind in dieser Zeit die Disziplinarstrafen noch ziemlich häufig. Dass dies, zum Teil wenigstens, damit zusammenhängt, dass der vermuteten Willkür von vornherein ein grösserer Trotz entgegengesetzt wird, als sich, wie später eingesehen wird, nötig erweist, liegt nahe. Ein schwieriges Stadium der Einzelhaft bildet das der Heranziehung zur Arbeit bei Leuten, die an Arbeit nicht gewöhnt sind oder sich derselben doch entwöhnt haben. Am schwierigsten sind dabei die Mohamedaner und die Zigeuner zu behandeln. Während die ersteren, deren Arbeitsunlust im Zusammenhange mit ihrer Religion steht, sich immer innerhalb 2—3 Wochen zur Arbeit bekehren, ist den letzteren die Arbeit eigentlich nie beizubringen. Jedoch wird über die Arbeit des weiteren bei der Gemeinschaftshaft zu reden sein.

Hier sei nur noch bemerkt, dass es schwer ist, in der Einzelhaft überhaupt eine anregende und lohnende Arbeit zu bieten. Die meisten Arbeiten sind, wie überall, durchaus mechanischer Natur.

Der Verkehr nach aussen soll in der ersten Strafstufe möglichst beschränkt sein, damit die Sträflinge auf sich angewiesen bleiben. In Bosnien ist direkt vorgeschrieben, dass der Sträfling in dieser Zeit weder Briefe schreiben, noch Besuche empfangen darf.

§ 7. Die Gemeinschaftshaft.

Alle drei Länder haben die Klassifikation der Sträflinge für einen notwendigen Bestandteil des Progessivsystems angesehen und in den Strafanstaltsreglements über ihren Inhalt Bestimmung getroffen. Wenn nun auch die Klassifikation nicht nur wegen der Gemeinschaftshaft besteht, sondern auch für die andern Strafstadien mindestens diagnostischen Wert hat, in dem durch die Klassifikationszeichen den Beamten sofort über gewisse wichtige Punkte aus dem Leben des Sträflings Aufschluss gegeben wird, so liegt doch ihre Hauptbedeutung in der Gemeinschaftshaft. Dort soll sie die Personen bestimmen, mit denen der Sträfling zusammenzuleben hat.

Ihr Inhalt ist überall verschieden. Nur das Alter von 24 Jahren ist gleichmässig als die Grenze zwischen jugendlichen und älteren Sträflingen angenommen.

In Ungarn ist eine Einteilung in drei Klassen gegeben, nämlich

1. Klasse: Nicht rückfällige Sträflinge mit einem Alter unter 24 Jahren.

2. Klasse: Nicht rückfällige Sträflinge mit einem Alter über 24 Jahren.

3. Klasse: Rückfällige.

Wie wir bereits in § 5 gesehen haben, ist es dem Direktor freigestellt, nach der Art des Verbrechens, nach dem Benehmen und dem Grade der Besserung besondere Klassen zu bilden. Während von ersterer Erlaubnis mehrfach Gebrauch gemacht ist, habe ich eine Klasse der Gebildeten, wohl aus Mangel an solchen Sträflingen, nirgends gefunden. Ferner kann der Direktor auch diejenigen, welche Zeichen ernster Besserung gegeben haben, durch Kleiderabzeichen unterscheiden. Auch davon ist meines Wissens nicht Gebrauch gemacht. Die Klassen sind während der Arbeit und der arbeitsfreien Zeit einschliesslich des Spaziergangs und Kirchenbesuchs getrennt zu halten. Die Einzelhaft der Gemeinschaftssträflinge während der Nacht ist im § 29 des Strafgesetzbuchs angeordnet.

In Kroatien sind die Sträflinge zunächst in zwei

Hauptklassen geteilt. In die erste Hauptklasse kommen alle aus der Zellenhaft Entlassenen, ferner alle, welche von der Zellenhaft befreit worden sind. In dieser Hauptklasse werden die zum erstenmal Bestraften, von der Einlieferung in die Anstalt an gerechnet, 3 Monate lang, die schon gerichtlich Bestraften 6 Monate und diejenigen, die bereits in einer Landesstrafanstalt eingesessen haben, 7 Monate lang gehalten.

Nach Ablauf dieser Zeiten werden die Sträflinge in die zweite Hauptklasse versetzt. Die Sträflinge der ersten Hauptklasse bekommen keine Belohnung für ihre Arbeit und geniessen auch die andern Begünstigungen der Sträflinge der zweiten Hauptklasse nicht; sie bekommen auch keine Morgensuppe, wenn nicht aus Gesundheitsrücksichten Ausnahmen gemacht werden müssen.

Jede der beiden Hauptklassen hat folgende Unterabteilungen*):

1. Sträflinge im Alter unter 24 Jahren mit unbescholtenem Vorleben, deren Verbrechen aus unbedachtem, leichtfertigem Handeln entstand, bei denen das begangene Verbrechen nicht auf einen vorgefassten schlechten Vorsatz zurückzuführen ist und die in moralischer Hinsicht mit Rücksicht auf den Bildungsgrad als verdorbene Leute nicht betrachtet werden können (Abteilungszeichen Ia);
2. Sträflinge im Alter unter 24 Jahren mit unbescholtenem Vorleben, die ein Verbrechen mit geplantem Vorbedacht begangen, wo aber das Motiv nichtin der Gewinnsucht zu eigenem Vorteil wurzelt, noch die Natur oder die Vollführung des Verbrechens darauf hindeutet, dass das Individuum moralisch verkommen wäre (Ib);
3. Sträflinge im Alter unter 24 Jahren mit vielleicht übel beleumundetem, aber gerichtlich unbestraftem Vorleben, bei denen entweder die Motive oder die Ausführung des Verbrechens oder sonstige Beobachtungen von einer verkommenen und schlechten Moralität zeugen (Ic);

*) ipsissima verba der Übersetzung, an denen ich nichts ändern wollte.

4. Sträflinge über dem Alter von 24 Jahren, aber sonst wie unter 1. (IIa);
5. Sträflinge über dem Alter von 24 Jahren, aber sonst wie unter 2. (IIb);
6. Sträflinge über dem Alter von 24 Jahren, aber sonst wie unter 3. (IIc);
7. Sträflinge jünger als 24 Jahre, die aber schon vormals eine gerichtliche Strafe erlitten haben (IIIa);
8. Rückfällige Verbrecher, über 24 Jahre alt, und zwar solche, deren gerichtliche Bestrafung weder das vorige Mal, noch diesmal wegen eines auf Gewinnsucht zurückzuführenden Verschuldens erfolgte (IIIb);
9. Rückfällige derselben Kategorie wie die vorigen, mit dem Unterschiede, dass die früher verbüsste Strafe in einer Landesstrafanstalt der Monarchie abgesessen wurde (IIIc);

Trotz dieser zweimal 9 = 18 Klassen, die danach jede Strafanstalt bilden muss, ist es auch hier dem Direktor nachgelassen, dass er, wenn die Räume es gestatten, noch weitere Unterabteilungen nach dem Glauben, dem Bildungsgrade, den Motiven, aus denen das Verbrechen begangen wurde, bildet.

Nicht bloss die Hauptklassen sollen während der Nacht und in der arbeitsfreien Zeit in geschiedenen Räumen und sogar Trakten vollständig, in der Arbeit aber möglichst abgesondert werden, sondern auch die Unterabteilungen sollen nicht in den Schlafzimmern zusammengemengt werden. Die Schlafzimmer der Rückfälligen sollen auf einen separaten Korridor der Anstalt verwiesen werden.

Die Rückfälligen beider Hauptabteilungen sind noch insofern ungünstiger gestellt, als sie die unangenehmsten und schwersten Arbeiten zugewiesen erhalten und dass sie, wenn auch die Gebote der Menschlichkeit nicht ausser acht gelassen werden dürfen, mit besonderer Strenge behandelt werden müssen.

Die bosnische Klassifikation ist erheblich einfacher. Dort ist die Einteilung folgende:

Ia. in dem Alter unter 24 Jahren stehende, bisher nicht bestrafte Sträflinge;

Ib. in dem Alter unter 24 Jahren stehende wegen Vergehens oder Übertretung vorbestrafte Sträflinge;

Ic. in dem Alter unter 24 Jahren stehende wegen eines Verbrechens vorbestrafte Sträflinge;

IIa. in dem Alter über 24 Jahren stehende, bisher nicht bestrafte Sträflinge;

IIb. in dem Alter über 24 Jahren stehende, wegen Vergehens oder Übertretung vorbestrafte Sträflinge;

IIc. in dem Alter über 24 Jahren stehende, wegen eines Verbrechens vorbestrafte Sträflinge;

III. die als unverbesserlich erachteten Sträflinge.

Während der Nacht und in der arbeitsfreien Zeit sind die Sträflinge in Einzelzellen eingeschlossen. Die Arbeit ist zwar gemeinsam; während derselben sind aber nur jene Mitteilungen zulässig, welche sich auf den Gegenstand der Arbeit beziehen. Ebenso ist beim Spaziergang das Sprechen verboten und daher der Aufenthalt in freier Luft so einzurichten, dass den Sträflingen die Möglichkeit jedweder Unterhaltung benommen wird. Bestimmungen dieser Art über den Verkehr der in Gemeinschaftshaft befindlichen Sträflinge finden sich übrigens in allen drei Ländern wieder.

Die Sträflinge, die wegen geistiger oder körperlicher Gebrechlichkeit oder wegen hohen Alters selbst in der arbeitsfreien Zeit und bei Nacht nicht isoliert werden können, sind in gemeinsamen Räumen zu verwahren. Jedoch soll auch an ihnen die Klassifikation durch Versetzung in verschiedene Räume durchgeführt werden.

Verschieden, wie die Klasseneinteilung selbst, sind hiernach auch die Vorschriften über die Trennung der Sträflinge. Insbesondere ist in Kroatien nicht die Einzelhaft während der Nacht vorgeschrieben, sondern nur durch die ganze Klassifikation die Auseinanderhaltung der Haupt- und Unterklassen angeordnet, während in Ungarn und Bosnien währeed der Nacht Einzelhaft bestehen soll. Bei der Arbeit sollen in Ungarn die Klassen getrennt, in Kroatien „möglichst“ getrennt sein; in Bosnien ist eine bestimmte Vorschrift, dass die Klassen auch während der Arbeit getrennt zu halten sind, dem Reglement nicht zu entnehmen. Während der arbeitsfreien Zeit (natürlich mit Ausnahme des Spazierganges und des Kirchenbesuches) ordnet nur Bosnien die Einzelhaft an, während Kroatien und Ungarn nur Klassenabsonderung verlangen.

Neben der Scheidung der Sträflinge nach Verbrecherkategorien ist die Einrichtung einer Stufenfolge in der Gemeinschaftshaft, die der Sträfling nach Massgabe seiner Führung und Besserung zu durchlaufen hätte, nur in Kroatien durch die Anordnung von zwei Hauptklassen im Reglement vorgesehen. Da Ungarn und Kroatien aber die Bildung neuer Klassen dem Direktor überlassen, so würde dort auch einer Klassifikation in diesem Sinne von seiten des Reglements oder des Gesetzes nichts im Wege stehen. In der Tat teilt Meyer*) mit, dass dort die Sträflinge noch ausser der reglementarischen Klassifikation in drei Klassen geteilt sind, in denen sie nach gewissen Zeitabständen und nach ihrer Führung vorrücken. Das ist auch heute noch der Fall. In der höchsten Klasse wird den Sträflingen gestattet, Bilder an der Wand anzubringen, Vögel zu halten und Musik zu treiben. Meyer schildert selbst, welche Eindrücke ihm ein von Sträflingen für ihn veranstaltetes Konzert gemacht hat.

Ebenso verschiedenartig, wie die reglementarischen Verhältnisse der Klassifikation ist auch deren Ausführung. Die schwierigste Klassifikation ist unzweifelhaft die kroatische Es ist nicht nur ein Kunststück, den neu Eingelieferten in den 9 Klassen richtig unterzubringen, die Auslegung der einzelnen Klassenmerkmale ist so schwierig und, wie mir scheinen will, ohne die erforderliche juristische Präzision, dass es schon deswegen gerechtfertigt erscheinen möchte, immer einen Juristen an die Spitze der Anstalt zu stellen. Tauffer selbst sagt in seinen „Erfolgen“: „Missgriffe bei der Klassifikation können leicht, ja auch oft vorkommen. Täuscht sich aber nicht auch der gewiegteste Arzt, ja oft ganze ärztliche Konsilien?“ Das ist gewiss richtig. Ich klage aber Tauffer an, dass er mit seinen Erörterungen über die Klassifikation in Lepoglava den Eindruck erwecken will, als hätte die Klassifikation mehr Bedeutung, als bloss

*) Ein Besuch im Landeszuchthaus in Illava, Gerichtssaal, Bd. 40, S 293ff

auf dem Papier zu stehen. Jetzt, wie sicherlich damals, können nur Bruchstücke der Klassifikation durchgeführt werden. Wäre daher die Klassifikation im Einzelfalle auch falsch, so wäre das doch unschädlich, weil sich nicht, wie beim Arzt die therapeutische Behandlung nach der in der Klassifikation gewonnenen Diagnose richtet. Es fehlt zwar nicht an Bemühungen, die Klasseneinteilung auch faktisch wenigstens nach den gröberen Umrissen zu wahren. Von einer so minutiösen Einteilung, wie im Reglement bestimmt, ist tatsächlich jedoch keine Rede. So trennt der jetzige Direktor von Lepoglava seine Sträflinge in 6 Abteilungen, in die in den 2 Hauptabteilungen verteilt sind:

a) Erstbestrafte über 24 Jahre*)
b) Rückfällige unter 24 Jahren
c) Rückfällige über 24 Jahren.

In den Werkstätten kann er nur in der Schneiderei die Einteilung in 2 Klassen vornehmen. In den übrigen Werkstätten fluten alle Haupt- und Unterklassen durcheinander. Während der Nacht kann er allerdings unter seinen Klassen noch Unterabteilungen bilden, indem er in den Schlafsälen diejenigen, die bei ihrer Straftat mit Vorbedacht gehandelt haben, und diejenigen, die ohne Vorbedacht gehandelt haben, auseinanderlegt. Das ist aber auch alles, was er im Interesse der Arbeit und bei der Lage der Räume leisten kann. Zu Tauffers Zeiten war es in Lepoglava nicht anders und trotzdem spricht Tauffer in seinen Erfolgen nur von einigen Irrtümern bei der Einreihung in die Klassen. Davon aber, dass eine Klassifizierung mit unterschiedlicher Behandlung der Sträflinge in den einzelnen Klassen überhaupt nicht durchführbar ist, schweigt er ganz. Im Gegenteil. Er gibt in seinen „Erfolgen" eine vollständige Statistik über die Klassifikation eines Lustrums, eine Statistik, die gar keinen Wert hat, wenn ihr nicht die Behandlung der Sträflinge in der Praxis entspricht.

In Mitrovica, der grössten kroatischen Landesstrafanstalt,

*) Die Erstbestraften unter 24 Jahren werden nach Glina verbracht.

ist für die Arbeit ebenfalls die Klassenabsonderung nicht durchführbar. Die Schlafsäle — 8 an der Zahl — sind sehr gross angelegt, so dass in jedem 50 Mann untergebracht werden können, die je ungetrennt schlafen. Darin habe ich im Juni 1903 die Klassen folgendermassen verteilt gefunden:

1. Saal	Klasse	Ia, IIa,
2. „	„	Ic, IIc,
3. „	„	Ib, IIb,
4. „	„	IIc,
5. „	„	IIb,
6. „	„	IIIa, IIIb,
7. „	„	Tuberkulose aus verschiedenen Klassen, jedoch meistens Rückfällige.
8. „	„	IIIc/1—IIIc/9.

Die arabische Ziffer bei dem Klassenzeichen IIIc bedeutet die Zahl der Vorstrafen. Diese Verteilung ist von dem Wunsche diktiert, die Erstbestraften von den Rückfälligen, die Unverdorbenen von den Verdorbenen zu sondern. Allein 50 Mann ungetrennt, nicht bloss während der Nacht, sondern auch während der arbeitsfreien Zeit, in einem Raume dauernd zusammen, ob sich da eine Klassifizierung überhaupt noch lohnt?

Es sei gleich hier erwähnt, dass auch Ženica wegen der gleichen Bauart über dieselben grossen Schlafsäle verfügt. Diese sind aber mit eisernen Nachtzellen besetzt, die die nächtliche Einzelhaft ermöglichen und vermöge eines gut organisierten Überwachungsdienstes auch Kommunikation verhindern. In Kroatien kann man sich für diese eisernen Zellen nicht erwärmen. Man hält sie für menschenunwürdig. Um aber doch die nächtliche Trennung herbeizuführen, gedenkt man in die Schlafsäle hölzerne Einzelzellen bis zur Fensterhöhe — etwa in der Art der Badekabinen — einzubauen und sie von oben, um dem Licht Zutritt zu gestatten, mit Drahtgitter einzudecken. Ich möchte nicht meinen, dass durch diese Bauweise der Menagerieeindruck, der an den eisernen Zellen so sehr getadelt wird, erheblich zu mildern ist.

In Mitrovica ist auch ein Zellenflügel zur speziellen Aufnahme der 1. Hauptklasse bestimmt. Dieser Flügel enthält gleichmässige Räume zu 5 Betten. Man gibt dort zwar zu, dass es wohl möglich wäre, die Leute in dieser Versuchsstation, gerade weil sie in kleineren Gruppen zusammengefasst seien, besser beobachten und prüfen liessen, ob und wie sie für die Gemeinschaftshaft taugen. In der Praxis hat aber die 1. Hauptklasse einer andern Notwendigkeit weichen müssen. Es hat sich gezeigt, dass diejenigen Leute in den grossen Schlafsälen, die früher aufstehen müssen, als die andern, die Bäcker, Köche, Heizer, durch das zeitige Aufstehen nicht bloss die Ruhe der andern stören, sondern dass überhaupt die Ordnung in den Schlafsälen darunter leidet. Deshalb ist auch hier von Bildung einer 1. Hauptklasse abgesehen und sind die Frühaufsteher in dem bezeichneten Zellenflügel untergebracht.

In Gospić hat man die Klasseneinteilung bei der Arbeit in Anbetracht der geringen Zahl der Sträflinge und der beschränkten Werkstätten von vornherein aufgegeben. Für die Nacht stehen Zimmer für kleinere Gemeinschaften bis zu 20 Mann zur Verfügung. Die Verteilung auf diese Schlafzimmer erfolgt flügelweise nach grobem Einteilungsmodus. Im rechten Flügel sind die Klassen III und Klasse IIc, im linken Flügel die Klassen I und II ohne IIc untergebracht. In den einzelnen Zimmern sind strengere Unterscheidungen nicht durchzuführen.

Man sieht hiernach, dass es schon in einem Lande von nur drei Strafanstalten, von denen allerdings jede einen andern baulichen Charakter trägt, nicht möglich ist, eine genauere Klassifikation durchzuführen.

Bosnien allerdings, das durch den Vorzug völliger Zentralisation des Vollzuges schwerer Strafen in der einzigen systemgemäss gebauten Anstalt viel voraus hat, führt sein Reglement hinsichtlich der Gemeinschaftshaft vollständig durch.

Ungarn dagegen muss, wie wir gesehen haben, noch

mit den verschiedenartigsten Baulichkeiten rechnen. Ohne weiteres wird dort zugegeben, dass, wenn man von Sopron, das beinahe vollständig Zellengefängnis ist, absieht, gerade die einzige Gesetzesbestimmung über die Gemeinschaftshaft, die nächtliche Trennung, nicht durchführbar ist. Auch in Ungarn ist keine Sympathie für die eiserne Zelle vorhanden und man sieht sich daher nicht einmal in der Lage, für die Zukunft die Bereitstellung der für die nächtliche Trennung erforderliche Zellenzahl gewährleisten zu können. In Ungarn ist man der nicht ungegründeten Ansicht, dass die eiserne Zelle nur um deswillen nicht in den progressiven Strafvollzug passe, weil sich der Einzelhäftling mit der Unterbringung in die Eisenzellen schlechter stehe, während er doch gerade in seiner Lebenshaltung gehoben werden solle. Ich meine, dass dieser Einwand gerade in Ungarn nicht berechtigt ist, weil dort der Sträfling die Gemeinschaftshaft gar nicht verdient, sondern ersitzt. Im übrigen ist die Eisenzelle selbstverständlich nur ein Notbehelf und es kann dem Sträfling wohl beigebracht werden, dass er sie auch seinerseits als solchen betrachten lernt. Wenn weiter hervorgehoben wird, dass die Überwachung ohne Eisenzelle viel leichter sei, als mit Eisenzelle, so ist auch das nicht ganz richtig. Allerdings kann der Aufseher den Inhalt der Eisenzellen schwerer überschauen, wie einen nur mit Betten besetzten Saal. Allein vorausgesetzt natürlich, dass überhaupt für jeden Saal ein spezieller Wächter mit Nachtwachtverpflichtung bestellt wird, lehrt die Erfahrung, dass diese Nachtwache nicht intensiv genug sein kann, um jede Verbindung zu verhindern. Der mangelnde Überblick wird dadurch völlig ersetzt, dass überhaupt — wenigstens eine körperliche — Trennung herbeigeführt ist. Dies ist aber doch ein grosser Vorzug der Eisenzelle, der nicht zu ersetzen ist. Er wird auch in den drei Ländern, dort, wo die Eisenzelle noch nicht eingeführt ist und wo keine Sympathie dafür herrscht, nicht mehr übersehen werden dürfen. Über geschlechtliche Perversitäten habe ich allerdings nur in Ungarn klagen hören. Man wird wohl aber in der Annahme nicht fehlgehen, dass mit geschlechtlichem Männerverkehr in den südlichen Ländern überhaupt mehr gerechnet werden muss.*) Wenn mir berichtet wurde, dass derartige Vorkommnisse bei nächtlicher Gemeinschaftshaft gewöhnlich gemeldet würden, so möchte ich eher glauben, dass die Zahl der Fälle, wo keine Meldung erfolgt, häufiger sind.

In den Werkstätten findet ebenso, wie in Kroatien, auch in Ungarn und in Bosnien Klassenabsonderung nicht statt. Überall ist mir erklärt worden, dass eine verständig eingerichtete Arbeit eine solche Beschränkung in der Belegung der Räume nicht vertrüge. Was man unter verständiger Arbeit versteht, dafür gibt es natürlich verschiedene Auffassungen. Die einen wollen die Arbeit zunächst recht ertragreich für den Staat gestalten, so dass dieser der Anstalt möglichst wenig zuzuschiessen hat, die andern legen auf die Ausbildung des Sträflings das Hauptgewicht und wünschen, dass er eine Arbeit erlerne, die für ihn nach seiner Vorbildung, seinen Anlagen und für seine Zukunft die vorteilhafteste ist. Unzweifelhaft entspricht nur die letzte Ansicht den Zwecken des progressiven und eines jeden an der Zukunft des Sträflings arbeitenden Strafvollzugs. Welcher Auffassung man auch folgen mag, um die Klassenabsonderung aufrecht zu erhalten, müsste man Arbeitsplätze für sehr verschiedene Arbeiten in demselben Detentionsraume einrichten. Der Werkmeister, der die Strafgefangenen in den Arbeiten unterrichtet, müsste also die verschiedenen Arbeitsräume, in denen die ihm zugewiesenen Sträflinge sitzen, aufsuchen und würde dadurch nicht nur eine Menge Zeit verlaufen, er könnte auch oft nicht gerade an der Stelle sein, wo seine Aufsicht und Mitwirkung am nötigsten ist. Dadurch würde der Werkmeister ausserstande gesetzt sein, die Arbeitsleistung des Sträflings richtig zu beurteilen, denn in der Zeit seiner Abwesenheit kann der Sträfling oft vielleicht in der Tat nicht ohne An-

*) Fussend auf den Worten der dem Berliner Vertrage vom 13. Juli 1878 folgenden Proklamation: „Eure Sitten und Gebräuche sollen geschont, nichts soll gewaltsam verändert werden, ohne reifliche Erwägung dessen, was Euch not tut“ hat man es z. B. in Bosnien nach der Okkupation durchzusetzen versucht, die Straflosigkeit der Päderastie zu erlangen.

leitung weiter arbeiten und gerät durch die Unterbrechung der Arbeit leicht in den ungerechtfertigten Verdacht der Faulheit.

In den drei Ländern wäre das um so empfindlicher, als in keinem derselben bestimmte Arbeitspensen eingeführt sind, sondern die Leistung des Sträflings ohne diesen Zwang nach seiner Fähigkeit beurteilt und überwacht wird. Es kommt hinzu, dass die Einrichtung so vieler verschiedener Arbeitsstätten auch mit unverhältnismässigen Kosten verknüpft ist, die mindestens einen fabrikmässigen Betrieb vollständig hindern würden. Ein solcher Betrieb verlangt meistens die Vereinigung von mehreren Maschinen an einer Stelle und dementsprechend eine gewisse Mindestzahl von Arbeitskräften, die sie bedienen. Im handwerksmässigen Betriebe würden bei getrennten Arbeitsstätten eine Menge Werkzeuge mehr nötig sein. Nimmt man von der Rücksicht auf die Individualität des Sträflings Abstand, so liesse sich zur Not ja ein Arbeitsbetrieb mit Klassenabsonderung durchführen, allein auch da nur hinsichtlich derjenigen Klassen, die erfahrungsgemäss im Laufe des Jahres ungefähr denselben Personenbestand aufweisen. Das ist nämlich überall als das grösste Hindernis der Klassenabsonderung erkannt worden. Man nehme z. B. einmal die von Tauffer in den „Erfolgen" für den Tag des Strafantritts mitgeteilte Zahlenreihe der Verteilung auf die einzelnen Klassen:

Klassifikations Zeichen	1878	1879	1880	1881	1882
Ia	18	22	17	9	16
Ib	53	68	52	43	56
Ic	26	25	19	23	20
IIa	17	19	30	39	29
IIb	49	68	112	138	177
IIc	29	29	34	46	37
IIIa	109	141	122	188	121
IIIb	56	45	48	53	49
IIIc/1	166	139	118	123	98
IIIc/2	91	89	111	132	140

Wenn man diese Aufstellung durchsieht, so ergibt sich, dass der Personenbestand in den einzelnen Klassen nach den angegebenen Zeiten erheblich wechselt, z. B. IIb 1878 —49; 1882 —177, andererseits IIIc/1 1878 —166; 1882 bis 98. Und das ist nur ein Tag des Jahres. In jeder Woche ist ein anderer Bestand vorhanden und es wird schwer sein, dieselbe Einteilung der Arbeitsräume während des ganzen Jahres aufrecht zu erhalten. Während die eine Klasse abschwillt, schwillt die andere an. Der Direktor einer Anstalt sagte mir, er würde gern die Klassenabsonderung durchführen, wenn man ihm eine Strafanstalt mit verschiebbaren Wänden zur Verfügung stellte. In der Tat müsste die Verschiebbarkeit von der Einzelzelle bis zum grossen Saal gehen. Die strenge Klassenabsonderung brächte eine fortwährende Unruhe in die Anstalt und veranlasste oftmaliges Umlegen der Sträflinge, so dass durch die Gefährdung der Disziplin der Vorteil der getrennten Klassen wieder verloren ginge. Zuerst müsste man durch umfängliche statistische Enqueten die Gesetze der Klassenbildung erforschen, ehe man Ruhe in die Raumverteilung der Strafanstalt zu bringen imstande wäre. Nur mit groben Einteilungen lässt sich eine Klassifikation bei der Arbeit und in der Nacht durchführen und solche Einteilungen nach grösseren Gesichtspunkten werden von den meisten der Gefängnisoberbeamten für praktisch gehalten. Diesem Ideal entspricht am besten die ungarische Klassifikation, wenn anders der Direktor nicht von dem Recht der Bildung neuer Klassen zu ergiebigen Gebrauch macht. Neben der Einteilung der Sträflinge nach Verbrechen und Vorleben noch Klassen zu bilden, in denen die Sträflinge nach Führung und Besserung fortschreiten, konnte weder in Kroatien durchgeführt werden noch wird es überhaupt für notwendig erachtet, vielmehr ist man jetzt überall der Ansicht, dass ein Strafvollzugssystem, das sich unter allen Verhältnissen bewähren soll, vor allen Dingen einfach sein muss. Die ganze Einteilung des irischen-englischen Strafvollzugs in die 5 Klassen probation class, third class, second class, first class und special class*), innerhalb deren der Sträfling sich durch das Erdienen von jener unglaublich hohen Menge

*) Auch exemplary class und advanced class.

von Marken den Zutritt in die höhere Klasse verschaffen sollte, ist in allen drei Ländern bewusstermassen fallen gelassen. Man ist der Ansicht, dass ein solches Vollzugssystem den wahren Stand der Besserung des Sträflings eher verschleiern, als aufdecken würde.

Dass man im übrigen der Arbeit selbst für die Gemeinschaftshaft, nicht bloss was die einzelne Persönlichkeit des Sträflings, sondern auch den wirtschaftlichen Erfolg anbelangt, das grösste Interesse zuwendet, kann ich bezeugen. Die Sträflingsarbeit ist natürlich keine Domäne des progressiven Strafvollzugs. Trotzdem ist die Schilderung der Sträflingsarbeit hier doch nicht zu entbehren, denn der Inhalt einer Freiheitsstrafe ist nicht richtig zu beurteilen, wenn man nicht weiss, was der Sträfling während der Strafzeit zu leisten hat, was an und in dem Sträfling durch die Arbeit geleistet wird und welche wirtschaftlichen Ergebnisse dabei für ihn und den Staat herauskommen.

Im irischen Strafvollzug war die Gemeinschaftshaft durch Arbeiten im Freien, Erd- und Wasserarbeiten, Festungsbauten ausgefüllt, deren nähere Bestimmung dem Kriegs- oder Ingenieurdepartement überlassen war. Auch die Handwerksarbeiten waren solche, die man im Freien ausführen konnte, Zimmer-, Maurer-, Schmiede- und Steinmetzarbeit. Von dieser Arbeitseinrichtung ist in den drei Ländern keine Rede, weil sich einfach Arbeitsstellen, die fortwährend Gelegenheit zu solchen nicht landwirtschaftlichen Arbeiten bieten, nicht vorfinden.

Die Arbeit der Gemeinschaftshaft ist in allen drei Ländern vorwiegend industrielle oder handwerksmässige Innenarbeit, zum geringeren Teil landwirtschaftliche oder Kultur- (Meliorations-), also Aussenarbeit. Die Industrie ist dort überhaupt noch nicht weit fortgeschritten. Es fällt daher das Bedenken, dass durch die Strafanstaltsarbeit eine ungebührlich grosse Zahl von Menschen für die Industrie ausgebildet werde, die dadurch der Landwirtschaft oder andern wichtigen Berufen entzogen werden, fort. Es ist mir gesagt worden, dass im Gegenteil die Industriearbeit in den Strafanstalten durch die Förderung des Verständnisses für diese Art Arbeit belebend wirke. Das hindert natürlich nicht, dass die Gewerbetreibenden dort, wie auch in andern Ländern, Beschwerde führen über die Konkurrenz der Strafanstalten. In Ungarn hat dies dahin geführt, dass die professionelle Arbeit in den Strafanstalten zu Gunsten der mechanischen Fabrikarbeit zurückgedrängt wird. Ungarn verfügte nach dem Gewerbegesetz von 1872 über eine vollständige Erwerbs- und Verkehrsfreiheit. Die Schuld an der wirtschaftlichen Krise, die die 70er und den Anfang der 80er Jahre ausfüllte, wurde zum Teil auch der Ausdehnung der billigen Sträflingsarbeit beigemessen. Schon ein Gewerbetag von 1879 verlangte nichts weniger als Beschränkung der Beschäftigung der Gefangenen. Den unausgesetzten Bestrebungen dieser Richtung gelang es im Jahre 1884 ein neues Gewerbegesetz herbeizuführen, das zwar die Klausel enthielt, dass die Bestimmungen des Gesetzes auf die Strafanstalten keine Anwendung finden sollen. Diese Gesetzesbestimmung war aber nur möglich geworden durch eine Resolution von 1883, in der die Grenzen der Strafanstaltsarbeit unter speziellem Eingehen auf die einzelnen Industrie- und Handwerkszweige eingeengt wurden. In erster Linie ist der Justizfiskus darauf verwiesen worden, seine Bedürfnisse an gewerblichen Erzeugnissen durch die Industrie der Strafanstalten erzeugen zu lassen. Aber auch für solche Zwecke dürften keine Beschäftigungszweige betrieben werden, die eine Vorbildung als Lehrling oder Geselle bedingen. Es seien vielmehr Industriezweige einzuführen, welche entweder im Lande überhaupt nicht betrieben werden oder die nur Halbfabrikate liefern oder deren Erzeugnisse für den ausländischen Absatz bestimmt sind. Die Einführung neuer Industrien den Strafanstalten aufzuerlegen, würde zwar deren Aufgaben in direkte Beziehung zur Nationalwirtschaft setzen. Das aber geht bedeutend zu weit und hat den besonderen Mangel, dass der Strafentlassene für das Gelernte — zunächst wenigstens — in der Heimat keine Verwertung findet, ferner dass der Industrieleiter der Strafanstalt, selbst unter Zuhilfenahme sachverständiger Werkmeister, kaum eine solche Arbeit richtig zu beaufsichtigen imstande sein wird. Regiebetrieb ist dabei natürlich völlig ausgeschlossen. Die Strafanstalten werden vielmehr gerade dadurch dem Unternehmerbetrieb rettungslos ausgeliefert. Trotzdem hat Ungarn diesen Weg betreten. In Vácz und Lipótvár fand ich eine Rahmen- und Goldleistenfabrik, die ihresgleichen nicht im Lande haben soll. In Lipótvár speziell war ein künstlerisch durchgebildeter Werkmeister, ein Reichsdeutscher, angestellt, der mit den Sträflingen ganz erlesene Stücke herstellte. Das Budapester Sammelgefängnis steht mit seinen Vergoldungsarbeiten und mit seiner Schuhleistenfabrik, wie mir gesagt wurde, gleichfalls einzig im Lande da.

Dass die Ansprüche der Gewerbetreibenden, die sich in dieser Resolution offenbaren, übertrieben sind, ist inzwischen schon energisch von Tóth betont worden. Dieser Schriftsteller weist nach, dass die Gefahren, die der inländischen Industrie drohen, nicht von den Strafanstalten, deren Produkte im Verhältnis zum Grossen und Ganzen den Markt kaum nennenswert beeinflussen können, herkommen, sondern mit ganz anderen Faktoren zusammenhängen.

Die Resolution wird in dem Hauptpunkte nicht befolgt, dass die Strafanstaltsindustrie sich mit der Herstellung von Halbfabrikaten zu befassen hätte. Dagegen wird hauptsächlich für fiskalische Bedürfnisse gearbeitet. Solche Gegenstände, die an dem Orte der Strafanstalt von den Kleingewerbetreibenden hergestellt werden, werden nicht gefertigt. Im Entreprisebetrieb ist die Vorschrift durchgeführt, dass der Unternehmer sich verpflichten muss, eine feste Anzahl von Sträflingen zu beschäftigen und zu bezahlen, auch wenn er gerade für sein Unternehmen keine neuen Waren brauchen könnte. Der Unternehmer soll also mit seinen Betriebskräften in dem durch den Vertrag bestimmten Masse vollständig auf die Strafanstalt festgelegt werden.

Trotzdem hören die Klagen der Gewerbetreibenden nicht auf. Sie wurden i. J. 1898 so dringend, dass sich der Justizminister bewogen fühlte, auch für die Gemeinschaftshaft landwirtschaftliche Arbeiten einzuführen. Es ist aber bei einem Versuch, der in Rekonstruktionsarbeiten in den von der Reblaus angegriffenen Weinbergen in Hegyalja bestand, geblieben. Die Entwickelung der Strafanstaltsindustrie in Ungarn ist hiernach unter dem Ansturm der Privatindustrie für den Strafvollzug nicht besonders günstig. Dies hängt natürlich mit den allgemeinen wirtschaftspolitischen Zuständen Ungarns zusammen. Schon im Interesse des Strafvollzugs müsste das dahin führen, den Unternehmerbetrieb möglichst einzuschränken und den Regiebetrieb mit Bevorzugung fiskalischer Bedürfnisse in der Weise zu begünstigen, dass es dem Sträfling ermöglicht wird, ein Handwerk, z. B. die Militärschneiderei, vollständig zu erlernen.

In Kroatien und Bosnien, wo die Industrie einen noch viel geringeren Raum einnimmt, als in Ungarn, ist die Entwickelung der Strafanstaltsindustrie ruhigere Wege gegangen. In beiden Ländern hat sich die Industrie überhaupt erst zu regen begonnen, als durch die Aufhebung der Militärgrenze bezw. die Okkupation Raum für freiere Entfaltung der bürgerlichen Kräfte gewonnen war. Die landwirtschaftliche Beschäftigung überwiegt dort noch heute jede andere Beschäftigungsart derart, dass es nicht auffallen kann, wenn gesagt wird, dass man von landwirtschaftlicher Beschäftigung aller Sträflinge nur mit Rücksicht auf die Sicherheit des Landes Abstand nahm.

Für Kroatien hat Tauffer in seiner Schrift: „Gewerbebetrieb in den königlichen Landesstrafanstalten des Königreichs Kroatien-Slawonien“, die durch die Landesausstellung in Budapest i. J. 1885 veranlasst wurde, ausführlich über den Stand der Strafanstaltsindustrie Auskunft gegeben. Auf der Budapester Ausstellung waren die Arbeiten der Landesstrafanstalten ausgestellt. Er sagt in dieser Schrift, es sei bisher in Kroatien gelungen, der industriellen Tätigkeit der Strafanstalten eine Richtung zu geben, die sowohl den nationalökonomischen Verhältnissen des Landes, als auch den Anforderungen des Strafzweckes entspräche und die Interessen des Gewerbestandes nicht schädige. Die Handels- und Gewerbekammer in Agram, deren Mitglied Tauffer übrigens war, habe der Strafanstaltsindustrie immer mehr als fördersame Beraterin zur Seite gestanden, wenn sie allerdings auch den Schutz des Kleingewerbes besonders betont habe. Es mag richtig sein, dass sich in Kroatien ein freundlicheres Verhältnis zwischen Strafanstaltsindustrie und Gewerbevertretung angebahnt hat. Das kommt einmal daher, dass in der Tat eine besonders schutzbedürftige Industrie noch nicht vorhanden ist, und sodann dass die landwirtschaftliche Beschäftigung der Sträflinge bei den drei Zwischenanstalten des kleinen Landes auf vier Hauptanstalten und bei der Beteiligung der Hauptanstalten an der landwirtschaftlichen Arbeit der Zwischenanstalten einen breiteren Raum einnimmt, als in Ungarn. Deshalb hat sich das Verhältnis seit Tauffers Schrift auch noch nicht wesentlich verändert.

In Bosnien begann eine systematische Gefängnisarbeit erst mit der Errichtung der Strafanstalt Źenica. Bis dahin hatte man damit zu tun gehabt, eine Gefängnisarbeit, die es unter der ottomanischen Herrschaft noch nicht gab, überhaupt erst einzurichten. In Żenica ist alsbald die Gemeinschaftshaft völlig für die Industrie, unter Bevorzugung des Handwerksbetriebes, eingerichtet worden. Żenica selbst ist in dem so industriearmen Lande der bedeutendste Industrieort. Es bestehen dort eine staatliche Kohlengrube, ein Eisenwalzwerk und eine Papierfabrik. Trotzdem hat man sich an dem fabrikmässigen Betriebe kein Beispiel genommen. Mit Ausnahme von sechs Nähmaschinen in der Schneiderei und Schusterei werden in der Strafanstalt alle Arbeiten mit der Hand gefertigt. Man will dem Sträfling das Handwerk vollständig beibringen. Deshalb findet bei keinem Handwerk Arbeitsteilung statt. Jeder Sträfling lernt das Handwerk vom ersten Handgriff bis zum Meisterstück. In jeder Werkstatt befindet sich neben dem aufsichtführenden Wachmann ein Werkmeister. Die Tischlerei hat deren zwei. Diese sind selbst vollständig durchgebildete Handwerker, die auch imstande sein müssen, die vorgerückteren Sträflinge im gewerblichen Zeichnen zu unterrichten. Dabei wird darauf geachtet, dass, wenn ein Sträfling in seinem Handwerk bereits eine gewisse Stufe der Handfertigkeit erreicht hat, er nicht etwa im Interesse des finanziellen Ergebnisses fernerhin durch solche ihm geläufige Arbeiten ausgebeutet wird. Man bestrebt sich vielmehr alsdann dem Sträfling höhere Ziele zu stecken.

Solche Ziele bieten sich nach der Ansicht des Anstaltsleiters nur dann, wenn der Strafanstalt der Vorzug ausgedehnter Privatkundschaft zugewandt ist. So ist es in der Tat dort fertig gebracht worden, — was in einem Lande, wie Bosnien, schon etwas bedeuten will — dass die Leute in verhältnismässig kurzer Zeit vom gewöhnlichen Arbeiter, der gerade nur die Hacke zu führen versteht, zum fertigen Möbeltischler, Damenschuster etc. gebracht werden. Wie eminent wichtig eine solche Tätigkeit in der Anstalt ist, ergibt sich aus der Tatsache, dass von den eingelieferten Sträflingen nur etwa 2—3 % in einem Handwerke vorgebildet sind. Insoweit leistet die Anstalt ganz elementare Kulturarbeit. Ich habe das Gesagte in einer Mitteilung bestätigt gesehen, die ich von einem Sägewerksbesitzer aus Travnik erhielt. Ich lernte ihn zufällig im Eisenbahnabteil kennen. Er sagte mir, ohne um meinen Reisezweck zu wissen, er nehme so viel Strafentlassene aus Ženica, als er bekommen könne, denn er wisse, was er an ihnen habe. So soll es auch in den Heimatsgemeinden der Strafentlassenen sein. Leute, die es in Ženica bis zur Zwischenanstalt gebracht hätten, seien in der Heimat überall als Arbeiter willkommen und genössen sogar ein gewisses Ansehen.

Grössere Aussenarbeiten der Gemeinschaftshäftlinge sind in Ungarn und Kroatien unternommen worden. § 31 des ungarischen Strafanstaltsreglements sieht in erster Linie Wegebauten vor. Schon 1887 wurden 54 Zuchthaussträflinge und 84 Kerkersträflinge zur Regulierung des Galga-Flusses verwendet. Die unter Leitung von Kulturingenieuren ausgeführten Arbeiten nahmen 8 Monate in Anspruch. Seitdem wurden noch zwei Versuche von den Siebenbürger Zuchthäusern aus unternommen. In beiden Ländern verwandte man sodann die Gemeinschaftshäftlinge zu ärarischen Bauten auf dem Gebiete der Strafrechtspflege. In Ungarn wurde die Besserungsanstalt in Aszód durch Sträflinge erbaut. László beschreibt diesen Versuch genau in: „Le système pénitentiaire progressif en Hongrie". Die Auswahl der 50 Sträflinge, sagt er, ist mit der grössten Sorgfalt erfolgt. Man habe zwar auch Sträflinge von langer

Haftdauer, aber nur solche genommen, die sich in der Anstalt befriedigend geführt und kein schlechtes Vorleben gehabt hätten. Die Sträflinge seien in einfachen Bauernhäusern ohne Schloss und Riegel und hinter vergitterten Fenstern untergebracht gewesen. Man hätte sie in einzelne Gruppen geteilt, die sich manchmal bei der Arbeit sehr weit von einander entfernten. Nur vier Wachleute und ein Beamter hätten das Ganze überwacht. Die Sträflinge hätten sich sogar in die Stadt begeben und von dort die Baumaterialien und die nötigen Speisevorräte herbeiholen dürfen. Die Arbeiten dauerten $1^1/_2$ Jahr, während welcher Zeit im ganzen 186 Sträflinge daran teilgenommen hätten. 96 verliessen die Kolonie während dieser Zeit infolge vorläufiger Entlassung, 21 wurden am Schluss der Arbeiten direkt in die Zwischenanstalt Vácz überführt. Nur ein einziger musste während dieser Zeit in die Hauptanstalt zurückgebracht werden. In ähnlicher Weise wurde sodann die Zwischenanstalt Kis-Hartha eingerichtet. In Ungarn ist man mit diesen Resultaten sehr zufrieden und die Tendenz der Fortsetzung ist vorhanden. In der Tat sind auch 1900 bei einem Strike der Erntearbeiter 100 Sträflinge aus dem Szegediner Kerker herausgegeben worden. Hier sowohl, wie in den anderen Fällen, sind auffallende Disziplinwidrigkeiten nicht vorgekommen. Die letztere Arbeit kommt nur unter dem Gesichtspunkt des Notstandes in Betracht. Und für solche Fälle muss schliesslich jeder Strafvollzug die Hergabe von Sträflingen zulassen. Man denkt dabei, dass diese Arbeiten geeignet seien, die Zwischenanstalt für diejenigen Hauptanstalten zu ersetzen, bei denen sie noch nicht bestehen.

In Mitrovica in Slawonien ist die neue Strafanstalt durch Sträflinge erbaut worden. Diese Arbeit war aber insofern anderer Art, als dort schon eine Strafanstalt bestand, von der aus die Arbeiten ausgeführt wurden und in die als Stützpunkt für Disziplin, Unterkommen und Unterhalt die Sträflinge stetig zurückkehrten.

So günstig diese Ergebnisse sein mögen, so bergen sie doch die Gefahr in sich, dass das System geordneter Stufenfolge in Verwirrung gerät. Keinesfalls lässt sich die Einrichtung dauernd neben der Zwischenanstalt halten, denn ein Sträfling der Gemeinschaftshaft wird es kaum als eine Veränderung oder Verbesserung seiner Lage ansehen, wenn er von einer solchen Aussenarbeit in die Zwischenanstalt versetzt wird. Als Surrogat der Zwischenanstalt wird alles dagegen vorzubringen sein, was später gegen die völlige Abtrennung der Zwischenanstalt von der Hauptanstalt zu sagen ist. Es kommt aber weiter noch dazu, dass die Unterbringung an Arbeitsstellen, die ihrer Natur nach keine dauernden sein können, an Wert bedeutend hinter der in einer ordnungsmässig eingerichteten Zwischenanstalt zurückbleiben wird. Anders würde immerhin die Sache zu beurteilen sein, wenn man dauernde Kulturarbeiten in einer Ödländerei vornehmen wollte, die die Herstellung fester Gefängniseinrichtungen zuliesse.

Die Einführung des progressiven Strafvollzugs bedeutet in allen drei Ländern zugleich die Einräumung einer Vorzugsstellung für die Staatsregie gegenüber Entreprise- und Akkordsystem. Indessen ist das Verhältnis der Staatsregie zur Entreprise weder in Ungarn noch in Kroatien und Bosnien festgestellt.

In Ungarn begann die Regierung 1869 mit der Beseitigung der Pachtverträge durch die die Gefangenenarbeit an Unternehmer verpachtet war. Die ablaufenden Verträge sollten nicht mehr erneuert werden. Noch heute ist der Entreprisebetrieb, wie gesagt, noch lange nicht beseitigt, wenn auch keine Anstalt der Entreprise völlig verschrieben ist.

In Kroatien, wo man mit der Einrichtung einer systematischen Strafanstaltsarbeit erst nach der Entmilitarisierung der Militärgrenze begonnen hatte, wurde die Staatsregie 1878 eingeführt. Die Einführung der Staatsregie in den einzelnen Anstalten zog sich aber bis in die Mitte der 80er Jahre hin. Heute ist sie vollständig durchgeführt. Die Strafanstalten sind, insoweit nicht Gegenstände für die staatlichen Bedürfnisse hergestellt werden, kaufmännisch geleitete Fabriken geworden, in der die Rohmaterialien eingekauft. auf Bestellung privater Kunden oder auf Vorrat fertiggestellt und in dem Verkaufslokal der Anstalt verkauft oder auf Bestellung durch die Post und per Bahn versandt werden. Sie sind vollständig unabhängig von Unternehmern. Der Direktor muss selbst alle Konjunkturen des Ein- und Verkaufs wahrnehmen und die Bedürfnisse des Marktes studieren. Er muss für Absatzgebiete sorgen und die Preise festsetzen. Er muss ein richtiges Lager halten und verwalten. Er ist also Kaufmann, wie er in der Leitung der Zwischenanstalt sich als Landwirt bewähren muss.

Auch die industrielle Tätigkeit der bosnischen Strafanstalt bewegt sich lediglich im Gebiete der Staatsregie. Es fehlt nicht nur jeder Entreprisebetrieb, auch das Akkordsystem kat keine Vertretung. Jeder Privatmann kann in der Anstalt auf Bestellung arbeiten lassen oder aus dem Warenmagazin Waren entnehmen, die er gerade braucht. Selbstverständlich kommt er dabei nicht in Berührung mit dem einzelnen Sträfling.

Es wird nötig sein, die Erfolge, die durch den Industriebetrieb der Strafanstalten gewonnen sind, etwas näher zu beleuchten.

Über den Reingewinn, der in Ungarns Strafanstalten 1902 erzielt worden ist, gibt folgende Tabelle Auskunft:

Anstalten	Summe der Arbeitstage	Vom Reingewinn entfiel				Vom Reingewinn an die Staatskasse
		auf die Anstalt	auf die Sträflinge als Verdienst	pro Kopf u. Tag		
				für die Anstalt	für den Sträfling	
		Kronen	Kronen	Heller	Heller	Kronen
Vácz	160 774	251 141	19 841	156,20	12,34	200 000
Szamosujvár	63 461	39 979	9 576	62,99	14,96	34 000
Budapest	77 330	29 805	10 358	38,54	13,39	35 000
Lipótvár	137 283	51 284	18 122	37,35	13,20	53 948
Nagy Enyed	141 347	48 345	13 657	34,20	9,66	40 000
Szeged	90 168	32 646	7 558	36,20	8,16	28 000
Sopron	116 046	39 200	9 292	33,78	8,00	40 000
Illava	98 299	39 979	8 393	30,50	8,50	50 000
Zusammen	884 708	522 379	96 597	429,76	88,21	480 948

An der Spitze steht somit Vácz, welcher Anstalt schon mehrfach gedacht wurde. Die ausserordentlichen Erträge aus der Industrie bringen es natürlich zu Wege, dass diese

Anstalt dem Staate ausserordentlich wenig Kosten verursacht. Die Erträge haben seit 1891 immerfort zugenommen. Überhaupt sind die Reinerträge sämtlicher Anstalten, wenn auch nicht in diesem Masse, ständig in die Höhe gegangen. Noch 1887 betrug der Reingewinn sämtlicher Strafanstalten mit Ausnahme der in Budapest, die damals noch nicht bestand, und unter Hinzutritt von Munkács, das seither aufgegeben ist, 373 372,76 kr., 1892: 454 412,17 kr., 1897: 769 118,34 kr.

In Kroatien werden die Industrieerträge durch folgende Tabelle dargestellt:

Jahr	Jährlicher Reingewinn		Den Sträflingen zugefallene Belohnungen		Von der Sträflingsbelohnung fiel dem Sträflingsunterstützungsfond zu		Zahl der Arbeitstage	Pro Tag und Kopf entfällt zu Gunsten		
								des Ärears	der Sträflinge	zusammen
	Kronen	H.	Kronen	H.	Kronen	H.		Heller		
1885	85 528	—	21 462	16	916	46	268,065	40,26	7,76	48,02
1886	98 198	66	20 970	62	917	64	303,097	39,52	6,96	46,44
1887	101 535	24	22 004	86	659	68	308,201	39,60	7,16	46,74
1888	96 470	06	22 226	74	871	82	298,955	35,66	7,18	42,84
1889	75 757	84	21 795	82	405	22	280,892	29,10	7,42	26,02
1890	76 593	66	18 145	54	417	04	257,151	31,88	6,78	38,66
1891	95 623	36	14 382	10	355	82	228,946	32,12	4,24	36,86
1892	65 569	94	16 685	—	400	–	231,391	25,06	4,94	29,98
1893	81 776	18	17 668	04	244	90	211,527	29,68	5,86	35,48
1894	98 374	40	19 168	84	369	92	281,987	31,24	5,52	36,88

Es ergibt sich, dass die Erträge auf Tag und Kopf berechnet, wenn man von den ausserordentlichen Erträgen in Vácz absieht, nicht wesentlich hinter denen Ungarns zurückbleiben.

Nun noch einige Daten von Kroatien aus den letzten Jahren.

Lepoglava hatte 1902 115 468 Arbeitstage. Das Ärar zog einen Reinertrag von 50 579,23 kr. aus der Anstalt. Die Sträflinge erhielten 13 037,52 kr. Somit entfallen per Tag und Kopf auf den Staat 43,80 Heller, auf den Sträfling 11,29 Heller. Mitrovica hatte 1902 111 494 Arbeitstage gehabt und hat dadurch für das Ärar 37 023,90 kr., für die Sträflinge 5 486,75 kr., für die Sträflingsunterstützungsfonds 264,01 kr. vereinnahmt. Bar abgeliefert wurden an das Ärar 6000 kr. Gospić hatte 1902 415 64 Arbeitstage und hat für das Ärar 13 507,38 kr., für die Sträflinge 2677,47 kr. und den Sträflingsunterstützungsfonds 179,08 kr. vereinnahmt.

Nicht ohne Interesse wird es sein zu sehen, was das Ärar nach Massgabe der Industrie- und Feldwirtschaftsbetriebe noch zur Erhaltung der Anstalt beizusteuern hatte. Diesen Einblick gewährt die Statistik Kroatiens über die Jahre 1885—1902. Demnach hatte der Staat nach Abzug der Einnahmen des Industrie- und Landwirtschaftsbetriebes und mehrerer anderer Posten zuzuschiessen:

1885	157 605,67	Kronen.
1886	157 584,66	„
1887	154 449,03	„
1888	153 814,31	„
1889	150 489,87	„
1890	146 465,82	„
1891	141 937,71	„
1892	134 045,45	„
1893	132 855,25	„
1894	144 911,10	„
1895	333 872,58	„
1896	333 330,46	„
1897	356 939,49	„
1898	404 431,34	„
1899	356 898,36	„
1900	387 889,94	„
1901	372 836,34	„
1902	391 154,84	„

Das Anschwellen der bis dahin stetig sinkenden Zahlen von 1895 an, hängt mit dem Bau und dem Betrieb der Anstalt Mitrovica zusammen.

In der bosnischen Anstalt erzielte die Industrie im Jahre 1902 einen Gesamtwert der Produktion von

136 529,87 kr., von der sich ein Gewinn von 54 473,12 kr. ergab. Von diesem Gewinn entfällt pro Tag und Kopf des Sträflings 68 Heller. Indessen sind von dem Gewinn noch folgende Summen abzusetzen:

1. Entlohnungen der Werkführer	13452,00 kr.
2. Reiseauslagen	226,00 „
3. Für Agenten und Provisionen	833,43 „
4. Für Erhaltung und Anschaffung von Werkzeugen	3516,86 „
5. Arbeitsgeschenke der Sträflinge	8148,27 „
6. Drucksachen- und Kanzleiauslagen . . .	1152,90 „
7. Tagegelder für 2 Diurnisten	2880,00 „
Sa.	30209,46 kr.
sodass absoluter Reingewinn für die Anstalt verbleibt	24263,66 kr.

Hiervon entfällt per Tag und Kopf des Sträflings 30,5 Heller. Nimmt man die Arbeitsgeschenke des Sträflings hinzu, so kommen 38,18 Heller pro Tag und Kopf heraus. Wenn man von den Abweichungen absieht, die die beiden ungarischen Anstalten Vácz und Szamosujvár zeigen, so bietet Ženica einen guten Durchschnitt, was um so mehr ins Gewicht fällt, als dort augenscheinlich der finanzielle Erfolg der Arbeit nach keiner Richtung in den Vordergrund gestellt wird.

In das ungarische Strafanstaltsreglement ist ausdrücklich die Bestimmung aufgenommen, dass die Sträflinge, die eine Zuchthausarbeit bereits kennen, in dieser Verwendung finden sollen, andernfalls soll der Sträfling eine Arbeit erlernen, die seinen Fähigkeiten entspricht, die er im Verhältnis zu seinen Kräften am leichtesten erlernt und die er nach seiner Entlassung fortsetzen kann. Nach dem bosnischen Reglement soll auf den Beruf, die Arbeitsfähigkeit und die bisherige Beschäftigungsweise des Sträflings tunlichste Rücksicht genommen werden. Der Gedanke an die Zukunft des Sträflings wohnt aber dem Strafvollzug aller drei Länder inne. Eine wirkliche Vorbereitung für die Zeit nach der Entlassung ist aber der Industriebetrieb der Strafanstalten der drei Länder nur insoweit, als ein Handwerk gelehrt und gelernt wird, das der Sträfling in der Freiheit anfangen oder fortsetzen kann. In dieser Hinsicht fehlt, abgesehen von Bosnien, wie oben gezeigt, noch viel und ist insbesondere der rein fabrikmässige Betrieb von Industrien, die sonst im Lande nicht betrieben werden (z. B. Brillenfabrikation in Sopron) nicht geeignet, dem Sträfling nach der Entlassung die Wege zu ebnen. Dagegen ist das Handwerk dort überall in der Freiheit gut verwertbar und entspricht den Bedürfnissen der Länder.

Eine Einrichtung, die ihre Wirkung in der Zeit der vorläufigen Entlassung äussert, und gerade zu der in der Gemeinschaftshaft gepflegten Arbeit in Beziehung steht, ist der Unterstützungsfonds für Sträflinge. Derselbe ist in allen drei Ländern vorhanden und hat überall die gleichen Zwecke, nämlich

1. Anschaffung von bürgerlicher Kleidung und Reisegeld für solche Sträflinge, die unverschuldet in der Strafanstalt nicht so viel verdienen konnten;
2. Unterstützung der mittellosen und gebesserten Sträflinge in der ersten Zeit nach der endgültigen oder vorläufigen Entlassung;
3. Anschaffung der nötigen Werkzeuge zum Betriebe ihrer Profession in der Freiheit;
4. Bestreitung der Beerdigungskosten für den in der Anstalt versterbenden Sträfling, wenn das eigene Guthaben nicht ausreicht.

Ungarn entnimmt die Mittel zu 3. nicht dem Unterstützungsfonds, sondern dem Landesfonds der Geldstrafen, über den schon oben (§ 3) gehandelt wurde. Ferner besteht in Ungarn und Kroatien nicht die in Bosnien eingeführte Beschränkung, dass nur diejenigen Werkzeuge angeschafft werden dürfen, die zu einer in der Strafanstalt erlernten und geübten Profession benötigt werden. So wurden in Ungarn für einen Kunstmaler Malutensilien, für eine Klavierlehrerin ein Klavier angeschafft. Das Eigentum an den mit Mitteln des Unterstützungsfonds verliehenen Sachen wird in Ungarn mit völligem Ablauf der Strafe erworben.

Das bosnische Reglement bestimmt Folgendes:

„Derartige Unterstützungen (d. h. an Handwerkszeug) sind nur solchen Entlassenen zu gewähren, die eine in der Anstalt gelernte oder geübte Profession sich in jenem Masse angeeignet haben, dass sie zur selbständigen Ausübung dieser Profession vollständig befähigt sind, die sich ferner schon in der Anstalt gut geführt haben und bei denen auch Hoffnung auf nachhaltige Besserung vorhanden ist und die endlich die Werkzeuge aus eigenen Mitteln nicht beschaffen könnten.

Vor der Bewilligung dieser Unterstützung soll stets im Wege der Kreisbehörde eine Anfrage an das Bezirksamt des Inhaltes gerichtet werden, ob die persönlichen Verhältnisse des zur Entlassung kommenden Individuums derartig sind, dass die Ausübung der betreffenden Profession zu gewärtigen ist und ob die betreffende Behörde die Aufsicht über die Werkzeuge übernehmen kann.

Nach Einlangen der bejahenden Antwort werden die Werkzeuge portofrei an die Zuständigkeitsbehörde mit der Erklärung übersendet, dass selbe ein Jahr lang Eigentum der Strafanstalt bleiben und dem gewesenen Sträfling nur provisorisch und leihweise überlassen sind*), dass somit deren unbefugte Entäusserung das Verbrechen oder Vergehen der Veruntreuung begründen würde.

Die Zuständigkeitsbehörde wird gleichzeitig ersucht, die Überwachung der Sträflinge anzuordnen und ihnen, falls sie die Profession nicht mit vollem Eifer betreiben, oder sonst zu Unzufriedenheit Anlass geben, die Werkzeuge alsogleich abzunehmen.

Nach Verlauf eines Jahres werden, wenn von der kompetenten Behörde günstige Nachrichten einlaufen, die Werkzeuge dem betreffenden Manne mit besonderer Verständigung ohne jedweden weiteren Vorbehalt in förmlicher Weise geschenkt."

Wie in Bosnien der Handwerksbetrieb eingerichtet ist, ist bereits oben ausgeführt worden. Wenn dabei allerdings

*) Darin liegt allerdings die Gefahr der Begehung von Unterschlagungen, wie sie bei uns durch die an Stelle von Kaufverträgen geschlossenen Mietverträge der Gewerbetreibenden geschaffen werden.

auch keine Maschinen verwandt werden, so kann es doch im Einzelfalle nötig sein, den Sträfling mit einer Maschine zu versehen, wiewohl diese Massregel gerade in Bosnien nicht unbedenklich wäre, insofern dadurch der Entlassene in vielen Fällen zu Hause besser gestellt sein würde, als seine Dorfgenossen.

Andererseits kann es allerdings auch Fälle geben, wo die Kenntnis der Maschinen dem Sträfling draussen das Unterkommen erleichtert. Mir liegt ein Brief eines von Ženica entlassenen Sträflings, eines Buchbinders, vor, in dem er beschreibt, wie schwer es ihm geworden wäre, ohne Maschinenkenntnis Unterkommen als Buchbinder zu finden. Allerdings war er ausser Landes gegangen. Als er das Unterkommen aber hatte, ist es ihm vermöge des in der Anstalt Erlernten ein Leichtes gewesen, die Handhabung der Maschinen zu lernen.

Wie nötig an und für sich der Unterstützungsfond ist ergibt sich daraus, dass, wenn anständige Kleidung angeschafft und den notleidenden Angehörigen öfters eine Unterstützung gesandt wird, der verbleibende Rest des Guthabens der Arbeitsbelohnung so gering ist, dass es dem Sträfling schwer fallen muss, damit ein neues Leben zu beginnen. Tauffer teilt z. B. in den „Erfolgen" mit, dass in den nachfolgend bezeichneten Jahren aus ihrer Arbeitsbelohnung bei ihrer Entlassung bezogen:

1880	1881	1882	
29	10	—	nichts
47	48	32	bis 2 Gulden
86	56	62	„ 5 „
92	89	66	„ 10 „
55	34	28	„ 15 „
29	17	20	„ 20 „
12	5	6	„ 25 „
3	5	6	„ 30 „
2	8	3	„ 40 „
2	4	6	„ 40 „

Was die Bildung des Unterstützungsfonds anlangt, so werden in Ungarn dazu verwandt:

a) die Zinsen der Arbeitsbelohnung;
b) die Arbeitsbelohnungen der Rückfälligen für das erste Halbjahr, der andern Sträflinge für die ersten drei Monate der Strafe;
c) die Arbeitsbelohnungen der Sträflinge, die wegen schlechter Führung in die unterste Lohnklasse versetzt worden sind;
d) die Arbeitsbelohnungen der verstorbenen Sträflinge, soweit nicht hilfsbedürftige Erben vorhanden sind;
e) eingezogene Gelder und Erlös aus eingezogenen Gegenständen;
f) der Erlös aus dem Verkauf der Abfälle des verdorbenen Arbeitsmaterials etc.;
g) die Zinsen, die aus der Anlegung des Unterstützungsfonds in Wertpapieren kommen.

Es gibt auch noch besondere Fonds, die Beiträge zum Unterstützungsfonds beisteuern, z. B. ein sogenannter Billardfonds in Szamos-ujvár, der monatlich 60 kr. gibt.

In Kroatien werden folgende Einkünfte für den Unterstützungsfonds verwendet:
a) die halbjährig behobenen Zinsen der in einer Sparkasse kumulativ angelegten Verdienstgelder der Sträflinge;
b) die monatlichen Arbeitsentlohnungen der in der I. Hauptklasse detinierten Sträflinge;
c) die bei den Sträflingen etwa vorgefundenen eingeschmuggelten Gelder, insofern diese nicht etwa von einem Verbrechen herrühren und insofern dritte Personen hierauf keinen rechtmässigen Anspruch haben;
d) etwaige Schenkungen;
e) Geldstrafen der Aufseher und Werkführer im Sinne des § 19 der Dienstinstruktion und zwar bis zu jener Zeit, als bei der Anstalt ein Fonds oder ein Verein zur Unterstützung dieser Bediensteten gebildet wird.

Ähnlich, aber noch weiter gehend sind die Bestimmungen in Bosnien:
a) die Zinsen der fruchtbringend kumulativ angelegten Arbeitsgeschenke;

b) die für die Arbeiten der Sträflinge der dritten Arbeitskategorie berechneten Sechsteile des reinen Arbeitsertrages oder Geschenke für Tagewerksarbeiten;

c) die den Sträflingen im Disziplinarwege entzogenen Arbeitsgeschenke;

d) das Guthaben an Arbeitsgeschenken der verstorbenen Sträflinge;

e) die bei den Sträflingen vorgefundenen eingeschmuggelten Gelder, insofern diese nicht etwa von einem Verbrechen oder Vergehen herrühren und insofern dritte Personen hierauf keinen rechtmässigen Anspruch haben;

f) Geldstrafen gegen das Personal der Zivilwache (bis fünf Gulden);

g) etwaige Schenkungen;

h) der Nutzen, welcher sich durch die Engroseinkäufe der Artikel, die zur Gewährung der für die Sträflinge gestatteten Nebengenüsse beschafft werden müssen, dadurch entsteht, dass die Sträflinge dieselben zu den in Ženica bestehenden Marktpreisen kaufen müssen.

Der Stand des Unterstützungsfonds in Ungarn am 30. Juni 1903 war folgender:

Illava	124412,14	kr.
Lipótvár	75924,40	„
Maria Nostra	10530,75	„
Nagy-Enyed	14033,83	„
Sopron	14318,51	„
Szamos-ujvár	38423,56	„
Vácz	58630,38	„
Szeged	13919,60	„
Budapest	9879,61	„
Kis-Hartha	6303,90	„

Der kroatischen Statistik über die Zeit von 1885 bis 1894 entnehme ich folgende für sämtliche Strafanstalten des Landes berechneten Zahlen:

Jahr	Gesamteinnahmen	Ausgaben						
		Begräbniskosten	Anschaffung von Kleidern, Reisekosten, Unterstützungen		Anschaffung von Werkzeugen		Verschiedene Auslagen	Gesamtausgaben
			Zahl der Sträflinge		Zahl der Sträflinge			
	Gulden	Gulden		Gulden		Gulden		
1865	6881,12	148,82	124	548,28	10	559,84	515,25	1767,12
1886	7493,88	189,81	127	580,89	9	535,13	766,84	2122,67
1887	8358,49	125,99	70	644,87	8	489,15	1844,81	2054,82
1888	7719,30	200,74	65	520,67	4	559,24	379,10	1660,75
1889	8178,87	170,36	128	770,85	4	163,01	1035,99	2152,71
1890	9158,77	151,17	120	645,00	1	40,00	2366,38	3202,55
1891	8885,29	115,42	104	443,98	1	31,00	456,75	1044,55
1892	17243,22	166,48	107	792,44	5	108,00	692,29	7957,21
1893	16518,61	142,60	82	487,15	8	56,04	5386,44	6082,23
1894	18294,37	184,18	86	558,17	2	82,37	1508,22	2282,84

Ein wesentliches Erfordernis einer gedeilichen Gemeinschaftsarbeit ist scharfe Beaufsichtigung. Darauf kommt nach allgemeiner Ansicht mehr an, als auf Klassen-Einteilung und Absonderung. Die Vorschrift, dass Gespräche der Sträflinge nur bei den notwendigen Mitteilungen über die Arbeit gestattet sind, besteht überall. Ebenso allgemein ist die Überzeugung, dass es nur mit den grössten Schwierigkeiten möglich ist, diese Vorschrift durchzuführen. Schon die Baulichkeiten und Werkstätteneinrichtungen hindern hier oft die Überwachung. So traf ich z. B. in Ungarn einen mit Webstühlen dicht besetzten Saal, der eine so mangelhafte Übersicht gewährte, dass nicht zwei, sondern zehn Beamte nötig gewesen wären, die Sträflinge zu überwachen. Das Geräusch der Webstühle begünstigte eher die Unterhaltung, als dass es sie unterdrückte. Der Werkmeister ist, wie ich es öfter sah, jedenfalls nicht die zur Überwachung geeignete Person.

Als ebenso notwendig, wie die Verhinderung von Privatgesprächen, wird die Festhaltung des Sträflings auf seinem Arbeitsplatze angesehen. An dritter Stelle macht es hier, wie auch in anderen Ländern, häufig Schwierigkeiten, die

Beschäftigung der Sträflinge an ihren Arbeitsplätzen mit eigenen und verbotenen Dingen, ferner Durchsteckereien mit Anstaltswerkzeugen und Materialien zu verhindern. So wurde mir im Budapester Sammelgefängnis ein Schrank voll Sachen gezeigt, die die Sträflinge aus den verschiedensten Materialien, am häufigsten aus Brotteig, höchst kunstfertig und zugleich nach Sträflingsart recht verschmitzt, verbotswidrig gefertigt hatten.

Eine besonders scharfe Bewachung sucht man in Ženica durchzuführen. Diejenigen Leute die sich aus Gründen der Arbeit, z. B. zur Herbeiholung neuen Rohmaterials, von ihren Arbeitsplätzen entfernen dürfen, sind durch ein Kennzeichen an der Mütze bezeichnet.*) Ein Aufseher hat in den Arbeitsstunden keine andere Aufgabe, als sämtliche Ab- und Zugänge, Höfe usw. darauf abzupatrouillieren, dass kein Sträfling, der dieses Abzeichen nicht hat, sich dort aufhält und dass auch die mit dem Kennzeichen versehenen Sträflinge ein bestimmtes Geschäft nachzuweisen wissen, dessentwegen sie die Arbeitsstelle verliessen.**) Eine Ausnahme bilden nur die mohammedanischen Gebetsübungen. Jeder Arbeitssaal hat dort seinen stellvertretenden Muezzin (Vorbeter), der zur selben Zeit, wenn in der Stadt von den Minarets die Gläubigen zum Gebet gerufen werden, seinen Gebetsruf erschallen lässt. Dann dürfen die mohammedanischen Sträflinge von selbst ihren Arbeitsplatz verlassen, und draussen an den bestimmten Plätzen ihre rituellen Waschungen und Gebetsübungen vornehmen. Die vornehme Ruhe, die den Mohammedaner überhaupt auszeichnet, und sein starrer Glaubenseifer garantieren dafür, dass diese Religionsübungen zu Disziplinwidrigkeiten nicht missbraucht werden.

Von der Aussenwelt soll der Sträfling in der 2. Stufe noch so wenig, wie möglich, wahrnehmen. Eine beachtenswerte Ausnahme fand ich in Vácz. Ein mit Arbeitssälen besetzter Flügel der Strafanstalt ist so gelegen, dass die grossen Fenster die volle Aussicht auf das wundervolle

---

*) Eine ähnliche Einrichtung fand ich in Vácz.

**) Die Aborte sind dort so eingerichtet, dass der Mann nur zur Hälfte verdeckt ist, sodass er auch dort nicht unbeachtet ist und Zusammenkünfte ausgeschlossen sind.

Panorama der die Mauern der Strafanstalt bespülenden Donau und der sie begleitenden Berge gewähren. Ich will es gerne glauben, was man mir versicherte, dass dieses herrliche Bild die Sehnsucht nach der Freiheit in den Sträflingen fortwährend wach erhält. Mag man es als einen Ausfluss dieses Gefühls, vielleicht auch als wirklichen Beginn der Besserung betrachten, so wird man doch an folgendem Vorkommnis nicht achtlos vorübergehen dürfen. Vor zwei Jahren brannte jenseits der Donau in den Bergen ein Dorf nieder. Die Sträflinge bemerkten es. Man hinderte sie nicht, den Brand zu beobachten. Es wurde unter ihnen ein solches Mitleid rege, dass sie den als sehr strenge weithin bekannten Direktor baten, für die Abgebrannten aus ihrem Verdienst eine Unterstützung geben zu dürfen. Es wurde erlaubt. Die Sammlung, die schliesslich die ganze Strafanstalt umfasste, ergab ca. 2000 kr. Der Gemeindevorstand des Dorfes bedankte sich in einem Schreiben, das heute noch in einem Arbeitssaal jenes Flügels ausgehängt ist.

Ein bestimmtes Arbeitspensum ist in keinem der drei Länder eingeführt. Man beschränkt sich darauf die Arbeitsleistung durch den Werkmeister und Wachtmann beaufsichtigen zu lassen, nachdem man sich zunächst über die Arbeitskraft und Geschicklichkeit des Sträflings vergewissert hat. Disziplinarbestrafungen wegen mangelnden Fleisses sind darum nicht weniger häufig. Das Arbeitspensum ist natürlich nur durchführbar bei ganz mechanischen, nicht aber bei handwerksmässigen Arbeiten. Abgesehen hiervon ist nach Abstammung, Nationalität, ja sogar nach der Religion eine solche Verschiedenheit in der Arbeitswilligkeit und Arbeitskraft vorhanden, dass man von vornherein von der Einführung von Arbeitspensen Abstand genommen hat. Besondere Gruppen bilden die Zigeuner und Mohammedaner. Bei diesen Menschensorten kostet es, wie mir gesagt wurde, zunächst regelmässig einen Kampf, ehe sie arbeiten lernen, und dieser kann keineswegs von vornherein mit Gewaltmassregeln durchgeführt werden. In Ženica werden diejenigen, deren Fleiss zu bemängeln ist, wie es heisst, auf Antrag des Werkmeisters in betreff ihrer

Arbeitsleistung in Evidenz genommen. Das heisst, ihre Arbeitsleistung wird für einen bestimmten Zeitraum zur besonderen Kenntnis des Industrieleiters und des Direktors gebracht. Die einzelnen Arbeitsleistungen werden in einer Nachweisung aufgeführt und der Werkführer und der Industrieleiter geben ihr Gutachten ab, ob die Leistung genügt oder nicht. Wird sie von einer Seite als ungenügend bezeichnet, so wird der Mann zum Rapport geführt. Er erhält zunächst eine Ermahnung und die Aufsicht wird fortgeführt. Bei der zweiten oder dritten Bemängelung der Arbeitsleistung erhält der Sträfling Disziplinarstrafe, die bei ferneren Vernachlässigungen so lange verschärft werden, bis der Sträfling nach einer Reihe genügender Arbeitstage ausser Evidenz gestellt werden kann. Mit diesem Überwachungssystem ist man in Ženica sehr zufrieden. Es soll auch die lässigsten Mohammedaner schliesslich zur Arbeit bewegen. Die Zigeuner sind ein noch viel schwierigeres Element, so dass man überall der Ansicht ist, dass sie die Arbeit überhaupt nur unter dem Anstaltszwang leisten, was man von dem Mohammedaner nicht sagen kann.

Für die Arbeit sind die Sträflinge in allen drei Ländern noch ausserhalb jeder anderweiten Klassifikation in Klassen geteilt.

In Ungarn sind drei Arbeitsklassen gebildet:

1. Klasse diejenigen, die in einem Handwerk so bewandert sind, dass sie selbständig eine fehlerlose Arbeit herstellen können und sich einwandfrei betragen;

2. Klasse diejenigen, die zwar in einem Handwerk nicht vollkommen ausgebildet sind, doch bei gehöriger Anweisung und Aufsicht annehmbare Arbeit verrichten und deren Aufführung zugleich befriedigend ist;

3. Klasse diejenigen, die in einem Handwerk noch nicht soweit ausgebildet sind, dass sie in die 2. Klasse aufgenommen werden können und diejenigen, deren Aufführung nicht befriedigend ist.

Zur 3. Klasse wird ohne nähere Prüfung, ob er ein Handwerk versteht oder nicht, ob er sich gut oder schlecht beträgt, jeder Sträfling in den ersten drei Monaten und jeder Rückfällige in den ersten sechs Monaten gerechnet.

Jeder Sträfling erhält als Arbeitsbelohnung eine Quote des Reinertrages der von ihm verrichteten Arbeit und zwar in der ersten Klasse $^1/_5$, in der zweiten Klasse $^1/_6$. Dieselbe der dritten Klasse zugewiesene Quote verfällt dem Unterstützungsfonds.

Wenn die Arbeitskraft des Sträflings verpachtet ist (Entreprise), so wird die Arbeitsbelohnung im Pachtvertrage bestimmt, wobei die Klasseneinteilung zu berücksichtigen ist. Die Hausarbeiter bekommen in der ersten Klasse vier Kreuzer, in der zweiten Klasse drei Kreuzer per Tag.

Die Arbeitsklasseneinteilung wird vom Direktor unter Beihilfe des geschäftsleitenden Beamten vorgenommen.

Kroatien besass bis 1902 dieselbe Klasseneinteilung. Nur war in die 3. Klasse die erste Hauptabteilung der Klassifikation eingereiht und bestand die Arbeitsbelohnung der ersten Klasse in $^1/_4$ des Reinertrages. Durch eine Verordnung der Landesregierung vom 27. Dezember 1902 sind diese Vorschriften dahin geändert, dass im wesentlichen Stücklohn bezahlt wird und dass, wo dies nicht möglich ist, Tagelohn an dessen Stelle tritt. Der Stücklohn wird von dem Werkführer nach Einvernehmen mit dem Direktor festgesetzt. Nur den besten und fleissigsten Arbeitern soll es ermöglicht werden 10 Kreuzer für den Tag zu verdienen. Diesen kann der Direktor aber auch am Schlusse des Jahres oder bei der Entlassung eine besondere Belohnung aus dem Unterstützungsfonds gewähren. Für die Arbeiten, bei denen Stücklohn nicht berechnet werden kann, also Haus- und Feldarbeit, ist eine Einteilung zu vier Klassen angeordnet, in der die erste Klasse 8 Kreuzer, die zweite 6 Kreuzer, die dritte 4 Kreuzer, die vierte 2 Kreuzer für den Tag verdient. Nur ausnahmsweise ist hier die Erhöhung der Arbeitsbelohnung auf 10 Kreuzer gestattet. Ich habe nicht ermitteln können, aus welchen besonderen Gründen man die erste Einteilung, die sich den Zwecken des progressiven Strafvollzuges mehr anpasst, aufgegeben hat.

In Bosnien ist auch eine Einteilung zu drei Arbeitsklassen eingeführt. Dieselbe ist ausdrücklich nur auf professionelle Arbeit für anwendbar erklärt. Die ersten beiden Klassen stimmen mit der ungarischen Einteilung vollständig überein, die dritte im wesentlichen auch, nur ist neben den Rückfälligen der Gewohnheitsverbrecher noch besonders gedacht, indem dieselben durch 7 Monate vom Anteil an der Arbeitsbelohnung ausgeschlossen sind. Die Bestimmungen über die Organe, welche die Klassenverteilung vorzunehmen haben und über die Arbeitsbelohnung sind mit folgender Massgabe identisch. Entscheidend ist nicht der Reinertrag, sondern der schon zur Zeit der Arbeitsleistung angenommene Wert der Arbeit. Es erhalten die Sträflinge der ersten Arbeitsklasse $^1/_4$, die der zweiten $^1/_6$ und die der dritten auch $^1/_6$ dieses Wertes, der im letzteren Fall dem Unterstützungsfonds 3 verfällt.

Bei solchen Industriezweigen, bei denen Arbeitsteilung stattfindet, ist in Bosnien die Arbeitsbelohnung nach den angegebenen Grundsätzen approximativ zu berechnen. Sträflingen, deren Arbeiten nur nach Tagewerken berechnet werden können, wird in der ersten Klasse je nach Wichtigkeit oder Schwere der Arbeit täglich ein Geschenk von 4, 6, 8 bis höchstens 10 Kreuzer, in der zweiten Klasse von 2—3 Kreuzer gutgeschrieben. Derselbe Betrag wird den Sträflingen der dritten Klasse zwar berechnet, aber dem Unterstützungsfonds zugeschrieben. Die Arbeitsbelohnungen werden monatlich berechnet und kumulativ (d. h. Zins auf Zins) angelegt, ohne dass indessen den Sträflingen die Zinsen gebühren.

In allen drei Ländern sind bei guter Führung und guter Arbeit Vergünstigungen zugelassen. In Ungarn sind dieselben nur den Gebesserten gestattet und bestehen in Verfügungen über die Arbeitsbelohnung zugunsten der Familie, für die allgemeine Wohltätigkeit (vergl. den oben geschilderten Fall in Vácz) für den Ersatz des durch das Verbrechen hervorgerufenen Schaden und für die Beschaffung gewisser leiblicher und geistiger Bedürfnisse. Als leibliche Bedürfnisse gelten einmal Seife, Zahnbürste, Kamm, Haarbürste, Wichse, Trinkglas und Essbesteck. Auch die Beschaffung eigenen Handwerkszeugs für die Zeit nach der

Entlassung rechnet Ungarn hierher. Schliesslich kommen die sogenannten Extragenüsse zur Aufbesserung der Kost in Betracht: Speck, Weissbrot, Milch, Butter, Käse, Obst, Zucker, Tabak und monatlich $^1/_2$ l Wein. Es sei bemerkt, dass in Ungarn auch auf Staatskosten bei sehr schwerer Arbeit täglich $^2/_{10}$ l Wein, sowie am Geburtstage des Königs und am Stephanstage, dem 31. August, gewährt werden, aber nur von Fall zu Fall.

Zu den geistigen Bedürfnissen wird die Anschaffung von lehrreichen und moralischen Büchern und von Schreibmaterialien und Briefmarken gezählt.

Für die Extragenüsse können von denen, die sich ausgezeichnet benehmen $^1/_5$, von den anderen $^1/_6$ des Arbeitsverdienstes verwandt werden. Die Rückfälligen und die disziplinarisch Bestraften haben ein Jahr lang nach der Einlieferung in die Anstalt, beziehungsweise nach Erlass der Disziplinarstrafe keinen Anspruch auf Vergünstigungen; nachher dürfen sie nur $^1/_7$ des Arbeitsverdienstes dazu verwenden.

Wie sich die Verwendung der Arbeitsbelohnungen in Kroatien ausserhalb der Erträgnisse gestaltet, ist mir nicht genau bekannt geworden. In Bosnien können die Sträflinge der ersten und zweiten Arbeitsklasse während der Einzel- und Gemeinschaftshaft die Hälfte der Arbeitsbelohnung des Monats zur Anschaffung von Nebengenüssen und mit Bewilligung des Doktors zur Unterstützung ihrer Angehörigen und zu anderen erlaubten Zwecken verwenden. Die Extragenüsse in Kroatien und Bosnien sind in dem Reglement bis ins Einzelne bestimmt. In ersterem Lande sind die an der Hauptklasse I (nicht Arbeitsklasse!) Beteiligten davon ausgeschlossen, dagegen die Rückfälligen nicht. Der Genuss der Extragaben ist sowohl in Kroatien als in Bosnien auf zwei Tage der Woche beschränkt. In beiden Ländern ist Wein, in Bosnien auch Obst und Kaffee zugelassen, was natürlich mit den Landessitten zusammenhängt. An Stelle des Weines tritt bei den Mohammedanern türkischer Kaffee.

In allen drei Ländern findet sich die Bestimmung, dass die Arbeitsbelohnung dem Zugriff der Gläubiger entzogen ist. Nur für den durch Bosheit oder Nachlässigkeit an fremdem Eigentum während der Strafzeit verursachten Schaden haftet die Arbeitsbelohnung. Die Beschädigung von Material während der Lehrzeit wird überall auf Unkosten des Betriebes gerechnet.

Die Einwirkung auf den Sträfling in der Gemeinschaftshaft ist ein schweres Stück Arbeit im Strafvollzug, wohl das schwerste. Es gehört ausserordentlich viel Menschenkenntnis und guter Wille, vor allem aber auch Zeit dazu, sich mit den Sträflingen zu beschäftigen, unter den vielen Sträflingen das Individuum im Auge zu behalten und die Eigenart eines jeden in der Behandlungsweise zu berücksichtigen. In den drei Ländern ist es besonders schwer, weil sich nicht nur die Nationalitäten und Religionen anders mischen und voneinander abheben, als bei uns, sondern auch, weil der Direktor und seine Beamten in dem Industriebetriebe in Verbindung mit dem später zu schildernden landwirtschaftlichen Betriebe so ausserordentliche, so vielgestaltige Aufgaben finden, dass auf den einzelnen Sträfling nicht viel Zeit kommen kann. Die Auffassung über den Kreis der Verpflichtungen gegenüber dem Individuum und über die Möglichkeit, diesen Verpflichtungen nachkommen zu können, ist daher von Anstalt zu Anstalt verschieden. Der eine Leiter verlegt seine Einwirkung ganz auf den Rapport, erledigt dort alle Beschwerden des Sträflings und gegen den Sträfling nach Art eines geordneten Strafverfahrens, in dem er die fehlenden Rechtsmittel durch eingehende Belehrung des Sträflings über sein Recht oder Unrecht zu ersetzen sucht. Diese Auffassung habe ich am verbreitetsten gefunden. Andere halten es für richtiger, durch die Arbeitssäle und in die Schule zu gehen, sich dort in einer Zelle unbeobachtet niederzulassen und von da aus so viel als nur möglich vom einzelnen Sträfling zu sehen. Der Dritte endlich hält es für ausreichend, wenn er den Gesuchskasten ordentlich ausnützt, das meiste schriftlich und nur weniges mündlich erledigt. Der Gesuchskasten ist eine Einrichtung, nach der die Sträflinge ihre Beschwerden ohne Mitwirkung der Aufseher sofort an den Direktor bringen dürfen, wenn sie sich schriftlich ausdrücken können. In Ungarn hat der Oberwachtmann, nicht der Wachtmann die erforderlichen Schreibmaterialien dem Sträfling ohne weiteres auszuhändigen. Es soll dadurch dem Manne die Möglichkeit gegeben werden, sich auch über die Beamten, mit denen er täglich in Berührung ist, zu beschweren, ohne dass seine Beschwerde erst an diese kommt. Ich habe viel Äusserungen für und wider diese Einrichtungen gehört. Der schlimmste Vorwurf war der der gesicherten Anonymität und es hat in der Tat etwas missliches an sich, die Anonymität in der Strafanstalt überhaupt zuzulassen. Andererseits kann es kaum in Ländern, wo die Analphabeten noch so zahlreich sind, eine wirkliche Anonymität geben Es muss ein Leichtes sein, den Briefschreiber zu ermitteln. Ein schlimmerer Vorwurf scheint nur der, dass ausgiebige Benutzung des Gesuchskastens, wie z. B. in Mitrovica, verhindert, dass der Direktor die Leute kennen lernt. In dieser Anstalt habe ich mich übrigens davon überzeugt, dass es ausgeschlossen ist, um die Benützung des Gesuchskastens herumzukommen. Der Direktor wäre dort nicht imstande, auf andere Weise den Bitten und Beschwerden der Sträflinge gerecht zu werden. Diese ganze Einrichtung dürfte überflüssig sein, wenn es möglich ist, dass jeder Sträfling ohne Angabe des Grundes zum Rapport kommen darf, und, was die Hauptsache ist, eingehend gehört wird. Überall macht es Schwierigkeiten, aus dem Verhalten des Sträflings während der Gemeinschaftshaft den richtigen Schluss zu ziehen, ob er für die folgende Stufe, die Zwischenanstalt geeignet ist. Dass der Mangel disziplinarer Bestrafung keinen richtigen Anhalt gibt, ist allgemein anerkannt, wird doch auch dort allseitig die Erfahrung gemacht, dass die Rückfälligen sich nicht nur der Anstaltsordnung gut fügen, sondern auch meist willige und fleissige Arbeiter abgeben.

Sehr wichtig zur Ergründung der Persönlichkeit sind die Erfahrungen in der Schule. Auch der Unterricht ist überall reglementarisch geordnet. Die Schulpflicht erstreckt sich in allen drei Ländern bis zum 30. Lebensjahre, in Ungarn bis zum Jahre 1876 nur bis zum 26. Lebensjahr. Überall ist es auch den sich freiwillig zum Schulbesuch meldenden Sträflingen gestattet, am Unterricht teilzunehmen. In Ungarn sind sie alsdann auf ein Jahr dazu verpflichtet. Diejenigen Sträflinge, welche die in der Anstalt gelehrten Unterrichtsgegenstände bereits beherrschen, können vom Schulbesuch befreit werden. Ebenso können schulpflichtige Sträflinge, die wegen Krankheit oder Mangel an der nötigen Fassungsgabe unfähig sind, am Unterricht mit Erfolg teilzunehmen, dispensiert werden. In Bosnien hört die Schulpflicht auch dann auf, wenn der Sträfling die Kenntnisse erworben hat, die nach dem Reglement von ihm gefordert werden.

In Ungarn werden drei Schulklassen gebildet:

1. diejenigen, die gar keine oder nur ganz geringe Elementarkenntnisse besitzen;
2. diejenigen, die bessere Elementarkenntnisse besitzen;
3. diejenigen, die mehr als Elementarkenntnisse besitzen und zugleich befähigt sind, weitere Kenntnisse zu erwerben.

In der zweiten und dritten Klasse können Unterabteilungen gebildet werden. Keine Abteilung soll mehr als 50 Schüler haben. Gewöhnlich bleibt der Sträfling in jeder Klasse zwei Jahre. Nur in Ausnahmefällen kommt es vor, dass einer in einem Jahre den Lehrstoff der Klasse sich aneignet.

Kroatien und Bosnien teilen nur in zwei Klassen ein und gewähren in der ersten den Sträflingen, die gar keine oder nur geringe Elementarkenntnisse besitzen, in der zweiten den Fortgeschrittenen Unterricht.

Die Schullokale, die ich gesehen habe, waren überall geräumig, luftig und übersichtlich eingerichtet. Eine Ausnahme machte nur die Weiberanstalt in Agram, die weder über ein geeignetes Schullokal, noch über ausreichende Unterrichtsmittel verfügt. Lehrer sind überall fest angestellt mit Ausnahme von Mitrovica, das zur Zeit durch einen Sträfling, der Lehrer ist, unterrichten lässt. Dies dürfte nur ein Notbehelf sein.

Das Sträflingsmaterial für den Elementarunterricht ist in allen drei Ländern ein sehr schlechtes. László berichtet über das Lustrum von 1880—1884, dass bei einer Totalsumme von 10658 Sträflingen*) 103 höhere Bildung besassen (1,07 % Männer, 1,09 % Weiber); 3424 lesen und schreiben (33,29 % Männer, 16,79 % Weiber); 537 nur lesen konnten (4,37 % Männer, 10,80 % Weiber); 6374 ohne jede Elementarkenntnisse waren (60,43 % Männer, 72,32 % Weiber). Diese Zahlen kommen noch in eine schlechtere Beleuchtung, wenn man berücksichtigt, dass auf das Hundert der Bevölkerung Ungarns ausserhalb der Strafanstalten berechnet,

lesen und schreiben konnten	54,39 %	Männer
	37,88 %	Weiber
nur lesen konnten	4,37 %	Männer
	11,96 %	Weiber
ohne Elementarkenntnisse waren	41,14 %	Männer
	50,16 %	Weiber.

Die Verhältnisse haben sich seither schon erheblich gebessert. Unter sämtlichen Verurteilten des Jahres 1901 waren 34195 (= 45,38 %) ohne jede Elementarkenntnisse, 809 (= 1,07 %) konnten nur lesen und 40357 (= 53,55 %) konnten lesen und schreiben.

Eher noch schlechter sind die Vorkenntnisse in Kroatien. In der Zeit von 1885—1894 waren von 3629 die Schule besuchenden Sträflingen 2650 des Lesens und Schreibens unkundig und nur 979 konnten lesen und schreiben. Man rechnet dort auch jetzt noch mit einer Zahl von ca. 70 % Analphabeten. Mit noch mehr Analphabeten muss man auch heute noch in Bosnien rechnen. Mit erläuternden Zahlen kann ich hier nicht dienen.

Aus dem Elementarunterricht der ungarischen Strafanstalten sei hervorgehoben, dass auch diejenigen Sträflinge, die ungarisch nicht verstehen, Unterricht in ihrer Muttersprache erhalten, wenn sie allerdings auch dazu angehalten werden, ungarisch zu lernen. Sämtliche der 14 Strafanstaltslehrer in der Zeit von 1880—1884 waren mehrsprachig. Deutsch verstanden alle. Auch ich habe unter den Lehrern nur mehrsprachige gefunden. In der dritten Klasse werden dort den Sträflingen auch die Elemente des

*) Schulpflichtige darunter 4881.

Rechts beigebracht. Man unterrichtet sie über die Bürgerpflichten und Rechte, über den Geist der Gesetze, die Verwaltung einschliesslich der Selbstverwaltung, die Rechtspflege, Steuerverteilung, Heeresdienst und die Aufgaben der Vormünder. Sodann wird in dieser Klasse auch Landwirtschaft in den Grundzügen, mit allem, was dazu gehört, einschliesslich landwirtschaftlicher Maschinenkunde, gelehrt. Der Kursus der Klasse dauert nur ein Jahr. Er kann aber von Sträflingen, die ihrer Schulpflicht noch nicht genügt haben, mehrmals durchgemacht werden.

Zeichenunterricht ist in den drei Ländern nur als gewerblicher zugelassen und schliesst sich an die in der Anstalt betriebene Industrie an. Das, was der Sträfling produziert, das soll er auch graphisch darstellen. Man nimmt an, dass er in einem fortgeschritteneren Stadium imstande sein wird, umgekehrt durch die Zeichnung die Gestaltung seiner Produkte zu beeinflussen.

Der Lehrer muss monatlich Bericht über die Fortschritte und Erfolge des Unterrichts vor der Konferenz niederlegen. Der Direktor wohnt möglichst häufig dem Unterricht bei, überzeugt sich selbst von den Fortschritten und ermuntert die Sträflinge. Ende Juni jeden Jahres wird eine Prüfung abgelegt, bei der die besten Schüler Belohnungen erhalten. Für die Prüfung ist in Bosnien besonders angeordnet, dass kurze Schrift-, Rechnungs- und Aufsatzproben vorgelegt werden müssen, aus denen sich die Fortschritte eines jeden leicht erkennen lassen. Dem Justizministerium wird eingehender Bericht über die Unterrichtsergebnisse erstattet. Nach der Jahresprüfung werden überall 4 Wochen Schulferien gehalten. In Bosnien wird aber der Zellenunterricht während dieser Zeit nicht unterbrochen.

In Kroatien ist es immer noch der grösste Mangel des Strafanstaltsunterrichts, dass zu wenig Lehrer angestellt werden. Tauffer klagt in den „Erfolgen“, dass zwar der § 29 des Schulgesetzes vom 14. Oktober 1874 im allgemeinen bestimme, sobald die Schülerzahl 80 überschreite, solle eine Parallelklasse mit einer neuen Lehrkraft gebildet werden, dass aber die Wirksamkeit des Gesetzes auf die Strafanstaltsschulen nicht ausgedehnt sei. In

Kroatien wirkt daher auch, wie oben schon erwähnt, in Ermangelung einer anderen Kraft noch ein Sträfling als Lehrer. Der Lehrplan weicht im übrigen von dem der Volksschulen nicht erheblich ab. Dasselbe gilt von Bosnien. Dort wird noch der Unterricht im gewerblichen Zeichnen besonders gepflegt. Ich habe in diesem Fache nicht bloss ausgezeichnete Lehrmittel, sondern auch vortreffliche Zeichnungen gesehen. Wie die als Hausindustrie im Lande sehr verbreitete Teppichweberei erkennen lässt, muss eine gewisse künstlerische Begabung im Volke vorhanden sein.

Auch in Kroatien und Bosnien wird landwirtschaftlicher Unterricht erteilt. Kroatien beschäftigt sich dabei, wie Bosnien, vornehmlich mit den im Lande selbst und speziell in der Strafanstalt eingeführten Betrieben. In Ženica wird dieser Unterricht aber nicht jedem Sträfling der Gemeinschaftshaft erteilt, sondern nur einer vom Direktor getroffenen Auswahl geeigneter Sträflinge. Offenbar hat diese Massregel den Zweck, die Sträflinge, die für die Überführung in die Zwischenanstalt geeignet und bestimmt sind, theoretisch auf diese vorzubereiten. Soweit in Ženica dieser Unterricht im Freien abgehalten werden muss, sieht das bosnische Reglement ausdrücklich vor, dass zum Unterschiede von dem Unterricht in der Zwischenanstalt Wachtmannschaften beizuziehen sind.

Über den Religionsunterricht in Ungarn berichtet eingehend László in seiner Schrift: „L'instruction dans les établissements pénitentiaires du royaume de Hongrie (Rom 1888). Die fest angestellten Geistlichen, von denen man den Eifer eines Missionars erwartet, haben dort die Verpflichtung, wöchentlich 25 Stunden einschliesslich des Gottesdienstes den Gefangenen zu widmen. László beklagt den Mangel religiöser Kenntnisse bei den Sträflingen. 69 % aller Eingelieferten, im Durchschnitt eines Lustrums berechnet, besassen keinerlei Religionskenntnisse. Diese 69 % hatten auch nicht einmal, wie er sagt, eine unbestimmte Vorstellung von Gott, kannten weder Gebete noch andere religiöse Vorschriften. Am schlimmsten ist dieser Mangel bei den Griechisch-katholischen und Griechisch-orientalischen zu bemerken. Die meisten konnten nicht einmal das Vaterunser aufsagen. Diese Beobachtung stimmt auch mit den Erfahrungen überein, die Tauffer in den „Erfolgen“ in Lepoglava schildert. Es ist also gegenüber diesen Sträflingen von den ersten Anfängen religiösen Unterrichts auszugehen. Ein genügendes Resultat ist in Ungarn während eines Lustrums bei 45%, ein mässiges bei 43% und fast gar nichts bei 12% der Sträflinge erreicht worden. 68% gingen in derselben Zeit mehr als einmal beichten und kommunizieren, bezw. bloss das letztere, 15% erfüllten diese Pflicht nur einmal, 17% enthielten sich derselben ganz.

In Bosnien sind bei den Mohammedanern sehr gute Religionskenntnisse zu finden. Mindestens sind sie alle in ihren Religionsübungen, Gebeten und Waschungen genügend unterrichtet. Von den beiden anderen Religionsbekenntnissen ist dasselbe zu sagen, wie in den beiden anderen Ländern.

Während der Gesang in Ungarn und Kroatien geistlicher und weltlicher ist, wird in Bosnien nur geistlicher Gesang zugelassen. Gesangsunterricht wird aber überall erteilt. Über die musikalische Betätigung in Illava ist bereits oben gesprochen worden. In Ungarn hat man sich mit dieser Frage überhaupt mehr beschäftigt. Im Volke liegt dort ein solcher Trieb zur Musik, dass man ihn als notwendigen Lebensinhalt betrachten muss. Dr. Gruber hat darüber 1888 eine besondere Schrift: „Musik und Zuchthaus“ geschrieben. Indessen ist es zu einer allgemeinen Einführung von Instrumentalmusik nicht gekommen. In zwei Anstalten habe ich im Gewerbebetriebe den Bau der landesüblichen Musikinstrumente (Cimbal, Tamburizza) gesehen. Es muss für dies musikliebende Volk als eine besonders harte Strafe angesehen werden, die beliebten Instrumente bauen, aber nicht benutzen zu dürfen. Man glaubt in Ungarn den Ernst des Strafvollzugs durch die Musik zu gefährden und gestattet die Musik in Illava nur, weil ihre Zulassung dort, wo die Sträflinge mit den längsten Strafen sitzen, als Gebot der Menschlichkeit erachtet wird.

Turnunterricht wird in Ungarn gewährt, in Kroatien und Bosnien nicht. In Ungarn verfolgt man dabei drei Zwecke: Regelung des Blutumlaufs wegen sitzender Lebensweise, Ausfüllung der Musse, Instandhaltung des Körpers der Sträflinge für den Heeres- und Kriegsdienst.

In Ungarn entfällt nicht jede Unterweisung der Nichtschulpflichtigen. Ihnen werden am Sonntagnachmittag Vorträge gehalten. Gegenstände dieser Vorträge sind z. B. folgende: Naturgeschichte in ihrer Beziehung zu Landwirtschaft und Industrie; Bau der Tiere und Pflanzen; nützliche und schädliche Tiere; Behandlung der Haustiere und ihrer Krankheiten; Seidenraupenzucht; Bienenzucht; Verwertung der Tiere; Landwirtschaft und Weinbau; Naturerscheinungen; landwirtschaftliche und industrielle Maschinen; die verschiedenen Industriezweige; der Handel; Geographie und verschiedene Gebiete der praktischen Moral. Diese Vorträge sollen auch den Zweck haben, die älteren Sträflinge, soweit sie wenigstens lesen können, zur Benutzung der Bibliothek anzuregen und vorzubereiten.

Die Schulresultate nach Prädikaten mitzuteilen, halte ich für zwecklos, weil dabei zuviel Faktoren mitwirken, die den Wert der Zahlen beeinträchtigen. So z. B. ist der kroatischen Statistik zu entnehmen, dass die Weiberanstalt in Agram die besten Resultate erzielt. Betrachtet man aber die unzureichenden Unterrichtsverhältnisse genannter Anstalt, so kann nur die milde Beurteilung der Leistungen durch die die Anstalt leitenden Nonnen die Zahlen erklären. Wichtiger sind die allgemeinen Erfahrungen der Sträflingsschule. Darüber stellt László folgende sechs Erfahrungssätze auf.

1. Der Erfolg in der Schule steht mit dem Alter in der Weise im Zusammenhang, dass die Jüngsten die grössten Fortschritte machen;
2. die Ehelosen schreiten schneller vorwärts als die Verheirateten, weil die letzteren sich in ihren Gedanken mehr mit dem Lose ihrer Familie beschäftigen;
3. die Nationalitäten bilden unter den Schulerfolgen folgende Stufen: Ungarn, Deutsche, Slaven, Rumänen, Zigeuner;
4. nach dem religiösen Bekenntnis hat sich folgende Stufenfolge entwickelt: Römisch-Katholische, Evan-

gelisch-Reformierte, Juden, Griechisch-Katholische und Griechisch-Orientalische;

5. der Landbewohner macht grössere Fortschritte als der Städter. Nach László kommt das daher, dass der erstere gerade bei seiner Beschränktheit seinen Geist besser konzentriert, während letzterer sich durch seine reichere Einbildungskraft zerstreuen lässt;

6. die Sträflinge, welche wegen Verbrechen gegen das Leben bestraft sind, haben weniger Fassungskraft, aber mehr Beharrlichkeit, als die wegen Eigentumsverbrechen bestraften.

Diese Sätze werden ja gewiss nicht bedenkenlos angenommen werden können, sie bieten aber mindestens einen Beleg dafür, dass die Schule eine gute Gelegenheit ist zu individualisieren. Übrigens habe ich die zu 4. und 6. aufgeführten Erfahrungssätze auch in Kroatien und Bosnien bestätigen hören. Die Schulstrafen sind in Ungarn sehr gering. In einem ganzen Lustrum betrugen sie nur 91. An Kosten für den Unterricht berechnet László für Ungarn jährlich 12920 Gulden, so dass auf den Kopf jährlich entfallen 9,81 Gulden. In Kroatien sind die Ausgaben viel geringer. Die Anstalt in Lepoglava, der Belegungsstärke nach die zweite des Landes, hat 1880 97,16 Gulden, 1881 115,76 Gulden, 1882 119,15 Gulden für Unterrichtszwecke ausgegeben, dies natürlich ohne Lehrergehalt.

Der Anstaltsbibliothek wird überall grosse Aufmerksamkeit zugewandt. Nicht bloss, dass man sich bemüht, die Bibliotheken mit den richtigen Schriften — nicht etwa bloss geistlichen Inhalts — zu versehen, man legt auch überall die Verwaltung der Bibliothek in die Hände des Lehrers, der den Bildungsstand und die geistigen Bedürfnisse des Sträflings am besten kennt.

Die ungarischen Strafanstalten besassen:

1887 —	2345 Werke	in	10903 Bänden	und	3966	Brochüren,
1892 —	2827 „	„	12555 „	„	2662	„
1897 —	2839 „	„	12189 „	„	2557	„

Für die Benutzung der Bibliotheken kann ich nur die in Lászlós Schrift enthaltene Zahl anführen, wonach 1941 in der Zeit von 1880—1884 vorhandene Bücher in derselben Zeit 39804 mal benutzt wurden.

Die kroatische Statistik über die Bibliotheken scheint nicht ganz zuverlässig. Während Tauffer in den „Erfolgen“ für Lepoglava die Zahl der im Jahre 1879 verhandenen Bücher auf 713 angibt, die bis Ende 1882 noch um 276 Werke vermehrt worden sei, führt die Statistik für Lepoglava bis 1893 keine Zahlen auf, 1894 dagegen 2058 Bände. Für die Weiberanstalt in Agram sind gar keine Zahlen angegeben. Die drei anderen Anstalten sind für den zehnjährigen Zeitraum 1885—94 mit 586—804, 863—934, 562—760 Bänden vertreten.

Für die Bibliothek in Ženica kann ich bestimmte Zahlen nicht angeben. Sie ist aber, wie ich gesehen habe, sehr reichhaltig.

Ich habe nur bemerken können, dass überall die Bibliothek eifrig benutzt wird. In allen Zellen sah ich Bücher liegen, oft sogar mehrere zu gleicher Zeit. Die Sprache der Bücher ist nicht bloss die amtliche Landessprache, sondern es sind die Sprachen der im Lande vertretenen Nationen, insbesondere auch die deutsche, wohl berücksichtigt. Dass die nationale Literatur hauptsächlich gepflegt wird, liegt auf der Hand. Mit Vorliebe lesen die Sträflinge die nationalen Heldengesänge. Die Naivität der Leute lässt es sich aber häufig nicht nehmen, die geschilderten Heldentaten als buchstäbliche Wahrheit zu nehmen, so dass, wie mir gesagt wurde, im Unterricht öfters Gelegenheit genommen werden müsse, den Unterschied zwischen Wahrheit und Dichtung den Leuten klar zu machen. Die Sträflinge können sich in Ungarn aus Mitteln ihres Pekuliums eigene Bücher, die ihnen in ihrem späteren Erwerb nützlich sein können, anschaffen. In Ungarn ist ein Fonds vorhanden, aus dem Preise an Autoren solcher Bücher, die sich besonders für Gefangene eignen, bezahlt werden. Die so erschienenen Bücher sind vereinigt unter dem Titel „Der gute Freund“ und sind in allen Strafanstalten vorhanden.

Zur Darstellung der Gemeinschaftshaft gehört schliesslich noch die Schilderung der Disziplinarverhältnisse.

Die Disziplinarstrafen gelten selbstverständlich auch für die Einzelhaft, nicht aber, abgesehen vom Verweis, für die Zwischenanstalten, was später auseinander zu setzen sein wird. Inhaber der Disziplinargewalt ist überall ausschliesslich der Direktor oder sein Stellvertreter. Die Disziplinargewalt hat nicht nur repressiven, sondern auch präventiven Charakter. Auch zu letzterem Zwecke kann der Direktor jede zum Inhalt seiner Disziplinargewalt gehörige Massregel ergreifen, insbesondere auch die militärische Gewalt zum Schutze herbeirufen. Die anderen Beamten sind berechtigt, ihre mittelbaren und unmittelbaren Befehle durch geschärfte Anordnungen und Verweise geltend zu machen, weiter aber dürfen sie nicht gehen, insbesondere nicht schimpfen und schlagen.

Um die Sicherheit und Ordnung der Anstalt zu garantieren, hat in Ženica der Direktor ausser den täglichen und nächtlichen Revisionen, die natürlich überall vorgeschrieben sind, jährlich öfter unter persönlicher Leitung des Wachinspektors unvermutet eine allgemeine Musterung und genaue Durchsuchung der Sträflinge, dann der Schlaf- und Arbeitslokalitäten, endlich der Hofstellen, Holz- und Kohlenplätze anstellen zu lassen. Bei einer derartigen Revision ist jeder Abteilungskommandant in einer fremden Abteilung zu verwenden.

Auch für das Disziplinarstrafrecht gilt überall der Satz: nulla poena sine lege. Nur diejenige Handlung, die nach allgemeinen gesetzlichen Bestimmungen und nach den Bestimmungen des Reglements verboten ist, kann mit Disziplinarstrafe belegt werden. Die Hausordnung ist allseitig mit in das Reglement für das ganze Land aufgenommen. Spezielle Hausordnungen für die einzelne Anstalt bestehen nicht.

Das Disziplinarverfahren ist summarisch und mündlich. Wie ich mich selbst überzeugt habe, wird der Grundsatz: „audiatur et altera pars“ durchaus befolgt. Die Disziplinarverhandlungen, denen ich beiwohnte, waren sehr eingehend und sorgfältig und es ist speziell auch vorgekommen, dass die Entscheidung zu ungunsten des beschwerdeführenden Beamten ausfiel. Auch ein Strafregister für Disziplinarstrafen ist überall eingeführt. Auszüge daraus werden häufig mit den gesamten wichtigen Personalien auf ein Blatt zusammengetragen, das vor Entscheidung jeder Disziplinarangelegenheit zur Stelle ist. Dieses Blatt ist nicht identisch mit den Personalakten, die ihres umfänglicheren Inhalts wegen nicht so leicht und schnell eingesehen werden können.

Die Disziplinarstrafen sind in den drei Ländern nicht ganz konform. Es wird genügen, die ungarischen und bosnischen Strafmittel vergleichungsweise aufzuführen. Die kroatischen Bestimmungen unterscheiden sich von den ungarischen nur unwesentlich.

In Ungarn gibt es folgende Disziplinarstrafen:

1. Verweis, der in väterlichem Tone ohne protokollarische Aufnahme vollstreckt wird;
2. Rüge, die zu Protokoll vollzogen wird;
3. Entziehung der Vergünstigungen, worunter man nicht nur den Verlust der Aufbesserung der Kost, sondern auch Wegfall des Briefschreibens und der Besuche versteht;
4. Herabsetzung oder Entziehung des Arbeitslohnes. Die erstere erfolgt stufenweise und beides darf nicht länger als ein Jahr andauern;
5. einfache und verschärfte Einzelhaft. Die Dauer beträgt höchstens drei Monate.*) Die Verschärfungen bestehen in:
   a) Beschränkung der Kost auf $^1/_3$ bis zu 3 Wochen;
   b) Entziehung des Bettzeuges bis zu 3 Wochen;
   c) Arbeitsentziehung bis zu 3 Wochen;
   d) Dunkelzelle auf die Dauer von 12 Tagen, aber nur einen Tag um den andern.
6. Fuss- und Handeisen, erstere auf unbestimmte Zeit, letztere 3 Wochen lang, beide zusammen nur, wenn die Sicherheit gefährdet ist, bei Widerstand und Drohung;
7. Kurzschliessen, d. h. Zusammenketten von Fuss und Hand auf die Dauer von 10 Tagen täglich 6 Stunden;

*) Bei Züchtlingen, die mit Kerker oder Zuchthaus vorbestraft sind, kann die Einzelhaft um die Hälfte verlängert werden.

8. Zwangsjacke und Ankettung darf nur bei wütenden Temperamenten und nur für die Dauer ihres Paroxismus angewandt werden.

Die Disziplinarhäftlinge haben einzeln Spazierstunde.

In Bosnien werden folgende Disziplinarstrafen angewendet:

1. Verweis:
2. Verbot der Nebengenüsse auf bestimmte oder unbestimmte Zeit;
3. Entziehung des Arbeitsgeschenkes auf bestimmte oder unbestimmte Zeit;
4. Entziehung der Bewegung im Freien bis auf höchstens 8 Tage;
5. bei Zellensträflingen Entziehung der Arbeit unter gleichzeitiger Entziehung der Lektüre auf bestimmte oder unbestimmte Zeit;
6. Anhaltung in der Zelle ohne Arbeit und ohne Lektüre auf bestimmte oder unbestimmte Zeit;
7. Kostschmälerung, bestehend in
   a) Entziehung der halben Brotportion;
   b) Entziehung der halben Kost;
   c) Beschränkung der Kost auf Wasser und Brot bis auf die Dauer von höchstens 14 Tagen, jedoch mit dem Bemerken, dass dem Sträfling jeden vierten Tag die volle hausordnungsmässige Kost gewährt wird;
8. hartes Lager;
9. Einzelhaft auf bestimmte oder unbestimmte Zeit;
10. Zellenhaft in dunkler Zelle bis auf acht Tage;
11. gewöhnliche Fusseisen bei Sträflingen, die sich einer Flucht oder eines Fluchtversuches schuldig gemacht haben, bis auf drei Monate, falls sie nicht schon urteilsmässig zur Tragung von Ketten zu verhalten sind;*)

---

*) Was bei schwerem Kerker vorgeschrieben ist und in Bosnien auch innegehalten wird.

12. Anlegung von Kreuzeisen auf Hände und Füsse bei gewalttätigen Sträflingen auf bestimmte oder unbestimmte Zeit.

Sämtliche Disziplinarstrafen können nach ausdrücklicher Bestimmung auch verbunden zur Anwendung gebracht werden.

Auffallend ist hiernach, dass körperliche Züchtigung als Disziplinarstrafe überhaupt nicht zugelassen ist. Ich habe nirgends gehört, dass man dieses Strafmittel entbehrt.

Über die Notwendigkeit der Disziplinarstrafen und die Häufigkeit derselben und ihren Erfolg vernahm ich verschiedene Ansichten. Die am meisten vertretene Ansicht war die, dass mit Disziplinarstrafen nicht gespart werden dürfe, dass aber jeder Fall genauer Untersuchung und der Sträfling vor und nach der Vollstreckung eingehender Belehrung bedürfe. Besonders nach der Disziplinarstrafe müsse der Sträfling nochmals vorgenommen werden. Dabei lerne man ihn am besten kennen und wisse aus seinem Benehmen den besten Anhalt für spätere Disziplinarfälle zu schöpfen. Kein Direktor dürfe dahin streben, die Disziplinarstrafen möglichst zu verringern, um damit die Erfolge seines Strafvollzuges zu illustrieren, da es eine grosse Gefahr nicht bloss für das Gerechtigkeitsgefühl des betroffenen Sträflings, sondern auch der anderen Sträflinge bedeute, wenn die Disziplinarstrafe ausbleibe, wo sie hätte eintreten müssen. In dem kleinen Leben der Anstalt müsse der Sträfling erkennen lernen, dass es Fehltritte ohne darauffolgende Ahndung nicht gebe. Diese Ansichten sind gewiss beachtenswert, aber es wird schwer sein, sie in den nachfolgenden statistischen Nachweisungen über die Disziplinarfälle und Disziplinarstrafen bestätigt zu finden. Man wird daraus zum mindesten entnehmen können, dass die reiche Auswahl von Disziplinarstrafen durchaus nicht gleichmässig verwandt wird, sondern dass einige derselben vorzugsweise angewendet werden, während andere ganz zurücktreten. Am seltensten wird jedenfalls die Arbeitsbelohnung geschmälert und entzogen.

Für Ungarn bieten die Disziplinarverhältnisse folgendes Bild:

Jahr	Disziplinarvergehen								Disziplinarstrafen										
	Gesamtzahl	Störung des Gottesdienstes	Störung des Unterrichts	Unsittlichkeiten	Flucht oder Versuch der Flucht	Widersetzlichkeit gegen Beamte	Übertretung der Hausordnung	Nachlässigkeit und Faulheit in der Arbeit	Rüge und Verweis	Entziehung der Vergünstigungen	Herabsetzen der Lohnklasse	Einschränkung der Kost	Fasten	Einzelhaft	Verschärfte Einzelhaft	Dunkelarrest	Hand- und Fusseisen Kurzschliessen	Zwangsjacke	Disziplinarstrafen erlassen
1887	1119	4	22	36	4	62	859	152	124	63	6	149	42	163	265	172	124	1	69
1888	1140	14	50	52	6	61	805	169	98	91	6	67	42	232	296	149	146	2	34
1889	1172	37	88	46	12	89	809	141	127	82	8	91	14	193	342	146	168	1	38
1890	1170	12	26	60	4	90	781	187	77	50	5	60	10	212	389	149	263	—	47
1891	1354	5	29	72	9	99	870	270	70	88	8	101	10	124	359	212	305	26	32
1892	1357	12	25	88	7	100	896	232	72	110	5	122	54	86	273	246	356	25	17
1893	1520	11	15	49	6	181	1034	274	151	58	11	119	146	128	178	287	401	39	45
1894	1246	7	14	52	4	100	819	249	106	33	7	178	74	121	251	197	277	28	35
1895	1437	2	24	48	9	93	927	234	110	71	—	175	46	195	296	275	255	14	52
1896	1495	9	12	27	5	80	1080	282	89	104	8	86	57	187	263	402	283	16	47
1897	1515	4	21	16	7	125	1102	288	61	106	1	121	30	144	377	302	360	19	67

Für Kroatien ist folgende Aufstellung zu machen

Jahr	Disziplinarvergehen: Gegen Beamte	Disziplinarvergehen: Gegen das Aufsichtspersonal	Disziplinarvergehen: Gegen Mitsträflinge	Disziplinarvergehen: Sonstige Fälle	Disziplinarstrafen: Verweis	Disziplinarstrafen: Entziehung der Zubussen	Disziplinarstrafen: Beschlagnahme des Verdienstlohnes	Disziplinarstrafen: Beschränkung der Kost	Disziplinarstrafen: Hartes Lager	Disziplinarstrafen: Fasten	Disziplinarstrafen: Einzelhaft	Disziplinarstrafen: Dunkelhaft	Disziplinarstrafen: Fesselung	Disziplinarstrafen: Zwangsjacke	Summe der Disziplinarstrafen
1885	20	74	61	2176	243	26	33	314	368	257	382	130	33	6	888
1886	38	119	76	2878	128	69	17	559	504	530	481	175	181	4	1126
1887	22	221	113	1819	160	65	1	447	554	365	361	204	92	—	1184
1888	36	266	125	1927	188	59	1	422	448	528	477	125	91	1	1171
1889	28	200	92	2269	282	89	—	391	447	589	533	172	37	—	1304
1890	18	200	129	2280	328	43	—	337	824	451	698	143	78	—	1580
1891	22	319	122	1406	216	73	—	220	300	300	506	88	80	—	1355
1892	25	194	125	1418	269	135	—	287	209	269	351	108	87	—	1174
1893	22	186	117	1149	169	91	—	179	145	296	368	98	41	—	1052
1894	37	191	158	1304	287	85	—	285	219	308	311	163	85	—	1094

Grössere Schwankungen zeigen die Zahlen der kroatischen Statistik, besonders bei den einzelnen Strafarten. Das Gesamtbild dagegen zeigt ein ziemlich regelmässiges An- und Abschwellen. Auffallend gering sind die Disziplinarstrafen der Weiberanstalt in Agram.

Für Bosnien vermag ich keine Nachweisung der Disziplinarverhältnisse zu geben.

---

§ 8. Die Zwischenanstalten.

In den Strafvollzug aller drei Länder sind die Zwischenanstalten aufgenommen. Sie werden als Hauptbestandteil des progressiven Strafvollzugs angesehen. Dass sie sich besser als die ersten beiden Stufen zu einer einheitlichen Institution auswachsen konnten, lag in der Natur der Sache. Sollten sie das Prinzip der wachsenden Straferleichterung und der Berührung mit der Aussenwelt verwirklichen, so gehörte zu ihrem Wesen äussere Lostrennung von der Hauptanstalt und Unterbringung der Sträflinge in Gebäuden, die in naher räumlicher Beziehung zu ihrer neuen Arbeitstätigkeit stand. Bei landwirtschaftlichen Zwischenanstalten mussten daher die Sträflinge, sollte überhaupt die Landwirtschaft prosperieren, in der Nähe der Ställe, Scheuern, Magazine, Felder und Gärten gehalten werden. Mit den alten Strafanstaltsgebäuden verschiedenster Provenienz war da nichts anzufangen. Andererseits konnte es nicht schwer fallen, neue Gebäude zu bauen oder einfache Wohn- und Wirtschaftsgebäude aus der Nachbarschaft der Strafanstalt zu Zwischenanstalten umzuformen, denn Bau und Einrichtung der Gebäude schloss sich erheblich näher an die Bauweise gewöhnlicher Wohn- und Wirtschaftshäuser an, als bei den für die ersten beiden Stufen erforderlichen Gebäuden. Dazu kam, dass es sich nicht um die Unterbringung einer so grossen Menge von Menschen handelte, wie in den ersten beiden Stufen. Schliesslich versprach der Betrieb der Landwirtschaft eine gesündere wirtschaftliche Basis für diesen Teil des Strafvollzugs. Kurzum, die Errichtung der Zwischenanstalten stellte sich von vornherein als ein nicht zu teures Unternehmen dar. Daraus ergibt sich von selbst, dass die Zwischenanstalten eine grössere Bedeutung erlangen mussten, als die beiden anderen Stufen, und dass sie für diejenigen, die sie erreichten, wirkliche Etappen auf dem Wege zur vollkommenen Freiheit geworden sind.

Trotzdem man über Zweck und Ziel der Zwischenanstalten, Stellung derselben innerhalb des Strafvollzugs, Einrichtung der Baulichkeiten, Beschäftigung der Sträflinge und noch mehreres Andere von vornherein übereinstimmend dachte, ist man doch nicht zu gleichen Normen über den Inhalt der dritten Stufe gelangt.

Ungarn hat die Bestimmungen über die Zwischenanstalt hauptsächlich im Strafgesetzbuch niedergelegt. Insoweit sind dieselben bereits oben dargestellt worden. Ergänzende Verordnungen dazu sind ergangen unter dem 10. März 1884 betreffend die Zwischenanstalt in Kis-Hartha; vom 11. Mai 1884 über die Anwendung der Bestimmungen des Strafgesetzbuchs; vom 15. März 1885 über die Zwischenanstalten überhaupt und schliesslich eine Verordnung vom Jahre 1890 über die Aufnahme von Ausländern und Rückfälligen in die Zwischenanstalt.

In Kroatien und Bosnien sind die Bestimmungen über die Zwischenanstalt in den Reglements enthalten.

Dass die in die Zwischenanstalt Aufzunehmenden nur solche Sträflinge sein dürfen, welche durch Fleiss und gute Aufführung gegründete Gewähr für ihre Besserung bieten, ist ein überall geltender Grundsatz. Eine andere gesetzliche Einschränkung besteht in Ungarn nicht. Insbesondere sind also auch diejenigen nicht von der Zwischenanstalt ausgeschlossen, welche Anspruch auf vorläufige Entlassung nicht haben, also die Ausländer und die im § 49 des ungarischen Strafgesetzbuchs bezeichneten Rückfälligen. Nur sollen die anderen bevorzugt werden.

In Kroatien ist zwar nach § 31 des Reglements zunächst bestimmt, dass nur solche Sträflinge, die zur Allerhöchsten Begnadigung oder vorläufigen Entlassung in Aussicht genommen werden könnten, in die Zwischenanstalten zu verbringen sind. Im § 32 des Reglements ist aber nachgelassen, dass auch Sträflinge, welche sonst durch ihre persönlichen Verhältnisse oder andere Umstände genügende Garantie gegen einen Fluchtversuch zu bieten scheinen, ja selbst die von vorläufiger Entlassung Ausgeschlossenen in die Zwischenanstalt überführt werden können, nur müssen sie länger in der Hauptanstalt verbleiben.

In Bosnien ist wegen der nicht zur vorläufigen Entlassung Zugelassenen kein Vorbehalt gemacht und sind auch die Rückfälligen unter Ausdehnung der in der Hauptanstalt zu verbringenden Strafzeit zugelassen. Voraussetzung für die Versetzung in die Zwischenanstalt ist dort aber, dass die Strafzeit der Hauptanstalt in beiden Strafstufen oder nur, soweit die Einzelhaft mit Rücksicht auf die körperliche oder geistige Gesundheit nicht vollstreckbar war, in der zweiten Stufe vollstreckt worden ist, d. h. also Sträflinge, die sich bis zur Zeit, wo sie in die Zwischenanstalt überführt werden könnten, in der Einzelhaft aufgehalten haben, sind ausgeschlossen. In Kroatien und Bosnien ist speziell bestimmt, dass in die Zwischenanstalt nur solche zu überführen sind, in Ansehung deren keine Fluchtgefahr besteht. Eine solche Bestimmung scheint notwendig, da gute Führung und unzweifelhafte Besserung noch nicht die Fluchtgefahr bei solchen Leuten beseitigen, die eine unbezwingliche Sehnsucht nach der Familie, jenes, wie eine geistige Erkrankung auftretende, unstillbare Heimweh, von dem mir in den drei Ländern viel berichtet wurde, besitzen. Dass die Sträflinge der Zwischenanstalt dort Versuchungen ausgesetzt sein sollen, kommt nur im kroatischen Reglement zum Ausdruck. Die zu lebenslänglicher Zuchthausstrafe Verurteilten sind in keinem Lande von der Zwischenanstalt ausgeschlossen.

Ungarn bestimmt als Mass der Mindeststrafe, bei der überhaupt die Zwischenanstalt zur Anwendung gebracht werden kann, dreijährige Zuchthaus- oder Kerkerstrafe. In Kroatien gibt es keine Einschränkung. In Bosnien ist insofern eine Einschränkung vorhanden, als in Ženica regelmässig nur die zu Kerker und schwerem Kerker Verurteilten, die mehr als ein Jahr Strafe erhalten haben, untergebracht werden dürfen, Ženica aber die einzige Zwischenanstalt des Landes besitzt.

Sehr verschieden sind die Bestimmungen über die Dauer derjenigen Strafzeit, die vor Übergang in die Zwischenanstalt verbüsst sein muss.

Am weitesten geht darin Kroatien, das allerdings im Verhältnis zu den beiden anderen Staaten die meisten Zwischenanstalten besitzt. Dort kann die Überführung in die Zwischenanstalt bereits nach $^3/_8$ der Strafzeit erfolgen. Nur diejenigen, welche keinen Anspruch auf vorläufige Entlassung haben, müssen die Hälfte der Strafzeit in der Hauptanstalt verbleiben.

In Bosnien muss die Hälfte der Strafzeit in der Hauptanstalt verbracht sein, in Ungarn dagegen, wie wir oben gesehen haben, $^2/_3$ der Strafzeit. Für die zu lebenslänglicher Strafe Verurteilten ist überall der in der Hauptanstalt zu verbüssende Zeitraum absolut auf zehn Jahre bestimmt.

Die regelmässige Dauer des Aufenthalts in der Zwischenanstalt bemisst sich von der Überführung nach $^3/_8$ bezw. $^1/_2$ bezw. $^2/_3$ der Strafzeit bis zum frühesten Termin der vorläufigen Entlassung, d. i. also in Kroatien zwischen $^3/_8$ und $^4/_8$, in Bosnien zwischen $^2/_4$ und $^3/_4$ und in Ungarn zwischen $^8/_{12}$ und $^9/_{12}$ der Strafzeit. Danach beträgt der Zeitraum der in der Zwischenanstalt zu verbüssenden Strafe in Ungarn $^1/_{12}$, in Kroatien $^1/_8$ und in Bosnien $^1/_4$ der ganzen Strafe. Bei achtjähriger Strafe dauert in Ungarn der Aufenthalt in der Zwischenanstalt 8 Monate, in Kroatien 12 Monate, in Bosnien 24 Monate. Bosnien bemisst die Dauer des Aufenthalts in der Zwischenanstalt am längsten und gibt sogar bezüglich derjenigen, die zu lebenslänglicher Kerkerstrafe, derjenigen, die wegen Verbrechens bereits einmal verurteilt waren, und derjenigen, die ihre Strafe in der Strafanstalt Ženica oder einer andern nach ähnlichen Strafvollzugsprinzipien geleiteten Strafanstalt abgebüsst haben, noch Mindestzeiten an, die sie in der Zwischenanstalt verbracht haben müssen, wenn sie Anspruch auf vorläufige Entlassung haben wollen. Die ersteren müssen mindestens 5 Jahre, die letzteren mindestens 3 Jahre in der Zwischenanstalt verbleiben.

Ist in Ungarn die Strafzeit in der Zwischenanstalt besonders karg bemessen, so fällt noch eine Verordnung des Justizministers vom 10. März 1884 auf, die auf die Anwendung der Zwischenanstalt überhaupt einschränkend zu wirken bestimmt ist. Der Minister geht selbst von der Ansicht aus, dass ein unverhältnismässig kurzer Aufenthalt in der Zwischenanstalt mit dem System unvereinbar sei und die Überführung sich auch bei grosser Entfernung des Sträflings von der Zwischenanstalt und zugleich geringer Aufenthaltsdauer in der Zwischenanstalt nicht rechtfertigen lasse. Er bestimmt deshalb, dass nur solche Sträflinge zur Überführung in die Zwischenanstalt vorgeschlagen werden sollen, die mindestens zu 6jähriger Freiheitsstrafe verurteilt sind, die also mindestens 6 Monate in der Zwischenanstalt zu verbüssen haben. Eine Ausnahme lässt er nur dann zu, wenn der Sträfling durch den Transport zur Zwischenanstalt seinem Heimats- oder künftigen Aufenthaltsorte näher gebracht wird. Diese Verordnung findet ebenso sehr in den tatsächlichen Verhältnissen des Strafvollzugs ihre Erklärung, als sie bedenklich ist. Das Strafgesetzbuch erkennt nur die auf Fleiss und gute Aufführung gegründete Besserungsgewähr des Sträflings als massgebend für die Überführung in die Zwischenanstalt an und gestattet keinerlei Rücksichtnahme auf die voraussichtliche Dauer des Aufenthalts in der Zwischenanstalt. Das Strafgesetz gibt aber auch dem Sträfling, der sich also geführt hat, einen Anspruch auf die Zwischenanstalt. Dieser Anspruch wird hiernach im Verordnungswege für eine Reihe vorhinein bestimmter Fälle beseitigt. Auch in einer ferneren Bestimmung halte ich die Verordnung für bedenklich. Es heisst dort unter No. 3: „Da in der Zwischenanstalt hauptsächlich mit Ackerbau und Landwirtschaft verbundene Arbeiten betrieben werden, ist wenigstens in den ersten Zeiten auf jenen Umstand Gewicht zu legen und sind besonders nur solche Verurteilte zur Überführung zu empfehlen, die entweder zum Ackerbau geeignet sind oder ein solches Handwerk verstehen (Binder-,

Schmiede-, Zimmermannsarbeit), welches beim Betriebe der Landwirtschaft von Nutzen sein kann. Infolgedessen ist bei der Wahl der zu Überführenden auch auf tadellosen Gesundheitszustand ein besonderes Gewicht zu legen.“ Hier ist auf einmal rechtlich für die Zwischenanstalten ein landwirtschaftlicher Charakter vindiziert, den sie nach dem Gesetz nicht haben und es sind daraus Konsequenzen gezogen, die den Kreis der zur Aufnahme in die Zwischenanstalt Zugelassenen von vornherein verringern. Wenn nun auch nach den Motiven die Zwischenanstalten tatsächlich der Rücksicht auf die landwirtschaftliche Bevölkerung ihr Dasein verdanken, so hat doch das Gesetz nicht sagen können und nicht sagen dürfen, dass die Nichtlandwirte davon ausgeschlossen sein sollen. Wäre die gesetzliche Bestimmung über die Aufnahmefähigkeit der Sträflinge für die Zwischenanstalt nur dispositiver Natur, — wie sie es nicht ist — so wäre es auch noch vom Standpunkte eines systematischen Strafvollzugs aus unrichtig, die Nichtlandwirte und die Ungesunden von der Zwischenanstalt auszuschliessen, denn massgebend kann bei einem im progressiven Sinne aufgebauten Strafvollzug nur sein, ob der Sträfling sich durch seine Besserung die Zwischenanstalt verdient hat oder nicht. Dadurch, dass der aus den genannten Gründen nicht in die Zwischenanstalt Aufgenommene damit noch nicht der vorläufigen Entlassung verlustig geht, wird der Schaden, der durch die ungerechtfertigte Zurücksetzung der Ausgeschlossenen entsteht, noch nicht geheilt zumal nicht bloss rechtlich, sondern auch tatsächlich der Charakter der Vergünstigung und Belohnung von der Institution der Zwischenanstalt nicht zu entfernen ist.

Die Justizministerialverordnung wird gerechtfertigt durch Bezugnahme auf § 52 al. 1 Strafgesetzbuchs, welcher gestattet, falls die dem progressiven Strafvollzug entsprechenden Anstalten noch nicht vorhanden sind, die Freiheitsstrafen nach den „bestehenden“ (d. h. doch „bisher“ bestehenden) Anordnungen zu vollstrecken. Ich würde es auf Grund des § 52 al. 1 a. a. O. nur für gerechtfertigt halten, dass bei dem einzelnen Sträfling, wenn die vorhandenen Zwischenanstalten überfüllt sind, von der ihm gebührenden Überführung Abstand genommen und ihm der Grund dafür eröffnet wird, nicht aber, dass gegen die Absicht des Gesetzgebers neue Normen für die Aufnahmefähigkeit in die Zwischenanstalt aufgestellt werden. Man mag sich übrigens rechtlich zu der Verordnung stellen, wie man will, das tatsächlich Bedenklichste derselben ist, dass sie das Bedürfnis nach neuen Zwischenanstalten zu verdecken geeignet ist, denn, wie wir später sehen werden, ist die Zahl derjenigen Sträflinge, die danach noch für die Zwischenanstalten in Betracht kommen können, sehr gering.

Insoweit die Verordnung eine längere Aufenthaltsdauer in der Zwischenanstalt anstrebt, ist sie gewiss berechtigt. In der Tat sind 3—4 Monate in der Zwischenanstalt ein zu geringer Zeitraum, als dass sich die Überführung verlohnte. László*) spricht sich darüber mit grosser Offenheit aus. Er sagt, „man könne in einer so kurzen Zeit den moralischen Zustand des Sträflings nur in Ausnahmefällen richtig beurteilen lernen. Während der ersten Zeit des Aufenthalts in der Zwischenanstalt daure der gedrückte moralische Zustand des Sträflings aus der strengen Haft noch an. Alsdann sei der Sträfling imstande, sich einige Zeit zu halten, ohne dass er es nötig hätte, eine grosse Willenskraft zu entwickeln. Es könne damit eine längere Zeit vergehen, ehe der Sträfling in die Lage käme, seine Widerstandskraft gegen Versuchungen zu erproben."

Das sind unzweifelhaft richtige Gedanken. Die Zucht der Hauptanstalt sichert gewiss für eine Zeit lang die gute Führung in der Zwischenanstalt. Der Sträfling muss sich erst in dem neuen Milieu zurechtfinden und wird die ihm zur Hälfte geschenkte Freiheit zuerst schüchtern und zaghaft gebrauchen. Erst, wenn er den Kreis seiner Rechte und Pflichten kennt, kann man von wirklichen Versuchungen reden. Nimmt man hinzu, dass es sich in der Tat nicht lohnt, für einen Zeitraum bis zu sechs Monaten die mit dem Aufenthaltswechsel verbundenen hohen Transportkosten aufzuwenden, so spricht Alles dafür, dass Ungarn

*) Le système pénitentiaire progressif en Hongrie. S. 90.

einen längeren Zeitraum für die Zwischenanstalt gesetzlich einführe und die dazu nötigen Anstalten errichte.

Die Justizministerialverordnung besteht bis zum heutigen Tage noch zu Recht, wird aber nicht mehr streng gehandhabt, seitdem bekannt geworden ist, dass die hohen Strafen überhaupt zurückgehen. So kommen in der Tat heute öfters Sträflinge auch für drei bis vier Monate in die Zwischenanstalt. Ich habe trotz dieser Handhabung durchaus nicht gefunden, dass die Zwischenanstalten überfüllt waren. Im Gegenteil wären besonders in der hauptsächlichsten Zwischenanstalt Ungarns in Kis-Hartha noch viele Sträflinge unterzubringen gewesen.

Was das Verfahren anlangt, welches bei der Versetzung in die Zwischenanstalt anzuwenden ist, so ist auch dies in den drei Ländern abweichend geregelt.

Ungarn hat darüber die detailliertesten Vorschriften. Nach dem Strafgesetz ist die Überführung in die Zwischenanstalt nicht von dem Antrage des Sträflings abhängig, sondern der Antrag kann auch von Amtswegen gestellt werden. Dies ist in einer Justizministerialverordnung vom 12. November 1887 nochmals besonders betont worden.

Andererseits hat es natürlich seine grossen Bedenken, für Sträflinge, die selbst die Zwischenanstalt nicht begehren, die Überführung zu beantragen. Deshalb sind in der Justizministerialverordnung vom 23. Juni 1888 die Strafanstalten angewiesen, nur für solche Sträflinge die Überführung zu beantragen, die dies selbst wünschen. Diese Verordnung steht weder im Gegensatz zu der erstzitierten Verordnung noch zum Gesetz, insofern die Stellung des formellen Antrages dadurch nicht berührt wird und andererseits daraus, dass der Sträfling selbst die Überführung nicht wünscht, mit Recht zu schliessen ist, dass er die für die Überführung in die Zwischenanstalt nötige moralische Einsicht noch nicht gewonnen hat.

In dem Verfahren zwecks Überführung in die Zwischenanstalt kommt die Wirksamkeit der Aufsichtskommission, mit deren Einvernehmen der Justizminister über die Überführung in die Zwischenanstalt Bestimmung trifft, in betracht. Über die Einrichtung der Aufsichtskommission ist bereits oben (§ 5) gesprochen worden. In der 7. Beilage zum Strafanstalts-Reglement vom 9. August 1880 ist eine nähere Erläuterung ihrer Rechte und Pflichten gegeben. Danach ist die Mitwirkung bei der Entscheidung wegen Überführung in die Zwischenanstalt und über vorläufige Entlassung nur ein Teil des weiteren Wirkungskreises der Aufsichtskommission die moralische Wirkung, die der Strafvollzug auf jeden einzelnen Sträfling übt, zu beobachten und auf Grund dieser Beobachtungen die gesetzlichen Vergünstigungen der Zwischenanstalt und vorläufigen Entlassung vorzuschlagen. Der für die Strafanstalt zuständige Gerichtshofpräsident ist Vorsitzender der Aufsichtskommission. Er führt ihre Zusammensetzung herbei und präsidiert ihren Sitzungen. Die Aufsichtskommission hat monatlich wenigstens eine ordentliche Sitzung abzuhalten, die während der ersten Hälfte des Monats stattzufinden hat. Ort und Zeit der Sitzung bestimmt der Präsident. Er ist jedoch verpflichtet, wenn im Bezirk der Aufsichtskommission noch andere, als Gerichtshofgefängnisse, vorhanden sind, insbesondere also Straf- und Zwischenanstalten, ausserdem wenigstens alle zwei Monate am Orte dieser Anstalt eine Sitzung abzuhalten. Es soll damit gewährleistet werden, dass die Aufsichtskommission sich in der Anstalt selbst vom Stande der Strafvollstreckung überzeugt. Anträge auf Überweisung in die Zwischenanstalt und, wie hier gleich erledigt werden mag, auf vorläufige Entlassung sowie Vorschläge von anderer Seite werden vom Anstaltsdirektor der Aufsichtskommission unterbreitet. Mit dem Antrage wird ein Urteilsauszug, ein Bericht über die moralische Führung und ein Auszug aus dem Disziplinarstrafregister verbunden und ausserdem vom Direktor ein begründetes Gutachten abgegeben. Die Aufsichtskommission kann auch die Aufseher über den Sträfling hören, wenn sie es für nötig findet. Der Vorschlag der Aufsichtskommission beim Minister kann auf die gestellten Fragen nur bejahend oder verneinend lauten, andere Voten sind unzulässig. Die Entscheidungen werden nach einfacher Stimmenmehrheit gefällt. Im Fall der Stimmengleichheit entscheidet die Stimme des Vorsitzenden. Die überstimmten Mitglieder der Aufsichtskommission können ihre abweichende Meinung schriftlich niederlegen. Die Aufsichtskommission ist verpflichtet, in ihrer Sitzung über alle ihr vorgelegten Fragen zu entscheiden, darf also nicht die Entscheidung vertagen. Das Protokoll ist von allen anwesenden Mitgliedern der Aufsichtskommission zu unterschreiben. Dieses und die Schriftstücke der Strafanstalt werden vom Direktor innerhalb dreier Tage an den Minister geschickt. Der Direktor berichtet bei der nächsten Sitzung der Aufsichtskommission über den Erfolg des Vorschlags.

So sehr dafür gesorgt ist, dass die Aufsichtskommissionen prompt entscheiden und dass durch ihre verschiedenartige Zusammensetzung kein Aufschub der Entscheidung eintritt, so wenig sind sie — auch nach der Meinung im Lande — zu einer sachlichen Entscheidung berufen. Ist es dem Direktor schon schwer, jeden einzelnen Sträfling bis auf die Knochen kennen zu lernen, so noch vielmehr einer Kommission von Leuten, die höchstens alle zwei Monate am Sitze der Strafanstalt zu erscheinen gezwungen ist. So bleibt de facto trotz Aufsichtskommission der Anstaltsdirektor die einzig massgebende Persönlichkeit für die zu treffenden Entscheidungen. Der Direktor einer der grössten ungarischen Strafanstalten versicherte mir, dass sich die Aufsichtskommission noch nicht ein einziges Mal von seinem Votum entfernt hätte, und dass er den für einen schlechten Direktor halte, der die Kommission nicht zu seiner Meinung bringe. Es kommt hinzu, dass von dem der Kommission zu unterbreitenden Material nur etwa der Urteilsauszug ausserhalb der Einwirkungssphäre des Direktors steht.

So umständlich bei dem Übergang in die Zwischenanstalt trotz der so geringen Zeit, die der Sträfling darin verbringt, das Verfahren in Ungarn ist, so einfach vollzieht sich in Kroatien und Bosnien dieser Übergang. In Kroatien verfügt der Direktor die Überführung in die Zwischenanstalt selbständig. In Bosnien ist nur die Versetzung von Sträflingen, die zu einer Freiheitsstrafe von über 10 Jahren verurteilt sind, an die Genehmigung der

Landesregierung gebunden. Diese kann bei den zu lebenslänglicher Kerkerstrafe Verurteilten erst nach Ablauf von zehn Jahren, bei denjenigen, welche wegen eines Verbrechens bereits einmal verurteilt waren und ihre Strafe in der Strafanstalt Ženica oder in einer andern, nach ähnlichen Strafvollzugsprinzipien geleiteten Strafanstalt abgebüsst haben, erst nach Ablauf von fünf Jahren beantragt werden. Weder in Kroatien noch in Bosnien ist die Versetzung in die Zwischenanstalt an den Antrag des Sträflings gebunden. Dass der Direktor dort, wo ihm die Entscheidung über die Aufnahme in die Zwischenanstalt anvertraut ist, nicht ohne Anhörung der Oberbeamten entscheidet, ist selbstverständlich.

Überall ist mir gesagt worden, dass nicht nur die Sträflinge über ihre Rechte hinsichtlich der Überführung in die Zwischenanstalt gut Bescheid wissen, dass sie auch darüber belehrt werden.

Die Zwischenanstalten haben sich in allen drei Ländern gut eingebürgert. Sie haben derart feste Wurzeln gefasst, dass man an ihre Aufhebung nicht denken würde, selbst wenn man zu der Ansicht käme, dass die andern Stufen des Progressivsystems jetzt oder fernerhin nicht durchgeführt werden könnten. Der Hauptgrund liegt in dem landwirtschaftlichen Charakter der Zwischenanstalt, der seinerseits wiederum mit der Eigenschaft der drei Länder als Agrarstaaten aufs engste zusammenhängt. Würde sich einmal das Verhältnis der landwirtschaftlichen zur industriellen Bevölkerung wesentlich verschieben, so würden allerdings auch den landwirtschaftlichen Zwischenanstalten anders geartete an die Seite gestellt werden müssen. Davon ist aber noch lange keine Rede. In welch eminenten Sinne heute noch die drei Länder der Landwirtschaft, in ihrem weitesten Sinne, also einschliesslich Forstwirtschaft, Viehzucht, Weinbau, Obstzucht, Gartenbau, dienen, mögen folgende Zahlen zeigen.

Nach der Volkszählung von 1890 sind in Ungarn und Kroatien 5 708 317 berufstätige Landwirte vorhanden gewesen. Dazu treten 7 620 469 Angehörige dieser Landwirte, zusammen also 13 328 786 Personen. Im Vergleich mit der Gesamtbevölkerung ergeben diese absoluten Zahlen, dass in Ungarn die berufstätigen Landwirte 77,11 % der gesamten berufstätigen Bevölkerung, 31,60 % der Gesamtbevölkerung, und berufstätige Landwirte mit ihren Angehörigen zusammen 75,76 % der Gesamtbevölkerung betragen. In Kroatien und Slavonien betragen die berufstätigen Landwirte 87,23 % der berufstätigen Bevölkerung, 42,23 % der Gesamtbevölkerung, berufstätige Landwirte und deren Angehörige 85,24 % der Gesamtbevölkerung. Demnach stehen in Ungarn nur 24,24 %, in Kroatien nur 14,76 % der Gesamtbevölkerung weder als Berufstätige, noch als deren Angehörige in Beziehung zur Landwirtschaft. Schon in den österreichischen Provinzen ist das Verhältnis ein anderes. Dort gehört nur ein Prozentsatz von 56,32 % der Gesamtbevölkerung zur Landwirtschaft (vgl. Deutschland mit 35,74 % pro 1890).

Bosnien ist mit seiner Bevölkerungsziffer von 1 ½ Millionen Menschen bei einem Flächenraum von 6165 qkm ein schwach besiedeltes Land, was wohl in der Hauptsache mit seinem durchweg gebirgigen Charakter zusammenhängt. Nach der Volkszählung von 1895 gehören 88 % der Bevölkerung der Landwirtschaft mittelbar oder unmittelbar an. Nach der Ortszählung sind in Orten bis zu 500 Einwohnern 97,72 %, in Orten bis zu 2000 Einwohnern 93,97 % und in Orten über 2000 Einwohnern 45,40 % der Landwirtschaft angehörig.

In der Strafanstaltsbevölkerung erscheinen diese Prozentzahlen nur wenig verändert. In Ungarn liessen sich für das Jahr 1901 (also doch schon 10 Jahre hinter jener Volkszählung) 60,87 % der Verurteilten als zur Landwirtschaft gehörig betrachten, während in Kroatien 1885 bis 1894 dieser Prozentsatz 70,3 % betrug. In der bosnischen Anstalt waren in der Zeit von 1898—1902 78,90 % der Sträflinge Landwirte. Über die Zwischenanstalten führt nur Ungarn und die bosnische Anstalt eine eigene Statistik, die denselben Inhalt, wie die Statistik der Hauptanstalten hat, während Kroatien denselben in der Statistik von 1885—1894 und in der hier mitgeteilten Statistik von 1895—1902 nur eine den Umsatz betreffende Tafel widmet. Nach der oben behandelten Verfügung des ungarischen

Justizministers vom 10. März 1884 ist es selbstverständlich, dass die ungarische Statistik in den Zwischenanstalten fast ausschliesslich Landwirte nachweisen wird. In der Tat gehörten 1891 von den Sträflingen der Zwischenanstalten 82,60 % zur Landwirtschaft (im selben Jahre nur 76,06 % der Sträflinge der Hauptanstalten), im Jahre 1897 in den Zwischenanstalten 82,80 % (im selben Jahre 73,90 % der Sträflinge der Hauptanstalten). In Bosnien betrug der Durchschnitt der Zugehörigen der Landwirtschaft in dem Lustrum von 1898—1902 85,33 %.

Es ergibt sich also daraus unzweifelhaft, dass keins der drei Länder Veranlassung hat, andere als landwirtschaftliche Zwischenanstalten zu schaffen und zu unterhalten. Angehörige anderer Berufe lassen sich immerhin verwerten. Dabei herrschen allerdings zwei Auffassungen. In der einen Anstalt hält man unbedingt daran fest, dass der der Zwischenanstalt Verschriebene auch körperlich dauernd und ausschliesslich dahin übergeht. Man bemüht sich, ihm schlecht und recht eine Arbeitsgelegenheit einzurichten, die wenigstens mittelbar mit dem Landwirtschaftsbetriebe in Verbindung steht. In der anderen Anstalt nimmt man von einer solchen künstlichen Verpflanzung Abstand, wenn man nicht glaubt, dass sie zum Vorteil für die Zukunft des Sträflings ist, und belässt dem Sträfling die Arbeitstelle in der Hauptanstalt, gewährt ihm aber Schlafstelle, Vergünstigungen und Behandlung, wie in der Zwischenanstalt. Die letztere Einrichtung besteht in Ženica. Dort arbeiten vereinzelt Sträflinge der Zwischenanstalt, die eine besondere Vorliebe zu einer professionellen Arbeit gezeigt und in dem Handwerke gute Fortschritte gemacht haben, in den industriellen Betriebsstätten der Hauptanstalt weiter mit, ohne dass man dann eine Gefahr für die Sträflinge der Zwischenanstalt oder die der Hauptanstalt erkennt. Im Gegenteil ist man der Ansicht, dass die Mitarbeit des erprobten und bewährten Mannes, der die Vergünstigung schon geniesst, die die anderen noch erstreben, von der besten Wirkung sei. Dies steht im Zusammenhange mit der im irischen Strafvollzuge von dem englischen Obersten Jebb vertretenen Ansicht, dass es bedenklich sei, gerade die besten Sträflinge aus der Hauptanstalt zu entfernen und der Zwischenanstalt einzuverleiben, weil dadurch deren guter Einfluss auf die Sträflinge der Hauptanstalt verloren gehe. Allerdings steht man in Ženica auf dem Standpunkte, man müsse in solchen Fällen des Sträflings der Zwischenanstalt völlig sicher sein und man hält auch daran fest, dass Sträflinge der Zwischenanstalt nicht schon dann zur Arbeit der Hauptanstalt zuzulassen seien, wenn sie ihrem Berufe nach der Landwirtschaft nicht angehören, sondern erst dann, wenn sie ein Handwerk so vollständig erlernt haben, dass, wenn sie von der Ausübung desselben auf längere Zeit entfernt würden, die Befürchtung nahe läge, sie könnten das Erlernte zum Schaden für ihre Zukunft wieder verlernen.

Betrachtet man die Bestimmungen der drei Länder über die Aufnahmefähigkeit in die Zwischenanstalt, so ergibt sich, dass grosse Unterschiede des prozentualen Verhältnisses der aufnahmefähigen Sträflinge zu den aufgenommenen nicht herauskommen können. Allerdings besitzt Ungarn bei 10 Hauptanstalten und einem täglichen Sträflingsstande von durchschnittlich 5900 Mann (auf den Zeitraum von 10 Jahren berechnet) nur 3 Zwischenanstalten, während Kroatien bei 4 Hauptanstalten und einem täglichen Sträflingsstande von 1581 Mann (gleichfalls auf 10jährigen Zeitraum berechnet) auch 3 Zwischenanstalten und Bosnien bei einer Hauptanstalt und einer täglichen Durchschnittsbelegung von 523 Mann (auf einen 5jährigen Zeitraum berechnet) eine Zwischenanstalt besitzt. Aus der ungarischen Statistik lässt sich die Zahl der aufnahmefähigen Zuchthaus- und Kerkersträflinge nicht berechnen, weil die Zahl der Zuchthausstrafen, die gerade für die Zwischenanstalt in Betracht kommen, nämlich von drei Jahren, nicht daraus zu ersehen ist. Jedoch gibt László für 1880—84 ohne Rücksicht hierauf an, dass sich die Zahl der Aufnahmefähigen nicht über 30 % der Verurteilungen erhebt und dass davon nur 5,65 % in die Zwischenanstalt kämen. In Kroatien kommen 10,5 %, in Bosnien 9,14 % der Aufnahmefähigen des täglichen Durchschnittsstandes in die Zwischenanstalt. Jedoch schwanken alle diese Zahlen erheblich, wenn man die einzelnen Anstalten betrachtet. So zeigt Mitrovica 1885 vor dem Bau der neuen Strafanstalt die Prozentzahl 25,6 % und geht bis 1897 auf 4,8 % zurück, um seitdem wieder bis 1902 auf 9,42 % zu steigen. Weniger gross, aber immer noch bedeutend sind die Schwankungen in den anderen Anstalten (von 1,7—13 %). Selbstverständlich ist der Prozentsatz der Aufgenommenen bei denjenigen Anstalten grösser, mit denen Zwischenanstalten verbunden sind.

Wie gross die Unterschiede im Umsatz der Zwischenanstaltsbevölkerung in den drei Ländern sind, ergibt sich aus folgenden Übersichten:

I. Ungarn.

Jahr	Zahl am 1. Januar	Im Laufe des Jahres versetzt	Abgang im Laufe des Jahres	Zahl am 31. Dezember
1887	129	115	138	107
1888	107	153	150	113
1889	113	188	146	155
1890	155	224	202	179
1891	179	283	283	179
1892	179	214	247	147
1893	147	238	228	158
1894	158	231	250	140
1895	140	282	242	182
1896	182	282	226	180
1897	180	225	230	177

Die Zahlen steigen langsam an und halten sich in den letzten Jahren durchschnittlich um 70—100 höher, als im Beginne der Statistik. Als auffallend ist zu bezeichnen, dass der Distriktskerker in Szegedin keinen einzigen Sträfling zu dieser Aufstellung beisteuert, trotzdem die Kerkerstrafe doch auch zur Aufnahme in die Zwischenanstalt berechtigt. Dies kommt aber daher, dass Kerkerstrafen über 6 Jahre so gut wie gar nicht verhängt werden (1887 in 32, 1892 in 15, 1897 in 5 Fällen), so dass durch die oben behandelte Justizministerialverordnung vom 11. Mai 1884 die Kerkersträflinge vollständig vom Genuss der Zwischenanstalt ausgeschlossen werden.

II. Kroatien.

Jahr	Zahl am 1. Januar	Im Laufe des Jahres versetzt	Abgang im Laufe des Jahres	Am 31. Dezember waren vorhanden
1885	102	148	130	120
1886	120	124	126	118
1887	118	148	144	122
1888	122	173	133	162
1889	162	188	186	164
1890	164	145	174	135
1891	135	149	147	137
1892	137	176	183	130
1893	130	141	107	164
1894	166	107	169	104
1895	123	186	186	123
1896	105	158	146	117
1897	115	213	228	100
1898	112	281	211	182
1899	131	279	253	127
1900	128	183	175	136
1901	135	168	178	125
1902	115	229	193	151

Diese Zahlen bleiben keineswegs erheblich hinter denen Ungarns zurück, sie bieten allerdings auch keine steigende Tendenz.

III. Bosnien.

Jahr	Zahl am 1. Januar	Im Laufe des Jahres versetzt	Abgang im Laufe des Jahres	Am 31. Dezember vorhanden
1898	62	84	64	82
1899	32	35	30	37
1900	37	49	35	51
1901	51	55	40	66
1902	66	52	62	56

Die Zahl der in die Zwischenanstalt überführten Sträflinge ist an und für sich noch eine sehr geringe, besonders in Ungarn mit seiner unverhältnismässig grösseren Strafanstaltsbevölkerung. László klagt selbst, dass diese geringe Zahl die Einrichtung nicht als eine Regel innerhalb des normal verlaufenden Strafvollzugs, sondern als Ausnahme charakterisiere. Tauffer hat 1879, also zur Zeit, wo das ungarische Strafgesetzbuch noch nicht in Geltung war, angegeben*), dass nach seiner Erfahrung 12 % des täglichen Standes sich zur Versetzung in die Zwischenanstalt als würdig erwiesen, zur Zeit des Baues von Ženica 1885, dass 15—18 % aufnahmefähig sind. Aber was will auch diese Zahl sagen gegenüber den 75 %, die in Irland nach von Holtzendorff der Aufnahme in die Zwischenanstalt für würdig befunden wurden.**) László erwartet das Heil von einer Strafgesetzreform, die die Bestimmung der Dauer der einzelnen Stufen in die Hände des Direktors der Strafantalt legt, der durch die gesetzlichen und reglementarischen Bestimmungen viel zu sehr eingeengt würde. So berichtet er wenigstens 1884 an den römischen Gefängniskongress. Es ist bemerkenswert, dass der Leiter des ungarischen Gefängniswesens bereits vier Jahre nach dem Inkrafttreten des ungarischen Strafgesetzbuchs, dessen Strafvollzugsbestimmungen von einem nicht unbedeutenden Misstrauen gegen die Ausdehnung direktorialer Machtbefugnisse zeugen, so urteilt.

Auffallend ist, dass auch in Kroatien und Bosnien keine höhere Zahl von Sträflingen als würdig für die Zwischenanstalt befunden wird, trotzdem dort fast mit jeder Männerhauptanstalt eine Zwischenanstalt verbunden ist und trotzdem dort die Reglements einen grösseren Personenkreis zulassen. In Bosnien wurde mir versichert, dass sich die Zwischenanstalt als lebensfähiges und segensreiches Institut nur rechtfertigen und durchführen lasse, wenn die sorgfältigste Auswahl unter den Sträflingen getroffen würde. Es müssten von der Zwischenanstalt alle, deren Besserung auch nur irgendwie zweifelhaft sei, ferngehalten werden. Das kann man ja gewiss nur unterschreiben, mir scheint aber, dass man sich überall, nicht bloss in Bosnien, von vornherein auf eine ziemlich geringe Belegung eingerichtet hat, denn die Zwischenanstalten sind nirgends für eine

*) Gerichtssaal Band 31 S. 161 ff.
**) v. Holtzendorff, das irische Gefängnis-System S. 63.

grössere Zahl von Sträflingen, als für etwa 100 Mann, belegungsfähig. So wurde in Ženica die Zwischenanstalt, wie wir gesehen haben, für eine Belegungsfähigkeit von 10 % des täglichen Sträflingsstandes der Hauptanstalt gebaut, während Tauffer selbst auf 15—18 % rechnete. Allerdings wird in Betracht zu ziehen sein, dass eine kleinere Landwirtschaft mit einer Belegschaft von 60—70 Mann gerade gut zu betreiben ist und dass diese Leute dann auch vollständig Sommer und Winter ausgenützt werden können. Für eine Belegschaft nach Hunderten von Köpfen müssten Latifundien erworben werden. Will man aber dann noch die Zwischenanstalt an die Hauptanstalt angliedern, so stellen sich hier mannigfache Schwierigkeiten ein, deren Behebung nach den gegenwärtigen Verhältnissen ausgeschlossen erscheint. Ein Beispiel dafür bietet Mitrovica, was sich aus der späteren Darstellung noch zur Genüge ergeben wird. Es ist daher anzunehmen, dass sich die Ausdehnung der Zwischenanstalt und die Erhöhung der Belegschaft in Kroatien und Bosnien in absehbarer Zeit nicht in Angriff genommen werden wird, während Ungarn voraussichtlich noch weitere Zwischenanstalten bauen wird, um zunächst den gesetzlichen Anforderungen zu genügen.

Die drei ungarischen Zwischenanstalten befinden sich in Vácz, Lipótvár und Kis-Hartha. Betrachtet man die Karte des Landes, so fällt ins Auge, dass der Westen vor dem Osten begünstigt ist. Insbesondere liegen die beiden siebenbürgischen Hauptanstalten Nagy-Enyed und Szamos-ujvár weit ab von der nächsten Zwischenanstalt. Die Benachteiligung des Ostens ist natürlich nicht der Willkür entsprungen, sondern es haben bestimmte Gründe für die Errichtung einer jeden Anstalt obgewaltet. Das Versuchsfeld vor dem Inkrafttreten des ungarischen Strafgesetzbuchs war die Anstalt in Lipótvár. Besondere Gebäude dafür sind dort erst 1889 ausserhalb der die Hauptanstalt bildenden Festung gebaut worden, so dass als eigentlicher erster Zwischenanstaltsbau Kis-Hartha in Betracht kommt. Nur kurze Zeit später wurde die Zwischenanstalt Vácz eingerichtet, nur wegen der Grösse der Strafanstalt selbst und weil dort Gebäude und Pachtacker leicht zu beschaffen waren. — Die Zwischenanstalt Kis-Hartha verdankt ihre Entstehung dem Testament eines Menschenfreundes, Paul Wagner, eines Mitgliedes des Budapester Komitatsrates. Er vermachte 1878 dem Staate ein Landgut von 126,50 ha = 220 Joch zu dem Zwecke, eine Detentionsanstalt zu schaffen, in der die Verurteilten mit landwirtschaftlichen Arbeiten beschäftigt würden und eine berufsmässige Unterweisung in der Landwirtschaft erhielten. Im Jahre 1881 starb der Erblasser und der Staat begann sofort, dem letzten Willen desselben entsprechend die Anstalt einzurichten. Dem Bau und der Einrichtung dieser Anstalt mögen an erster Stelle einige Betrachtungen gewidmet sein, da sie die originellste Schöpfung Ungarns auf diesem Gebiete ist und weil sie die einzige, nicht im Zusammenhange mit einer bestimmten Hauptanstalt bestehende Zwischenanstalt ist, woran sich besondere Erwägungen anschliessen.

Kis-Hartha hält so ziemlich die Mitte des Landes. Es liegt im Pester Komitat in einer fruchtbaren Gegend und ist nicht allein per Dampfschiff auf der Donau, sondern auch mittelst Eisenbahn zugänglich. Die Eisenbahn endete früher in Kalocsa, dem Sitze des Landgerichtshofes. Jetzt ist eine Zweigbahn gebaut, die eine Haltestelle in unmittelbarer Nähe der Zwischenanstalt hat (Állam-Puszta). Das Gelände ist eben und zeichnet sich durch leichte Übersichtlichkeit aus. Der Mittelpunkt des Gutsareals, in dem sich der Gutshof befindet, ist ein klein wenig erhaben, sodass man, heraustretend aus dem Gutshof, die ganze im Kreise herumgelagerte Feldmark übersieht. Die Übersicht ist noch dadurch erleichtert, dass in der sonst baumarmen Gegend die Grenzen des Gutes mit einer Akazienpflanzung gekennzeichnet sind, an der entlang ein Weg führt. Auf diesem kann man das ganze Gut im Kreise umschreiten. Irgendwelche anderen Einhegungen, als die in unmittelbarer Nähe des Gutshofes für Gärten und Vieh erforderlichen Zäune und Hürden, bestehen nicht. Auch die weitere Umgebung des Gutes enthält flaches, übersichtliches Gelände mit wenig Bäumen. Verstecke gibt es nicht. Latifundien sind zwar in der Umgegend vorhanden, mehr aber noch Ländereien von Kolonisten, die in einzelnen, sehr weit voneinander entfernten Gebäuden hausen.

Auf dem Gute bestanden zur Zeit der staatlichen Übernahme nur wenige Gebäude, die zum Zweck der Errichtung rationeller Bauten niedergerissen wurden. Auf der höchsten Stelle des Gutes wurde das Direktorhaus errichtet, das den Eindruck eines gutsherrlichen Landhauses macht. Es enthält ausser den Wohn- und Bureauräumen des Direktors auch das Zimmer zur Unterkunft des Regierungskommissars. Früher waren darin auch noch besondere Räume für religiöse Zwecke bestimmt. Jetzt ist eine Kapelle gebaut. In unmittelbarer Nähe des Direktorhauses befinden sich zwei Häuser für die Familien der Wachleute (s. Tafel I, Beamtenwohnhaus a). Diese zwei Häuser sind durch einen breiten Weg und eine lebende Hecke von den Häusern der Gefangenen getrennt, die der Direktor von seinem Hause aus beobachten kann. Die Strafkolonie setzt sich aus vier einander ähnlichen Parterregebäuden zusammen, die 35 m voneinander entfernt sind. An jeder Seite des weiten und geräumigen Gutshofes stehen zwei dieser Gebäude. Drei Gebäude enthalten die Unterkunftsräume für die Gefangenen — ich habe nur zwei besetzt gefunden — und eins die Wirtschaftsräume: Das Wirtschaftsgebäude enthält Küche, Bäckerei, Waschküche, Proviant- und Kleidermagazin. Zu diesen ist in neuerer Zeit noch ein zweites Wirtschaftsgebäude gekommen, in dem die zum Wirtschaftsbetriebe und für die Winterarbeit eingeführten Handwerke (Schmiede, Stellmacherei, Stroh- und Korbflechterei) betrieben werden. Die ersteren drei Wohngebäude für die Gefangenen sind ganz gleichmässig eingerichtet (s. Tafel I Gefangenenwohnhaus b und Grundriss c). Man tritt zunächst in einen Vorraum, der gross genug ist, dass die Gefangenen dort nicht nur sich waschen, umkleiden und ihre Kleider reinigen, sondern auch ihre Mahlzeiten einnehmen können. Bei schlechter Witterung können sie sich dort auch mit handwerksmässigen Arbeiten beschäftigen, soweit sie nicht in dem dafür bestimmten Gebäude Unterkunft finden. Gegenüber der Eingangstür befinden sich drei Schlafräume zu je acht Betten. Die Betten stehen ungetrennt durch Wände oder andere Hindernisse nebeneinander. An den Fenstern, die vom Hofe abgewandt sind, sind zwar ein paar Querstangen angebracht, die jedoch einem ernstlichen Ausbruch nicht im Wege stehen würden. Zur Rechten und Linken des Vorraums befinden sich zwei Zimmer für je einen Wachmann. Innerhalb der Schlafzimmer ist kein Bett oder Raum für einen Wachmann vorgesehen. Wohl aber sind Sehschlitze in der Wand der Schlafzimmer angebracht, durch die die Wachleute jederzeit diese Zimmer übersehen können. Am Tage können die Wachleute, wenn sie in ihrem Wachtlokal die Tür offen lassen, Aus- und Eingang im Hause und in den Schlafräumen überwachen. Auch die Türen zu den Schlafzimmern und zum Hause selbst sind nur mit gewöhnlichen Schlössern versehen. In einem Seitenanbau befindet sich der Abort und eine Treppe zu den Dachräumen. Gegenüber dem Direktionsgebäude auf der anderen Seite des Hofes liegt das Ökonomiegebäude, das mit seiner Länge von 62 m die ganze Breitseite des Hofes einnimmt. Darin sind die Stallungen und Scheuer, auch Fruchtmagazin. In den Stallungen finden 16 Zugochsen, 12 Kühe, 6 Pferde, 4 Fohlen und 5 Kälber Unterkunft. Anderweit sind noch Schweinestall, Jungviehstall, Viehhürden, Stapelplätze für Vorräte, Remisen vorhanden, wie sie eben auf einem Landgute nötig sind. Selbstverständlich fehlt es neben allem nötigen Feld- und Ackergerät nicht an Wagen aller Art, dabei auch herrschaftliches Fuhrwerk für den Direktor, dessen Kutscher ein Sträfling ist. Der Gutshof ist nicht derart abgeschlossen, dass es nicht möglich wäre, nach verschiedenen Seiten freien Ausgang zu gewinnen. Auch Warnungstafeln für ausserhalb der Domäne Wohnende sind an den Eingängen nicht angebracht.

Wir sehen hier also einen regulären Gutshof vor uns, der sich einzig durch die Beschaffenheit der Wohnhäuser für die Gefangenen von anderen Gutshöfen unterscheidet. Aber auch da werden sich Parallelen auf Gütern finden, die auswärtige Arbeiter zu Kolonien vereinigen, ohne ihnen dauernd Familienwohnung zu gewähren. Die Unterbringung der Gefangenen der Zwischenanstalt ist jedenfalls keineswegs schlechter. Übrigens müssen auch Gefangene in den Ställen zur Wartung für das Vieh schlafen. Besondere Unterkunftsräume für Wachleute sind dort nicht vorhanden. Alle Bauten in Kis-Hartha, zu denen seit dem Aufbau nur wenige hinzugetreten sind, nämlich hauptsächlich die katholische Kapelle und ein zur Zeit meines Besuches im Bau begriffenes Beamtenwohnhaus, haben einen Kostenaufwand von 131 819,02 Kr. erfordert.

Das zur Anstalt gehörige Areal von 126,50 ha = 220 Joch hat einen fruchtbaren Boden, der etwas kohlensaures Natron enthält. Es werden die verschiedensten Feldfrüchte gebaut. Im näheren Umkreise des Gutshofes befinden sich Obst- und Weingärten.

Die beiden anderen Zwischenanstalten Ungarns und die Zwischenanstalten der anderen beiden Länder sind in unmittelbarer Verbindung mit der Hauptanstalt dergestalt eingerichtet, dass der Direktor der Hauptanstalt auch derjenige der Zwischenanstalt ist. Mitrovica in Slavonien macht hiervon nur insoweit eine Ausnahme, als der grösste Teil der Zwischenanstalt zwar entfernt von der Hauptanstalt untergebracht ist, dass indessen die Leitung der Zwischenanstalt in den Händen des Direktors der Hauptanstalt verbleibt.

Nun die anderen Zwischenanstalten Ungarns. Lage und Bauzeit der Zwischenanstalt in Lipótvár ist bereits oben angegeben. Der Bau der Wohnräume für die Gefangenen entspricht demjenigen in Kis-Hartha. Das zu bearbeitende Ackerland (Eigenland) von 62 Joch (1 Joch = 1200 Quadratklafter = 0,43 158 ha) liegt um die Festung herum. Die ehemaligen Wallgräben sind hauptsächlich Wiesenland. In Lipótvár läuft nicht nur eine Hauptstrecke der Staatsbahn nahe vorbei, sondern es führt auch eine Seitenstrecke in die unmittelbare Nähe der Zwischenanstalt. Ein Dorf ist nur wenige Minuten, die Stadt Galgócz etwas weiter entfernt, letztere getrennt durch den mit Brücke versehenen Waagfluss. Zu Verstecken ist Gelegenheit, da Wälder und Berge in jener Gegend nicht selten sind. Selbstverständlich reichen die bebauten Felder anderer

Besitzer bis an die Zwischenanstalt heran. Dies kehrt übrigens in allen Zwischenanstalten wieder und soll nicht weiter berührt werden.

Die Zwischenanstalt in Vácz wurde schon im Dezember 1884 in Benutzung genommen. Die Gebäude, die dafür eingerichtet wurden, konnte man, zumal sie geräumig genug waren und ein weiter Hof zu ihnen gehörte — beides hatte bis dahin militärischen Zwecken gedient — sogleich passend verwerten, ohne besondere Umbauten vorzunehmen. Die Zwischenanstalt, in deren unmittelbarem Anschluss sich auch ein Staatsgefängnis befindet, liegt nur 50 Schritt von der Hauptanstalt und gehört mit ihren Gebäuden noch zum Gebiet der Stadt Vácz. Die Form des Hauptgebäudes ist die eines lateinischen L. Von einem Mittelkorridor gehen kleinere Zimmer nach rechts und links, in denen die Gefangenen zu drei bis vier Personen schlafen. Die Belegungsfähigkeit geht bis zu 75 Mann. Um diese Anstalt ist eine Mauer gezogen, die indessen nicht die Höhe gewöhnlicher Gefängnismauern erreicht. Die Donau fliesst, nur durch einen breiten Uferweg getrennt, an der Mauer vorbei. Das zu bearbeitende Gelände ist 10 Minuten von der Stadt entfernt, in der Nähe der Hauptstrecke der Staatsbahn, die die Gefangenen beim Zugang zur Arbeitsstelle passieren müssen. Das Ackerland ist gepachtetes Pfarrwidmut und hat eine Ausdehnung von 27 Joch 390 □-Klaftern, wofür jährlich 420 Gulden Pacht zu zahlen sind. Innerhalb der Felder der Zwischenanstalt befinden sich noch zwei kleine Gebäude. Das eine ist ein Wirtschaftshaus, das andere gewährt den Gefangenen Unterkunft bei Unwetter und zur Einnahme ihrer Mahlzeiten, die ihnen hinausgebracht werden. In der Nähe der Gebäude befindet sich auch ein Brunnen.

Die Váczer Strafanstalt beherbergt wegen der Nähe der Landeshauptstadt viel von dem hauptstädtischen Verbrechertum, das nicht von landwirtschaftlicher Beschäftigung stammt. Da von den Insassen dieser Art auch ein gewisser Prozentsatz auf die Zwischenanstalt kommt, muss auch hier Arbeitsgelegenheit nicht landwirtschaftlicher Natur geschaffen werden. Diese Arbeitsgelegenheit kann den Leuten in der Zwischenanstalt nicht gewährt werden. Sie arbeiten in der Hauptanstalt, was in Vácz und auch sonst in Ungarn beklagt wird. In Ungarn hält man die Vermischung der Sträflinge der zweiten und dritten Stufe für gefährlich.

Ausser diesen bestehenden Zwischenanstalten Ungarns werden zwei neue Zwischenanstalten geplant. Schon seit 1896 befindet sich der Staat in Nagy-Enyed in Siebenbürgen im Besitz des hierzu erforderlichen Geländes. Noch in diesem Jahre (1903) sollte die Errichtung einer neuen Zwischenanstalt bei der Weiberstrafanstalt Maria-Nostra in Angriff genommen werden. Beide Anstalten sind dringend notwendig, die erstere um die Sträflinge der Anstalten im Osten des Landes, die jetzt noch zu weit von den übrigen Zwischenanstalten entfernt waren, die Vorteile dieser Stufe zuzuwenden, und die letztere, um auch den Weibern den gesetzlichen Anspruch auf Überführung in die Zwischenanstalt zu gewährleisten. Gegen die Errichtung der letzteren Anstalt haben sich — natürlich ohne den gesetzlichen Anspruch anzuzweifeln — Bedenken insofern erhoben, als man die Ansicht vertrat, dass es nicht möglich sein werde, nur mit Weiberarbeit einen ordnungsmässigen Landwirtschaftsbetrieb aufrecht zu erhalten. Dem wird jedoch mit Recht entgegnet, dass eine Zwischenanstalt, die mehr Nachdruck auf den Gärtnereibetrieb legt, sich sehr gut mit Weiberarbeit durchführen lässt. Mindestens in dieser Gestalt wird dann auch die Zwischenanstalt voraussichtlich bald ins Leben treten.

In Kroatien ist mit jeder Männerstrafanstalt, die sehr günstig im Lande verteilt liegen, eine Zwischenanstalt verbunden. Die älteste ist die in Lepoglava (s. Tafel II).

Die Gebäude der Zwischenanstalt befinden sich nur 160 m von der Hauptanstalt am Fusse eines Hügels. Die Schlafsäle sind in zwei ebenerdigen Gebäuden untergebracht, das eine wird vollständig davon ausgefüllt, während in dem anderen noch eine Tischlerwerkstatt und eine Hopfendarre gelegen sind. Die Baulichkeiten sind dort nicht nach Art eines Gutshofes im Viereck gruppiert. Indessen lässt sich trotzdem die Übersichtlichkeit nicht vermissen. Eine Umwehrung, die ernstlichen Widerstand böte, ist nicht vorhanden, sondern nur gewöhnliche Zäune und niedrige Hecken.

Die Schlafsaalgebäude sind folgendermassen eingerichtet. Von aussen laufen vor den massiv gebauten Gebäuden in der ganzen Front offene, durch eichene Säulen getragene Korridore, die Gelegenheit zum Aufenthalt im Freien auch bei regnerischem Wetter geben und den Gebäuden einen recht freundlichen Eindruck verschaffen (s. Tafel III). Die Eingangstür befindet sich in der Mitte der Gebäude. Der Vorraum ist zugleich Waschraum. Der Eingangstür gegenüber befindet sich das Zimmer des Aufsehers, der durch zwei in den Seitenmauern angebrachte Fenster die rechts und links gelegenen Schlafsäle überblickt. Fenstervergitterungen sind nirgends angebracht. Auch finden sich überall nur einfache Schlösser an den Türen. Einschluss findet nicht statt. Die Lepoglavaer Schlafsaalgebäude kann man als den Typus der Zwischenanstaltsgebäude für Kroatien und Bosnien betrachten, insofern diese Bauart nach Gospić, Ženica und Mitrovica übertragen wurde. Die Zwischenanstalt Lepoglava hat 200 Joch Feld zu bearbeiten. Davon sind nur 5 Joch Staatseigentum. Der Rest ist vom Kollegiatkapitel in Časma gepachtet. Demnächst soll noch ein Wald gekauft werden, in dem das Holz für die Stöcke der Weinreben gewonnen werden kann. 120 Joch des ganzen Geländes liegen zusammen, der Rest geteilt in verschiedenen Stücken. In der Gegend von Lepoglava ist viel kleinbäuerlicher Besitz vorhanden. Die Bemühungen, den Grundbesitz der Anstalt durch Ankauf von den Kleinbauern zu arrondieren, sind bisher an der Hartnäckigkeit der Bauern gescheitert. Die Bauerngründe schieben sich bis dicht an das Gelände der Zwischenanstalt heran, so zwar, dass dieselben von zwei Seiten vom Gelände der Anstalt umfasst werden (s. Tafel II). Von einem Punkte aus die Arbeiten der Zwischenanstalt zu überwachen, ist ausgeschlossen. Die Zwischenanstalt verfügt auch über Weingärten, die auf den benachbarten Hügeln gelegen sind.

Die Zwischenanstalt hat eine Art Vorwerk in dem 5 km weit entfernten Čret. Dort befindet sich noch ein kleines Wohnhaus für 5 Sträflinge und einen Aufseher nebst einigen Wirtschaftsgebäuden. Der dortige Geländekomplex hat den Vorteil grösserer Abrundung und umfasst das Hauptteil des Ackerlandes überhaupt mit 146 Joch 959 Quadratklafter = 93,82 ha (1 Joch hier = 1600 Quadratklafter; 2500 Quadratklafter = 1 Hektar). Der Umfang der Feldmark verlangt natürlich mehr Kräfte, als die der fünf draussen untergebrachten Sträflinge.

Die Gegend von Lepoglava in Zagorien ist ebenso schön, wie sie Gelegenheit zu Verstecken bietet. Das Land ist hügelig. Trotz des Umfanges der bebauten Fläche sind doch auch viel Wälder und auch hohe unwegsame Gebirgsketten vorhanden. Die Grenze von Steiermark ist unweit. Ausserdem ist das Land dicht besiedelt. Eine Kleinbahn führt bis Lepoglava und auch unmittelbar an dem Vorwerk Čret vorbei.

Die kleine Zwischenanstalt in Gospić im südlichsten Zipfel von Kroatien, der sog. Lika, gliedert sich auch zum grossen Teil an die Hauptanstalt an, die in der Stadt selbst gelegen ist (s. Tafel IV). Die Gebäude der Hauptanstalt sind von denjenigen der Zwischenanstalt durch eine städtische Strasse getrennt. Dieser Strasse sind zunächst der Hof und einige Wirtschaftsgebäude der Zwischenanstalt zugekehrt, dann folgt ein Vorgarten und sodann erst das nach Lepoglavaer Muster eingerichtete Schlafsaalgebäude, das sich nach rückwärts öffnet, so dass die Sträflinge durch diese Anlage von dem städtischen Treiben abgekehrt sind. Auch hier unterscheidet sich die ganze Anlage nicht von anderen wirtschaftlichen Anwesen und sind keinerlei besondere Vorsichtsmassregeln gegen Flucht und Meuterei getroffen.

Die Zwischenanstalt verfügt über 30 Joch Gelände, von dem nur ein kleiner Teil Acker, ein grösserer Teil Gartenland unmittelbar an die Anstalt grenzt. Der andere Teil des Ackerlandes ist etwa drei Kilometer von der Stadt gelegen und ist Pachtbesitz von der Stadtgemeinde Gospić. Auch dort befinden sich noch einige Wirtschaftsgebäude.

Gospić liegt in einer unfruchtbaren Karstgegend, weit ab von allem Verkehr. Die nächste Bahnstation Ogulin liegt 122 km, die nächste Schiffsstation, Carlopago, am adriatischen Meere, 42 km entfernt. Zwischen letzterer und Gospić liegt das sehr steile und zerrissene Vellebich-Gebirge. Gelegenheit zu Unterschlupfen ist auch dort reichlich vorhanden.

Die jüngste der kroatischen Zwischenanstalten ist Mitrovica im östlichen Zipfel Slawoniens, unweit der Save gelegen. Auch hier zerfällt dieselbe in zwei Teile. Der geringere Teil mit nur wenigen Gebäuden liegt in unmittelbarer Nähe der Hauptanstalt. Von da aus sind aber nur 22 Joch zu bewirtschaften, die Staatseigentum sind. (11 Joch Zwetschkengarten, 11 Joch Gemüseland.) 16 km von der Hauptanstalt entfernt befindet sich der Hauptteil der Zwischenanstalt mit einem Areal von 750 Joch 1032 Quadratklafter, das Pachtgut Novoselo, gewöhnlich „die Pussta" genannt (s. Tafel V).

Die Gebäude sind im Viereck nach Art eines Gutshofes zusammengestellt. Es ist nur ein grosses Schlafsaalgebäude vorhanden, das im Stil von Lepoglava gebaut ist und 2 Schlafsäle zu je 30 Betten enthält. Die Zahl der anderen Gebäude, zu denen auch eine Wirtschaftskanzlei und Wohnräume für den Direktor der Hauptanstalt, eventuell auch den Regierungskommissar, gehören, ist entsprechend der Grösse des Gutes und dem Umfange der Viehzucht sehr bedeutend. Die neuen Gebäude sind dort mit einem Kostenaufwand von 28 394 Kr. erbaut.

Das ganze Gut Novoselo ist gepachtet. Der Pachtschilling schwankt nach der Güte des Bodens zwischen 15 und 23 Gulden und beträgt im Mittel 20 Gulden für das Joch und Jahr. Die Pachtzeit beträgt 20 Jahre. Die jetzige Pachtperiode läuft 1906 ab. Die Pachtung ist aber schon auf weitere 20 Jahre verlängert.

Der Gutshof von Novoselo liegt auf einem Hügel, von dem aus der Überblick ausgezeichnet ist. Das Land selbst ist eben und bietet wenig Gelegenheit zu Verstecken. Das niedrige Gebirge der Fruska gora (Frankengebirge) ist stark besiedelt. Gefährlicher ist die Nähe der serbischen Grenze, die durch die nahe Save gebildet wird. Wohnungen freier Leute befinden sich nicht in der Nähe des Gutshofes.

In Kroatien läge nur Anlass dazu vor, für die Weiber

eine Zwischenanstalt zu bauen. Doch verlautet hiervon nichts. Mit der Agramer Weiberanstalt ist etwas Landwirtschaft verbunden. Man scheint es zunächst für ausreichend zu halten, die besseren Sträflinge in dieser zu beschäftigen. Ich sah aber mitten unter den Sträflingen eine freie Arbeiterin, eine Novize, so dass von einem Ersatz der Zwischenanstalt wohl keine Rede sein kann. Die Umgegend der volkreichen Hauptstadt des Landes eignet sich nun allerdings nicht gerade für eine Zwischenanstalt für Weiber. Man ist dieser Frage deswegen nicht näher getreten, weil die ganze Weiberanstalt in Agram nicht mehr von langem Bestande sein kann. Jede Zwischenanstalt für Männer findet im wesentlichen Platz für die zur Überführung bestimmten Sträflinge der Hauptanstalt. Von Überfüllung habe ich nichts gehört.

In Ženica in Bosnien befinden sich die Gebäude der Zwischenanstalt unmittelbar ausserhalb der Mauer der Hauptanstalt (s. Tafel VI). Sie sind ganz nach Art eines Gutshofes gruppiert. Zwei Seiten desselben werden von zwei nach dem Muster von Lepoglava eingerichteten Gebäuden eingenommen. In der Mitte des Hofes liegt ein grosses Hühnerhaus. Die anderen Seiten werden durch Ställe und eine Scheuer gebildet. Die Gebäude sind von Feldern und Gärten umgeben, die zum grössten Teil dem Gemüse- und Obstbau dienen. Dieser Teil des Areals beträgt 15,5879 ha, wovon 11,6634 ha auf Gemüseland und Obstgarten entfallen. Der Gemüsegarten enthält auch ein glasgedecktes Warmhaus. Der Obstgarten — es werden fast ausschliesslich Zwetschken gezogen — zieht sich mehr an der Berglehne hinauf, die sich unmittelbar hinter der Strafanstalt erhebt. Der Obstgarten besitzt eine eigene Obstkammer. Das an die Strafanstalt grenzende Terrain der Zwischenanstalt gehört noch mit zur Stadt. Unmittelbar dabei liegen aber fast nur Beamtenhäuser und nur wenig städtische Wohngebäude. Die Strecke der nach Serajewo führenden Hauptbahn geht unmittelbar an der Hauptanstalt vorbei. Besondere Vorsichts- und Sicherheitsmassregeln durch Umwehrungen, Vergitterungen etc. sind in der Zwischenanstalt nicht getroffen. Alle Zugänge sind frei und offen.

Das Ackerland der Zwischenanstalt liegt etwa 10 Minuten vor der Stadt, die zu dessen Erreichung zum Teil passiert werden muss, und umfasst ein Areal von 46,4850 ha, wovon 41,850 ha auf Acker und 3,10 ha auf Weingarten entfallen. Dazu tritt noch ein zu der Nachbargemeinde Raspotočje gehöriger Teil von 1,7593 ha, der aber nicht in die Rechnung des Betriebes gezogen wird, weil die Bosna, die dort befindlichen Weidenkulturen regelmässig überschwemmt, so dass das Land keinen Ertrag abwirft. Die Feldmark der Zwischenanstalt grenzt sich gegen Privatbesitz nicht besonders ab. Das Gelände ist übersichtlich, was man von den einzelnen Partien des die Zwischenanstalt selbst umgebenden Terrains nicht sagen kann. Der ganze Landstrich, in dem Żenica liegt, ist sehr gebirgig und bietet sich bei der schwachen Besiedelung des Landes Gelegenheit genug zu Verstecken. Die Zwischenanstalt reicht zur Unterbringung der würdigen Sträflinge aus. Da zur Zeit die Errichtung einer besonderen Weiberstrafanstalt für Bosnien und Herzegowina erwogen wird, wird auch die Errichtung einer besonderen Zwischenanstalt für Weiber in Rechnung gezogen werden müssen. Jedoch müsste dieselbe bei der geringen Zahl von Weibern, die hierfür in Betracht kommt, sehr klein ausfallen.

Das sich hiernach die Zwischenanstalten nicht mehr als Gefängnisse mit all den Mitteln, die zur Absperrung der Gefangenen von der Aussenwelt angewandt werden, darstellen, wird die Schilderung der Einrichtung ergeben haben. Man kann sogar sagen, dass sie von einer sehr geringen Furcht vor der Flucht- und Meutereigefahr zeugen, ja dass man die Berührung, in die der Sträfling mit der Aussenwelt kommt, keineswegs scheut. Wenn László an einer Stelle seines an den römischen Gefängniskongress erstatteten Berichts speziell von Kis-Hartha sagt, dieses einfache Leben inmitten der Felder, und die Ab wesenheit jeder Berührung, die geeignet wäre, Leidenschaften zu erwecken, schüfen die Erfolge der Zwischenanstalt, so klingt das im Munde eines Anhängers des Progressivsystems merkwürdig. Wäre das richtig, so wäre jede Zwischenanstalt überflüssig. Berührungen mit der Aussenwelt lassen sich am besten in der Hauptanstalt vermeiden. Diese Ausführung ist nicht einmal für Kis-Hartha richtig. Auf einen normalen Menschen, der auf lange Zeit dem Leben in der Freiheit entzogen ist, muss gerade die halbe Freiheit, wie sie die Zwischenanstalt gewährt, aufregend wirken und die Leidenschaften, sei es auch nur verstärkte Sehnsucht nach der Heimat, entfachen.

Was den Mangel an Furcht vor dem Entweichen der Sträflinge anbetrifft, so ist derselbe durch die Erfahrung wohl begründet. Ich glaube, man denkt über diesen Punkt in den drei Ländern und über diese hinaus — ob vielleicht in allen Ländern ähnlichen Kulturzustandes, wage ich nicht zu entscheiden — gleich. Wenigstens besichtigte ich auch ein — natürlich den hier geschilderten Strafanstalten sonst in keiner Richtung vergleichbares — montenegrinisches Staatsgefängnis, das den Sträflingen die grösste Bewegungsfreiheit gestattete, ohne dass mir von Fluchtversuchen berichtet werden konnte. Im Gegenteil sagte mir der Direktor dieses „Staatsgefängnisses" selbst, dass in den letzten zehn Jahren nur ein Fluchtversuch von einem jungen Sträfling unternommen worden wäre, der von den älteren Sträflingen selbst vereitelt wurde. Und das sind die freiheitliebenden Montenegriner!

Wenn man von dem Beweggrunde absieht, dass der Sträfling einsehen gelernt hat, er müsse die Strafe um seines Verbrechens willen leiden und müsse für jede Erleichterung der Haft dankbar sein, so sollen zwei Gründe bei den Sträflingen gegen Fluchtversuche sprechen. Die Leute, sagt man, seien in der Aussenwelt viel zu unbeholfen, als dass sie bei der Flucht etwas anderes anstrebten, als die Heimat zu erreichen. In der Heimat werden sie aber am sichersten wieder aufgegriffen. Auch nur für einige Zeit ein Räuberleben führen zu können, wie es in verflossenen Zeiten möglich war, dazu ist bei der jetzigen Polizei- und Militärmacht keine Aussicht. Der andere Grund ist der, dass die Prüfungszeit in der Zwischenanstalt kurz genug bemessen ist, so dass die Sträflinge die Lust nicht verlieren, nach der vollkommenen Freiheit zu streben. Schliesslich mag auch die Gewöhnung an das Leben unter

Aufsicht ihre Rolle mitspielen. Keinesfalls aber wird zugegeben, dass die Leute deshalb nicht aus der Zwischenanstalt entfliehen, weil sie es dort zu gut haben. Darüber jedoch später noch ein Wort.

Tatsächlich entflohen aus den Zwischenanstalten in:

Ungarn:

1887	6	1891	1	1895	—
1888	2	1892	—	1896	—
1889	—	1893	—	1897	2
1890	—	1894	1		

Kroatien:

1885	1	1891	1	1897	7
1886	2	1892	4	1898	11
1887	2	1893	2	1899	6
1888	1	1894	1	1900	4
1889	3	1895	4	1901	8
1890	1	1896	1	1902	14

In Bosnien ist seit 1895 überhaupt kein Sträfling aus der Zwischenanstalt entsprungen.

Hiernach würde Kroatien noch die meisten Entweichungen zu verzeichnen haben. Die Zahlen von 1895 an betreffen nur eine einzige Anstalt, Mitrovica. Woran das liegt, wird später zu erörtern sein. Die Gründe sind lokaler Natur und haben mit den Zwischenanstalten an sich nichts zu tun. Im allgemeinen kann man sagen, dass die ungehinderte Verwahrung der Sträflinge die Verstecke, die die Umgegend bieten, und die mannigfache Gelegenheit zur Flucht, die die Arbeit auf den Feldern und bei der anderweiten freien Bewegung der Sträflinge gibt, die Fälle der Flucht nicht vermehrt.

Trotzdem die Flucht in die Heimat so wenig Aussicht auf fernere Freiheit gewährt, so ist dieser Grund, wie mir gesagt wurde, immer noch der häufigste. Die Leute sehen bei ihrer Feldarbeit viel von dem Familienleben der bäuerlichen Umgebung. Das gemahnt sie mächtig an die eigene Familie, jedenfalls mehr als der Briefwechsel mit der Heimat.

Tauffer berichtet da von einem bezeichnenden Fall, wonach ein Sträfling der Zwischenanstalt, der nur noch 163 Tage Strafe zu verbüssen hatte, in Hemd und Unterhose und ohne einen Kreuzer Geld davonlief und sich bettelnd bis in die Heimat durchschlug. Der Anblick der die Schule in Lepoglava besuchenden Kinder war ihm nach 16tägigem Aufenthalt in der Zwischenanstalt unerträglich geworden. Als er seine Sehnsucht befriedigt hatte, stellte er sich selbst wieder der Behörde. Leute, die einen so starken Zug zur Heimatscholle haben, sind sicherlich der bessere Teil der Sträflinge, und es hat etwas Widerspruchsvolles an sich, die Versetzung in die Zwischenansalt schliesslich von dem Mangel eines starken Familiengefühles abhängig machen zu müssen. Ich glaube kaum, dass es möglich sein wird, der Neigung zu Fluchtversuchen, die dieser Quelle entspringen, mit gesetzlichen oder reglementarischen Bestimmungen begegnen zu können.

Ganz auffällig ist übrigens, dass auch der Umstand, dass dem Sträfling die Vergünstigung der vorläufigen Entlassung nicht gewährt wird, das Unternehmen von Fluchtversuchen nicht begünstigt. Auch dann noch, wenn die Sträflinge sehen, dass sie die ganze Strafzeit abbüssen müssen, bleiben sie ruhig in der Zwichenanstalt und lassen auch in ihrer Führung nicht nach. Nur in Kis-Hartha wurde mir von einem Fall berichtet, der einen alten „Betyar" (Räuber), namens Ördögh Tóth, betraf. Derselbe war zu lebenslänglichem Zuchthaus verurteilt und erhielt die vorläufige Entlassung trotz fünfjährigen Aufenthalts in der Zwischenanstalt nicht. Er entfloh und beging alsbald mehrere Morde. Man verkennt nicht, dass es bedenklich ist, die zu lebenslänglicher Strafe Verurteilten in der Zwischenanstalt zu belassen, wenn ihnen die vorläufige Entlassung nicht gewährt werden kann, ihnen also die endgültige Freiheit vollkommen abgeschnitten ist und ausserdem ihr Platz bei der geringen Belegungsfähigkeit der Zwischenanstalten dauernd besetzt bleibt. Andererseits bietet das ungarische Gesetz keine Handhabe, einen solchen Sträfling in die Hauptanstalt zurückzuführen, wenn er bei seiner guten Führung verbleibt. Immerhin liesse sich eine

Gesetzesbestimmung im Interesse der allgemeinen Sicherheit des Landes wohl denken, wonach ein solcher Sträfling, bei dem der Besserungszweck des progressiven Strafvollzugs wenigstens keine soziale Bedeutung mehr hat, in die Hauptanstalt zurückversetzt wird, wo ihm ein passender Ersatz für die verlorene halbe Freiheit gewährt werden könnte.

Die Berührung des Sträflings der Zwischenanstalt mit der Aussenwelt ist von zwei Gesichtspunkten zu beurteilen, nämlich einmal vom Interesse des Sträflings, sodann vom Interesse der Aussenwelt aus. Man kann wohl unbedenklich sagen, dass keines derselben durch die Einrichtung bedroht wird. Was das letztere anlangt, so muss man eben damit rechnen, dass sich vollkommene Garantien für den gesetzmässigen Lebenswandel einer grösseren Zahl von Menschen überhaupt nicht schaffen lassen, aber in Freiheit befindlicher Personen ebensowenig, wie mit Vorsicht und Bedacht ausgewählter Sträflinge. Den Inhalt der entstehenden Gefahren betreffend, so liegt es nahe, zunächst an den vom Sträfling langentbehrten Geschlechtsgenuss zu denken. Diese Gefahr soll nach übereinstimmenden Berichten aus allen drei Ländern sehr gering sein. Man findet nach den dort gemachten Erfahrungen einen Hauptgrund darin, dass die strenge Haft die Geschlechtslust überhaupt bedeutend herabsetzt, wenn nicht ganz vernichtet. Von einem Fall der Notzucht oder eines mit Gewalt vorgenommenen Sittlichkeitsverbrechens von der Zwischenanstalt aus, habe ich trotz eindringlicher Befragung nichts in Erfahrung bringen können. Einige Fälle, wo mit Einverständnis des anderen Teils geschlechtlich verkehrt wurde, sind mir mitgeteilt worden. Um die Strafanstalt Lepoglava lebt eine besonders ärmliche Bevölkerung, die in ihrer Lebenshaltung zum Teil schlechter gestellt ist, wie die Sträflinge der Zwischenanstalt. Dort ist es einige Male zum Geschlechtsverkehr der Sträflinge mit Frauen und Mädchen aus der Bevölkerung gekommen. Die Sträflinge erlangten ihn durch Hingabe einiger Lebensmittel aus ihrem eigenen Bestande. In Mitrovica ist ein Fall vorgekommen, dass ein Sträfling der Zwischenanstalt unerlaubterweise mit seiner Ehefrau zusammentraf.

Ebensowenig habe ich darüber etwas in Erfahrung bringen können, dass die Sträflinge der Zwischenanstalt sich Diebstähle oder andere Eigentumsvergehen zu schulden kommen liessen. Selbstverständlich muss die Aufsicht in der Zwischenanstalt so weit gehen — und so weit geht sie auch überall — dass die Sträflinge für eingeschmuggelte Sachen keine Gelegenheit zur Verwertung haben. Es können also nur Sachen in Betracht kommen, die zum alsbaldigen Verbrauch bestimmt sind. Solche Fälle kommen naturgemäss öfter vor und führen dann unweigerlich zur Rückversetzung in die strenge Haft. Da die Fälle der Rückversetzung aber überhaupt nicht sehr häufig sind, lässt sich auch nicht annehmen, dass daraus nennenswerte Gefahren für die Bevölkerung erwachsen. In mehreren Strafanstalten waren Sträflinge der Zwischenanstalt zu meiner persönlichen Bedienung bestellt. Ich liess geflissentlich alle Sachen offen daliegen, darunter Geld, Zigarren, Zigaretten, Schokolade und Obst. Es ist mir nicht das Geringste weggekommen, trotzdem ich genau nachzählte.

Die den wischenanstalten benachbarte Bevölkerung fürchtet sich keineswegs vor den Sträflingen. Die Erfahrung hat sie gelehrt, dass die Leute ungefährlich sind. Die Landleute arbeiten auch einzeln ganz dicht in der Nähe der wenig beaufsichtigten Sträflinge. Ich fragte einen Bahnwärter, der mit seiner Familie ein einsames Wärterhaus in der Nähe des Arbeitsfeldes einer wischenanstalt bewohnte, ob er oder seine Familie nicht vor den Sträflingen Besorgnisse hege. Er antwortete mir, erstens wisse er, dass die Leute eigentlich seinesgleichen seien, und dann hätten diese ja selbst das grösste Interesse daran, bald zu ihrer eigenen Familie zurückzukehren. Diese Auffassung scheint nach vielfachen Erkundigungen allgemein zu herrschen. Sie legt die andere Gefahr näher, dass die Bevölkerung selbst zu allerlei Durchsteckereien die Hand bietet. In der Tat sind die Fälle, wo Rückversetzungen nötig wurden, zum Teil sicherlich nicht ohne Schuld der Bevölkerung entstanden.

In Mitrovica wurde mir sogar berichtet, dass die Bevölkerung den Sträflingen sehr gewogen ist und ihnen wenn sie entfliehen wollen, noch zur Flucht behilflich ist. Es muss dies eine Eigentümlichkeit der slawonischen Bevölkerung sein, denn anderweit habe ich nichts Ähnliches gehört. Im Gegenteil ist mir öfters gesagt worden, dass die Bevölkerung der Ansicht ist, der Sträfling tue sich selbst und seiner Familie den grössten Gefallen, wenn er in der Zwischenanstalt bleibe und sich gut führe. In Mitrovica scheint die Nähe der Grenze Serbiens, eines Landes, in dem man noch ein Räuberleben führen kann, die grösste Gefahr zu sein und am meisten die Fluchtunternehmungen zu begünstigen. Jedenfalls gestattet die Ausnahmestellung Mitrovicas in dieser Hinsicht keineswegs allgemeine Schlüsse.

Die Art der Aufsicht über die Sträflinge weicht nicht von derjenigen ab, wie sie auch über freie landwirtschaftliche Arbeit geübt wird. Diese Arbeit bringt es mit sich, dass die Sträflinge bald in geschlossenen Abteilungen, bald einzeln arbeiten. Die ersteren sind natürlich leicht in der Art, wie es bei uns durch die Leutevögte geschieht, zu beaufsichtigen. Bei der Arbeit Einzelner lässt sich zwar oft, aber nicht immer eine ambulante Aufsicht einrichten. Sie wird dort auf ein sehr geringes Mass herabgesetzt, wo eine besondere Anleitung zur Arbeit nicht erforderlich und eine Prüfung der täglichen Arbeitsleistung nicht möglich ist, z. B. bei den Hirten und Viehwärtern. Überhaupt vermeidet man jedes Übermass von Kontrolle in der Absicht, dem Sträfling Vertrauen zu zeigen. Die Sträflinge bewegen sich frei auf dem Hofe und in der Nachbarschaft der Zwischenanstalt. Die Hirten treiben selbständig ihr Vieh aus und ein. In mehreren Zwischenanstalten begeben sich die Sträflinge selbst auf die nahegelegenen Arbeitsstellen und kommen auch von selbst wieder zurück. In den Weinbergen, Hopfenpflanzungen, Obstgärten sind sie oft so versteckt, dass man sie kaum herausfindet. Mehrfach habe ich beobachtet, dass die Aufseher nicht einmal bewaffnet waren. Zu Transporten der Erzeugnisse der Zwischenanstalt auf den Bahnhof, Milch und Postfuhren und Einholungen verschiedener Art ist überall Gelegenheit und wird alles dies nur mit der dringend nötigen Beaufsichtigung ausgeführt. Sträflinge der Zwischenanstalt verrichten vielfach im Direktorhause Haushälter- und Kutscherdienste. In einer Zwischenanstalt hat ein Sträfling jahrelang zur grössten Zufriedenheit die Postsachen für die Strafanstalt von der ziemlich weit entfernten Poststation eingeholt. Im übrigen verlangt man natürlich, dass sich der Sträfling an der ihm zugewiesenen Arbeitsstelle aufhalte, dass er sich von jedem Verkehr mit freien Arbeitern, Frauen und Kindern fernhalte, und straft Verfehlungen dagegen ohne weiteres mit Rückversetzung.

Dass in den Schlafsälen der Zwischenanstalt während der Nacht keine Aufseher aufhaltsam sind, hat sich schon bei der Schilderung der Bauverhältnisse der Zwischenanstalten ergeben. Die Kontrolle wird überall nur in der Weise geübt, dass die Wachleute den Schlafsaal betreten, hindurchgehen und die Köpfe zählen. Ausserdem sind überall Patrouillengänge auf den Höfen und um die Schlafsaalgebäude herum angeordnet.

Das verwendete Aufsichtspersonal ist übrigens durchaus nicht immer besonders aus der Zahl der Wachmannschaft auserlesen, da man doch genötigt ist, diejenigen aus der Wachmannschaft auszusuchen, die bessere landwirtschaftliche Kenntnisse besitzen, damit sie, worauf es doch bei dieser Art Arbeit ankommt, die Sträflinge anweisen können und nicht etwa weniger verstehen, als diese. In der Zwischenanstalt Mitrovica sind mehr Aufseher, als zur Beaufsichtigung der Sträflinge nötig, angestellt, da sie bei der Grösse des Betriebes den Beruf von Feldhütern, Stallmeistern und Oberviehwärtern mit versehen müssen.

Die Straftaten, derentwegen die in die Zwischenanstalten überführten Sträflinge verurteilt sind, enthalten die schwersten Verfehlungen, die das Strafrecht kennt. Es ist gewiss nicht überflüssig, auch hierüber eine Übersicht zu geben, zumal daraus erst der Grad der Gefährlichkeit, der daraus für die Bevölkerung erwächst, zu erkennen ist und erhellt, ob man etwa vor bestimmten Straftaten Halt macht.

In Ungarn waren folgende Verbrechen in der Zwischenanstalt vertreten:

Verbrechen	Zahl der Sträflinge	
	1891	1897
Münzverbrechen	1	1
Sittlichkeitsverbrechen	15	13
Mord	34	56
Totschlag	195	194
Körperverletzung mit Todeserfolg	101	84
Schwere Körperverletzung	2	2
Freiheitsberaubung	5	—
Diebstahl	38	15
Raub	40	20
Unterschlagung	6	4
Urkundenfälschung	8	5
Brandstiftung	15	12
Hehlerei	2	2
Betrug	—	—

Für Kroatien lässt sich nur das bieten, was Tauffer in den „Erfolgen“ S. 56 hierüber anführt. Die amtliche Statistik über 1885—1894 gibt keine Auskunft.

Von den in die Zwischenanstalt Lepoglava aufgenommenen Sträflingen waren verurteilt wegen:

Verbrechen	Zahl der Jahre		
	1880	1881	1882
Majestätsbeleidigung	—	2	—
Aufruhr	—	3	4
Schwere Körperverletzung	25	8	16
Totschlags	27	28	25
Mordes	3	4	4
Diebstahls	5	15	3
Unterschlagung	2	1	—
Betruges	3	—	—
Hehlerei	1	—	1
Urkundenfälschung	—	1	—
Brandstiftung	4	3	1
Verleumdung	1	—	—
Notzucht	1	—	—
Militärischer Verbrechen	—	1	—

Für Bosnien lässt sich eine Übersicht über 5 Jahre geben.

Verbrechen	Zahl der Jahre				
	1898	1899	1900	1901	1902
Münzvergehen	1	—	—	—	—
Diebstahl	—	1	1	5	1
Unterschlagung	1	1	2	—	1
Notzucht	4	2	1	2	—
Schwere Körperverletzung	1	3	5	5	5
Totschlag	24	21	33	35	36
Raub	2	—	2	1	1
Mord	—	5	3	6	7
Betrug	—	—	—	—	1
Brandstiftung	1	1	—	1	—
Missbrauch der Amtsgewalt	—	1	—	..	—
Aufruhr	—	—	2	—	—

Aus diesen Aufstellungen geht mit Deutlichkeit hervor, dass die Gewalttätigkeitsverbrecher bei weitem den grössten Anteil an der Zwischenanstalt gegenüber den Eigentumsverbrechern haben. Wie viel besser sich der Gewalttätigkeitsverbrecher für die höheren Stufen des Systems eignet, als der Eigentumsverbrecher, ergibt sich bei dem Mischdelikt des Raubes insbesondere aus der ungarischen Tabelle. Danach gelangen selbst noch die Räuber eher in die Zwischenanstalt als die Diebe.

Abgesehen von diesen statistischen Nachweisen hörte ich überall dieselbe Ansicht, dass sich am leichtesten noch der Affektverbrecher zu einem Umschwung bringen lasse.

Im Anschluss daran interessiert das Vorleben der in die Zwischenanstalt Aufgenommenen. Dafür bietet die ungarische Statistik folgende Übersicht:

(Siehe auf S. 193).

Jahr	Unbestraft	Wegen Übertretung vorbestraft	Wegen Vergehens vorbestraft	Einmal vorbestraft		Mehrere Male vorbestraft	
				Wegen derselben Straftat	Wegen einer anderen Straftat	Wegen derselben Straftat	Wegen einer anderen Straftat
1887	185	6	5	16	20	8	3
1888	218	6	9	11	12	1	1
1889	235	19	22	10	6	5	5
1890	306	19	38	6	7	2	2
1891	378	25	42	9	5	1	1
1892	312	17	57	4	2	—	2
1893	303	23	51	—	7	—	2
1894	300	27	52	1	7	—	3
1895	317	28	56	3	15	2	8
1896	315	26	49	2	9	2	8
1897	309	24	54	1	15	2	2

Kroatien fällt für diese Statistik aus. Für Bosnien ist folgende Aufstellung zu machen:

Jahr	Noch nicht bestraft	Wegen Vergehens vorbestraft	Wegen Verbrechens vorbestraft	Wegen Vergehens und Verbrechens vorbestraft
1898	28	5	1	—
1899	30	5	—	—
1900	40	7	1	1
1901	51	2	—	2
1902	43	6	2	1

Ferner waren in Bosnien von den in die Zwischenanstalt versetzten Sträflingen vorbestraft wegen:

Jahr	Vergehens		Verbrechens
	1 mal	2 mal	1 mal
1898	4	1	1
1899	7	—	1
1900	6	1	2
1901	1	1	2
1902	4	1	8

Bei weitem das grösste Kontingent stellen demnach zur Zwischenanstalt die Unbestraften und gelind Vorbestraften.

Es mag schliesslich eine kleine Tabelle der ungarischen Statistik vom Jahre 1891 Platz finden, die eine Übersicht über das Vorleben der in der Zwischenanstalt befindlichen Verurteilten in Beziehung auf das Verbrechen, dessentwegen sie die neuerliche Strafe verbüssen, gewährt.

Straftat	Unbestraft	Wegen Übertretung vorbestraft	Wegen Vergehens vorbestraft	Einmal vorbestraft		Mehrere Male vorbestraft	
				Wegen derselben Straftat	Wegen einer anderen Straftat	Wegen derselben Straftat	Wegen anderer Straftaten
Münzverbrechen	—	—	—	1	—	—	—
Sittlichkeitsverbrechen .	11	—	2	1	1	—	—
Mord	24	3	3	1	2	—	1
Totschlag	165	7	20	2	1	—	—
Körperverletzung mit Todeserfolg	91	8	6	—	1	—	—
SchwereKörperverletzung	2	—	—	—	—	—	—
Freiheitsberaubung . . .	4	—	1	—	—	—	—
Diebstahl	27	8	8	4	—	—	1
Raub	30	5	4	—	—	1	—
Unterschlagung	6	—	—	—	—	—	—
Urkundenfälschung . . .	8	—	—	—	—	—	—
Brandstiftung	8	4	3	—	—	—	—
Hehlerei	2	—	—	—	—	—	—
Betrug	—	—	—	—	—	—	—

Es bilden also naturgemäss die Unbestraften das Gros der in die Zwischenanstalt Aufgenommenen. In den allerseltensten Fällen ist es vorgekommen, dass ein Sträfling, der bei seiner früheren Strafe die Zwischenanstalt erreicht hatte, bei der neuerlichen Strafe wieder hinein gekommen ist. Es handelt sich dabei nur um einige Ausnahmen derart, dass die neue Strafe wegen eines ganz ungleichartigen Verbrechens erkannt wurde. Es ergiebt sich also, dass es der mehrmals Rückfällige so gut, wie niemals, bis zur Zwischenanstalt bringt und, dass selbst der einmal rückfällige Dieb noch hinter den Gewalttätigkeitsverbrechern zurückstehen muss. Indessen muss man wohl berücksichtigen, dass der Rückfällige deswegen schon erheblich zurücktritt, weil er meist von der vorläufigen Entlassung ausgeschlossen ist, welcher Ausschluss immerhin die Aufnahme in die Zwischenanstalt beschränkt, wenn sie auch an und für sich zulässig ist.

Eigentliche Disziplinarstrafen gibt es in den Zwischenanstalten keines der drei Länder. Für geringfügige Verfehlungen werden väterliche Ermahnungen erteilt. Verfehlungen anderer Art werden mit sofortiger Rückversetzung in die Hauptanstalt geahndet. Auch dort, wo die Versetzung in die Zwischenanstalt der Ministerialinstanz vorbehalten ist, kann die Rückversetzung nach Feststellung der Verfehlung sofort als vorläufige Massregel angeordnet werden. Rückversetzung schliesst den Wiedererwerb der Vergünstigung für die Dauer der zu verbüssenden Strafe und in der Regel auch die vorläufige Entlassung aus. Der Zurückversetzte kommt in die Gemeinschaftshaft. In Bosnien kann er auch in die Einzelhaft zurückversetzt werden.

Die Zahl der Rückversetzungen ergibt sich für Ungarn aus folgender Aufstellung:

Jahr	Rückversetzungen	Bei einer Gesamtzahl der in die Zwischenanstalt überwiesenen Sträflinge von:
1887	7	245
1888	7	263
1889	6	301
1890	5	381
1891	9	462
1892	11	394
1893	5	386
1894	3	390
1895	11	424
1896	8	406
1897	5	407

In Kroatien:

Jahr	Rückversetzungen	Bei einer Gesamtzahl der in die Zwischenanstalt überwiesenen Sträflinge von:
1885	39	250
1886	30	244
1887	28	266
1888	24	295
1889	50	350
1890	48	309
1891	43	284
1892	57	313
1893	39	271
1894	47	288
1895	24	249
1896	17	261
1897	48	328
1898	38	343
1899	66	410
1900	24	311
1901	18	303
1902	9	344

In Bosnien:

Jahr	Rückversetzungen	Bei einer Gesamtzahl der in die Zwischenanstalt überwiesenen Sträflinge von:
1898	6	96
1899	1	67
1900	1	86
1901	—	106
1902	4	119

Hiernach zeigt Kroatien die höchsten Zahlen, nicht nur absolut, sondern auch prozentual. Man beachte dabei, dass in Kroatien der Anstaltsdirektor die Versetzung in die Zwischenanstalt selbständig verfügt.

In weitaus den meisten Fällen erfolgt die Rückversetzung wegen Einschmuggelns von Genussmitteln in die Zwischenanstalt und, wo dies möglich ist, in die Hauptanstalt. Schwerere Disziplinarfälle, insbesondere Widersetzlichkeiten gegen die Beamten, kommen in der Zwischenanstalt so gut, wie gar nicht, vor.

Es bleibt noch übrig festzustellen, wieviel Sträflinge der Zwischenanstalt in dieser das Ende ihrer Strafe verbüsst haben, ohne vorläufig entlassen zu werden. Die angegebenen Zahlen beziehen sich auf dieselben in den vorstehenden Aufstellungen in Spalte 3 angegebenen Gesamtzahlen:

Ungarn		Kroatien		Bosnien	
Jahr	Das Ende der Strafe haben erreicht	Jahr	Das Ende der Strafe haben erreicht	Jahr	Das Ende der Strafe haben erreicht
1887	18	1885	68	1898	7
1888	14	1886	68	1899	3
1889	14	1887	77	1900	4
1890	14	1888	72	1901	4
1891	14	1889	78	1902	7
1892	15	1890	80		
1893	13	1891	73		
1894	7	1892	82		
1895	6	1893	52		
1896	13	1894	88		
1897	4	1895	90		
		1896	93		
		1897	140		
		1898	143		
		1899	151		
		1900	111		
		1901	108		
		1902	108		

Auch hier steht also wieder Kroatien bedeutend an der Spitze.

Das Leben in der Zwischenanstalt bringt eine wesentliche Veränderung im Leben des Sträflings mit sich, insbesondere bei demjenigen, der während der Nacht getrennt von den anderen Sträflingen gehalten wurde. Die Tageseinteilung ist selbstverständlich nicht so fest begrenzt, wie in der Hauptanstalt. Die landwirtschaftliche Arbeit erfordert oft Benutzung günstigen Wetters und alsdann vermehrte und ununterbrochene Arbeit. Andererseits können höhere Arbeitsleistungen erfordert werden, da die Notwendigkeit, das zur Erhaltung der Gesundheit nötige Mass frischer Luft zuzuführen und dazu die Zeit der Musse zu benutzen, in der Zwischenanstalt wegfällt. Allerdings ist in den Reglements der Strafanstalten auch eine Tageseinteilung für die Zwischenanstalten vorgesehen. Diese kann aber in der Praxis nur im Winter strikt durchgeführt werden. Insbesondere werden oft die Mahlzeiten draussen auf dem Felde eingenommen und werden dort nach Lage der Arbeit und nach Massgabe des Bedürfnisses Ruhepausen angeordnet. Dafür, dass die Leute draussen auf dem Felde auch warmes Essen erhalten können, ist meist Vorsorge getroffen. Es kommt indessen auch vor, dass die Sträflinge bis zur abendlichen Rückkehr kalt essen und die warme Hauptmahlzeit erst zu Hause einnehmen.

Die landwirtschaftliche Arbeit der Zwischenanstalten ist schwer und soll schwerer sein, als die der Hauptanstalt, weil der Sträfling bei der grösseren Bewegungsfreiheit und den Versuchungen, die an ihn herantreten, keinen Augenblick ohne Pflichten gelassen werden darf. Dieser Umstand bringt es mit sich, dass doch Fälle nicht selten sind, wo von Sträflingen die Überführung in die Zwischenanstalt selbst nicht begehrt oder nicht angenommen oder wo gar nach der Überführung die Rückversetzung in die Hauptanstalt verlangt wird, weil die Arbeit als zu schwer angesehen wird. Einem Sträfling, der sich an die Tretmühle der industriellen Arbeit gewöhnt hat, ist es unangenehm, jederzeit auf dem Posten sein zu müssen, und insbesondere seine Kräfte zu Zeiten noch darzuleihen, wo in der Hauptanstalt Ruhe ist. Überhaupt wurde mir gesagt, dass, wenn einmal ein Fehlgriff in der Wahl eines Sträflings vorkomme, sich dies bald in der ersten Zeit zeige. Es gibt eben in der Tat Leute, die eigentlich nur unter der strengen Zucht der Hauptanstalt arbeiten können, dann aber auch ordentlich arbeiten und so die Täuschung erwecken, als könnten sie auch in den freieren Verhältnissen der Zwischenanstalt arbeiten. Diese

Fälle kommen besonders häufig bei Zigeunern vor. Ihre gute Führung hat sie oft zur Zwischenanstalt befähigt. Wenn es aber darauf ankam, vom Morgengrauen bis in die Nacht ihren Mann zu stehen, so versagten sie sehr häufig. Da nun das aber eine Stammeseigentümlichkeit ist, der, wie man eingesehen hat, innerhalb des Strafvollzugs nicht beizukommen ist, so hat man für sie anderweite Dienste gefunden, in denen sich die wenig Angehörigen dieses Nomadenstammes, die überhaupt die Zwischenanstalt erreichen, ganz treu bewähren. So versah in der Strafanstalt Ženica ein Zigeuner die Dienste eines Botengängers innerhalb des Verwaltungsgebäudes der Hauptanstalt zu allgemeiner Zufriedenheit.

Da in der Zwischenanstalt das Hauptgewicht auf rüstige Arbeit zu legen ist und diese nur von Gesunden geleistet werden kann, so hat sich, abgesehen von Ungarn, wo schon durch die besprochene Justizministerial-Verordnung die Überführung nur arbeitsfähiger Sträflinge in die Zwischenanstalt gewährleistet ist, der Brauch herausgebildet, dass die Arbeitsunfähigen von der Zwischenanstalt ausgeschlossen werden, ohne dass man Rücksicht darauf nimmt, ob die Arbeitsunfähigkeit verschuldet oder unverschuldet ist. Das schliesst nicht aus, dass man unter Umständen auch Sträflinge, die in der Hauptanstalt zu verkümmern drohen, mit der Hoffnung in die Zwischenanstalt überführt, dass sie in der Zwischenanstalt gerade durch die landwirtschaftliche Arbeit ihre Gesundheit wieder befestigen werden. Es ist unzweifelhaft, dass dieses Experiment in vielen Fällen glückt, aber es ist eben so unzweifelhaft, dass dieser Modus die Gefahr in sich schliesst, dass die Zwischenanstalt als Kurort für sich werdende Sträflinge betrachtet wird. Als Arbeitsunfähige sieht man schliesslich in praxi also nur die an, bei denen infolge von Alter oder Krankheit keine Hoffnung besteht, dass sie die Höhe der Arbeitsleistungen der Zwischenanstalt erreichen werden.

Die Schwere der Arbeit in der Zwischenanstalt, die vorausgegangene Entwöhnung von der landwirtschaftlichen Tätigkeit, schliesslich die Notwendigkeit der Erhaltung der Kräfte verlangen nicht nur, dass die Nahrung in der

Zwischenanstalt besonders kräftig sei, sondern dass auch den Sträflingen einige einfachere Reizmittel verstattet sein müssen. So ist überall das Tabakrauchen in mässigen Grenzen und der Genuss von Landwein, wie er auch in der Freiheit allgemein getrunken wird, zugelassen. Den Wein erhalten die Sträflinge in Quantitäten von 2—3 Deziliter, bei schweren Arbeiten, wie Mähen, Dreschen, auf Staatskosten. Den Mohammedanern in Ženica wird an Stelle des Weins Kaffee gegeben. Gewöhnlich ist auch die übrige Nahrung reichlicher und kräftiger. So erhalten z. B. die Sträflinge in Kis-Hartha vorweg 16 Dezigramm Brot täglich mehr, als die Sträflinge der Hauptanstalten. Es ergibt sich hieraus, dass die Beköstigung der Sträflinge in der Zwischenanstalt keineswegs billiger ist, wie in der Hauptanstalt.

Ausserdem sind die Sträflinge in der Zwischenanstalt in den Extragenüssen besser gestellt. Sie dürfen überall einen grösseren Teil der Arbeitsbelohnung dafür ausgeben, als die Sträflinge der Hauptanstalt, nämlich in Ungarn $^1/_3$ (die Sträflinge der Hauptanstalt $^1/_5$ bis $^1/_6$), in Bosnien $^2/_3$ (die Sträflinge der Hauptanstalt $^1/_2$). In Kroatien ist mir das Verhältnis nicht bekannt geworden. Das, was die Sträflinge auf Extragenüsse verwenden können, verwenden sie auch. Wird auch öfters Unterstützung nach Hause gesandt, so lässt sich doch der Bevölkerung in allen drei Ländern ein gewisser Hang zur Wohllebigkeit nicht absprechen, welcher Umstand natürlich bei Verwendung des Arbeitsverdienstes ins Gewicht fällt. Das scheinen mir aber nationale Eigentümlichkeiten, die der Strafvollzug zu ändern ausserstande ist.

Es ist das Bestreben vorhanden, die Sträflinge der Zwischenanstalten in der Arbeitsbelohnung gut zu stellen. Trotzdem sind sie nicht immer besser gestellt, als in der Hauptanstalt. Es macht gegenüber der leichter abzuschätzenden Industriearbeit der Hauptanstalt Schwierigkeiten, ein gerechtes Mass für die Belohnung der landwirtschaftlichen Arbeit zu finden. So ist in Bosnien die Arbeitsbelohnung in der Zwischenanstalt für jeden im Taglohn zugebrachten Tag auf 4 – 6 Kreuzer bemessen, während der Sträfling in der Hauptanstalt bis zu 10 Kreuzer verdienen kann. Ich möchte das als einen Übelstand bezeichnen. An und für sich dürfte es in der Zwischenanstalt nur eine Lohnklasse geben, weil von jedem dorthin überwiesenen Sträfling das höchste erwartet und geleistet werden muss, natürlich nach seinen Kräften. Selbstverständlich ergeben sich Unterschiede in der Arbeitsleistung des Einzelnen. Dass das aber nicht zu vergleichen ist mit der Entwickelung der Arbeitslust und der Arbeitsfähigkeit in der Hauptanstalt, liegt auf der Hand. Diese liegt hinter dem Sträfling. Das Niveau seiner Arbeitsleistung ist nun bekannt. Immerhin mag die Praxis, wenn sie auf das Ergebnis der Arbeit sieht, zwei Lohnklassen für nötig halten. Dann müsste aber auch die niedrigste derselben noch der höchsten Lohnklasse der Hauptanstalt gleichkommen. Die Gründe des Wohlverhaltens materieller Provenienz werden sich im Leben derjenigen Bevölkerungsklasse, aus der sich die Insassen der Strafanstalten rekrutieren, nie völlig ausschalten lassen. Darauf sollte man Rücksicht nehmen.

In dem Croftonschen Memorandum über die irischen Zwischenanstalten ist auch die Frage erörtert, ob der von den Sträflingen der Zwischenanstalten an den Tag gelegte Arbeitseifer das Mass überschreite, welches in den gewöhnlichen Gefängnissen beobachtet werde. Für Irland lautete die Antwort unbedingt bejahend. Ich halte diese Frage für müssig. Aufnahme in die Zwischenanstalt kann nur derjenige finden, der auch auf dem Gebiete der Arbeit mehr als den Durchschnitt geleistet hat. Wenn er sich diesen Arbeitseifer erhält, so leistet er nur das von ihm als selbstverständlich zu Erwartende, flaut er ab, so gehört er nicht in die Zwischenanstalt und muss hinaus. Damit ist aber auch das Arbeitsniveau der besuchten Zwischenanstalten gegeben. Nur muss man dabei berücksichtigen, dass der tatsächliche Arbeitserfolg in einer landwirtschaftlichen Zwischenanstalt nicht immer deutlich in die Erscheinung tritt, z. B. bei Hirten, deren Erfolge mehr nach der negativen Seite (Fernhalten von schädlichen Einflüssen auf das anvertraute Vieh) offenbar werden. Nach Metern kann in der Zwischenanstalt nicht immer gemessen werden und es gehören — diese Überzeugung habe ich an mehreren Stellen schöpfen können — scharfe Augen des Leiters der Anstalt dazu, einmal den richtigen Mann an die richtige Stelle zu stellen und dann auch zu beurteilen, ob der Mann den ihm zugewiesenen Platz ausfüllt. Natürlich soll der Mann eine Arbeit tun, die er später verwerten kann, also in den drei Ländern vorwiegend eine Arbeit, zu der er auch auf seiner heimatlichen Scholle Gelegenheit findet oder die er dort einrichten kann. Es soll also z. B. nur einer in der Vitikultur beschäftigt und ausgebildet werden, der diese Tätigkeit zu Hause entweder im eigenen oder fremden Weingarten ausüben kann. Das lässt sich natürlich schwer mit den Bedürfnissen des jeweiligen landwirtschaftlichen Betriebes vereinigen.

Eine andere Frage ist in Abhandlungen über den progressiven Strafvollzug oftmals erörtert worden, nämlich die, ob die Aufgabe der Zwischenanstalt auch darin bestehe, die Sträflinge, die nun alsbald wieder als Arbeitnehmer auf dem Arbeitsmarkt erscheinen, mit den Arbeitgebern in Verbindung zu bringen. Diese Verbindung müsste in den drei Ländern künstlich herbeigeführt werden, denn aus der Natur der Sache ergibt sie sich nicht. Die landwirtschaftlichen Unternehmungen der Zwischenanstalt werden alle in Staatsregie betrieben, so dass keine Veranlassung ist, mit Arbeitgebern in Verbindung zu kommen. Eine Ausnahme bildet seit jeher die ungarische Anstalt in Lipótvár. Dort werden Sträflinge der Zwischenanstalt an Besitzer des Nachbardorfes und der allernächsten Umgebung vergeben, wenn die mittägliche und abendliche Rückkehr der Sträflinge in die Zwischenanstalt ermöglicht ist. Die Leitung dieser Arbeiten erfolgt von der Anstalt aus. Was der Besitzer an Naturalien zu leisten hat, ist durch Gewohnheitsrecht bestimmt. Ein schriftlicher Vertrag wird deshalb mit den Besitzern nicht geschlossen. Das Ganze stellt sich als eine in Zeiten der Leutenot eingebürgerte Gefälligkeit dar, zu deren Abschaffung sich bisher keine genügende Veranlassung gefunden hat.*) Dem Besitzer ist natürlich die Pflicht auferlegt, die freien Arbeiter von den Sträflingen fernzuhalten. Ausser den Naturalien hat er 60 Heller pro Tag für den Sträfling zu leisten. Die Beschäftigung ist lediglich als Aushilfe gedacht und erfolgt nur für zwei bis drei Tage. Im übrigen braucht jede Zwischenanstalt ihre Leute selbst, so zwar, dass sie nicht einmal damit auskommt, sondern der Arbeitskräfte der Hauptanstalt bedarf. Hieraus entwickeln sich also von selbst keine Beziehungen zu Arbeitgebern. Es ist aber auch nicht vorgekommen, dass die Arbeitgeber selbst in die Zwischenanstalt kamen, um sich etwa die für sie passenden Arbeitskräfte schon vor der Entlassung der Sträflinge auszuwählen. Es hängt das zum grossen Teile damit zusammen, dass der Stand der landwirtschaftlichen Arbeiter und des Gesindes gegenüber dem der selbständigen Kleinbauern noch nicht so gross ist und damit, dass überhaupt der Zug zur heimatlichen Scholle noch so gross ist, dass der werbende Arbeitgeber nicht viel Glück hätte.

Die Sträflinge der Zwischenanstalt tragen überall eine von den Sträflingen der Hauptanstalt sich unterscheidende Kleidung. Der Unterschied ist aber nicht sehr auffällig. Er besteht gewöhnlich nur darin, dass der graue Rock einen schwarzen Kragen trägt, während die Sträflinge der Hauptanstalt einen Kragen vom Tuch des Rockes tragen. In Bosnien werden ganz schwarze Röcke getragen. In Lipótvár habe ich bei den Sträflingen eine blaue Leinenkleidung gefunden, die der Kleidung der Schlosser und Maschinisten ähnlich ist. Diese andere Kleidung müsste, wenn überhaupt Gefahr dafür bestände, die Flucht begünstigen, während die sonst übliche graue Kleidung den Mann sofort als Sträfling kenntlich macht.

Die landwirtschaftlichen Betriebe sind von sehr verschiedenem Umfang. Der Grösse des im landwirtschaftlichen Betriebe befindlichen Areals nach reihen sich die Zwischenanstalten wie folgt, aneinander:

---

*) Allerdings widersprechen diese Arbeiten dem § 29 Abs. 3 des ungarischen Strafgesetzbuchs, der nur „öffentliche" Aussenarbeiten für Zuchthaussträflinge zulässt.

Mitrovica . .	750 Joch	1032 □ Klafter
Kis-Hartha .	220 „	
Lepoglava. .	200 „	
Ženica . . .	107 „	
Lipótvár . .	62 „	
Gospić . . .	23 „	400 □ Klafter
Vácz . . .	21 „	390 □ Klafter.

Daraus ergibt sich, dass Ungarn mit seinen drei Zwischenanstalten und einem Areal von 303 Joch 390 □ Klaftern noch nicht die Hälfte des kroatischen Areals von 973 Joch 1432 □ Klafter erreicht, während Bosnien mit seiner einzigen Anstalt natürlich die letzte Stelle einnimmt. Die beiden grössten Zwischenanstalten stellen auch zugleich zwei verschiedene Typen dar, die sich ihrerseits wiederum von den anderen Zwischenanstalten, die einen gemeinsamen Charakter tragen, unterscheiden. In dieser Reihenfolge mögen denn auch die Betriebe der Anstalten besprochen werden.

An der Spitze aller Anstalten steht der Landwirtschaftsbetrieb des Gutes Novoselo, zur Strafanstalt Mitrovica in Slawonien gehörig, das schon die Grösse eines mittleren Rittergutes besitzt. Dass der Betrieb einer so umfänglichen Landwirtschaft ganz anders auf den Strafvollzug wirken muss, als wenn es sich nur um die Bewirtschaftung eines kleinen, leicht übersichtlichen Areals handelt, liegt auf der Hand. Der Unterschied muss noch deutlicher hervortreten, wenn, wie in Mitrovica, die Hauptanstalt, wo der Leiter der Zwischenanstalt wohnt, 16 km entfernt ist. An Wirtschaftszweigen sind eingeführt: Garten- und Feldwirtschaft einschliesslich Wein- und Obstanbau, Pferdezucht, Schafzucht. Die 750 Joch 1032 □ Klafter verteilen sich wie folgt: Ackerfeld 660 Joch 1115 □ Klafter, Wiesen 36 Joch 1053 □ Klafter, Weingarten 22 Joch, Obstgarten 1 Joch 534 □ Klafter. Der Rest sind kleinere Ackerfelder, Gemüse- und Obstgärten bei der Hauptanstalt. Die Bewirtschaftung erfolgt in 5 Schlägen mit folgender Fruchtfolge: Hackfrucht gedüngt, Weizen, Hafer, gedüngt, Grünfutter, $^1/_2$ Roggen, $^1/_2$ Gerste. Der Obstgarten und die Hälfte des

Weinlandes sind unmittelbar bei dem Gutshofe gelagert, die andere Hälfte des Weinlandes mitten im Ackerland.

Um den Umfang der in Mitrovica betriebenen Landwirtschaft näher zu illustrieren, sei hier die im Jahre 1902 gemachte Ernte aufgeführt!

40	Mztr. Wicke	für Samen i. Werte von	560	Kr.
3	„ Hanf	„ „ „	42	„
1300	„ Hafer	„ „ „	14 300	„
1140	„ Heu	„ „ „	6 840	„
2400	„ Wicke	„ „ „	14 400	„
150	„ Grünfutter	„ „ „	900	„
40	„ Pferdebohnen	„ „ „	640	„
160	„ Gerste	„ „ „	1 920	„
18	„ Bohnen	„ „ „	216	„
3	„ Honig	„ „ „	300	„
19	Kilogramm Bienenwachs	„ „ „	76	„
2500	Meterzentner Mais	„ „ „	30 000	„
1800	„ Weizen	„ „ „	25 000	„
300	Hektoliter Wein	„ „ „	7 200	„
5400	Stück Mutterreben	„ „ „	860	„
250	Kilogramm Käse	„ „ „	200	„
82	Hektoliter Milch	„ „ „	1 312	„
15800	Mztr. Stroh, Streu und Maisstengel als Viehfutter	„ „ „	39 600	„
345	Mztr. Gartenfrüchte (Gemüse)	„ „ „	13 796	„
		Zusammen	158 162	Kr.

Es befand sich auf dem Gute folgender Viehbestand: 2 Stiere, 4 Melkkühe, 9 Stück Jungvieh, 193 Schlachtkühe, 56 Zugochsen, 202 Schweine, 91 Pferde, 8 Esel, 35 Bienenstöcke.

Gegen den Betrieb der Zwischenanstalt in Mitrovica lassen sich mehrere Bedenken nicht verhehlen, Bedenken übrigens, die auch im Lande von hervorragender Stelle geteilt werden. Einmal ist es von dem Direktor zu viel verlangt, neben seinen Pflichten als Leiter einer grossen Hauptanstalt mit lebhaftem Industriebetrieb noch ein vollständiges

Rittergut zu verwalten, das 16 km entfernt und nur durch Wagen erreichbar ist. Es bedarf keiner Erwähnung, dass von einem Kennenlernen der einzelnen Sträflinge, das in grossen Strafanstalten an und für sich schon ein Kunststück ist, keine Rede mehr sein kann. Dazu kommt, dass der Direktor kein ausgebildeter Landwirt ist, sondern sich seine landwirtschaftlichen Kenntnisse erst während der Zeit der Leitung der Anstalt hat erwerben müssen. Um den Landwirtschaftsbetrieb zu leiten und zu überwachen, ist er nicht in der Lage, sich alle Tage hinauszubegeben, sondern er kann dies nur einige Male in der Woche tun. Draussen auf dem Gut ist kein Inspektor angestellt. Alle Dienste, die ein solcher ausser der Aufsicht über die Arbeiter und Arbeiten verrichtet, waren vielmehr z. Z. meines Besuchs in die Hände eines Sträflings aus dem Gutsbesitzerstande gelegt, der diesen Posten unter Aufsicht des Leiters der Strafanstalt versah. Nach den Bewirtschaftungsplänen und Arbeitseinteilungen, die der Sträfling aufgestellt hatte, arbeitete man und darnach hatten sich auch die Aufseher zu richten. Trotz dieser Verschiebung des Über- und Unterordnungsverhältnisses — es sind ein Oberaufseher und 14 Wachtleute I. und II. Klasse auf dem Gute — ist mir von Misshelligkeiten zwischen dem leitenden Sträfling und den Aufsehern nichts berichtet worden. Der fragliche Sträfling hat ein eigenes Interesse an der Wirtschaft, denn er beabsichtigt, bei seiner bevorstehenden vorläufigen Entlassung seine ferneren Dienste für die Zwischenanstalt gegen ein mässiges Entgelt dem Staate anzubieten, um ein erstes Unterkommen zu finden. Es besteht Aussicht, dass darauf eingegangen wird, da der Leiter der Strafanstalt sich, wie es ja selbstverständlich ist, ausserstande fühlt, die Dienste eines Wirtschaftsinspektors auf der so weit entfernten Domäne mitzuversehen.

Neben diesem leitenden Sträfling sind nur einige auf der Weinbauschule ausgebildete Winzer als sachkundige Arbeitsleiter tätig. Wenn trotzdem die Landwirtschaft dieser Zwischenanstalt noch auf einem verhältnismässig hohen Standpunkte steht — man sieht in Slawonien noch sehr viel Weideland, das auch einer intensiveren Kultur fähig wäre*) — so liegt das meines Erachtens hauptsächlich an der landwirtschaftlichen Veranlagung der Bevölkerung, die unter dem Drucke des Strafzwanges sich immerhin zu einer höheren Blüte entfaltet. In der Tat sind die Produkte der Zwischenanstalt Mitrovica auf den Ausstellungen zu Esseg 1889 wegen der Ökonomie, in Agram 1892 wegen der Pferdezucht preisgekrönt worden. Trotzdem wird über die geringe Rentabilität der Landwirtschaft bei der Zwischenanstalt geklagt. Daran soll zum grossen Teile die zu weit getriebene Pferdezucht schuld sein; die Pferde sind schwer veräusserlich wegen der hohen Preise, die dafür gefordert werden müssen. Selbst die Remontekommission kauft trotz Besichtigung nicht oft. Gegen den Betrieb einer Pferdezucht in der Zwischenanstalt liesse sich auch schon einwenden, dass dieselbe nicht in den Rahmen kleinbäuerlicher Wirtschaften passt, daher dem Durchschnittssträfling lehrt, was er späterhin gemeinhin nicht verwerten kann.**) Übrigens hat man sich bereits zur Aufgabe der Pferdezucht entschlossen.

Ein weiterer Schaden bei dem Betriebe in Mitrovica ist der, dass die Zwischenanstalt in zwei Teile zerrissen ist, denn auch in unmittelbarer Nähe der Ringmauer befinden sich Unterkunftsgebäude für Sträflinge der Zwischenanstalt mit dazu gehörigem Areal.

Die schwerste Gefahr scheint mir jedoch die zu sein, dass der Betrieb der Zwischenanstalt mehr dauernde Kräfte braucht, als die Hauptanstalt an Leuten, die für die dritte Stufe reif und geeignet sind, liefern kann. Ein so grosser Landwirtschaftsbetrieb mit Kulturen, die so schwierig sind, wie Weinbau und Pferdezucht, erfordert regelmässige Besetzung mit einer gewissen Anzahl von Sträflingen, sagen

*) In Kroatien-Slawonien betrug die Brache in den Jahren 1886—1890 noch 21,85 % des Ackerbodens und ist allerdings bis 1895 auf 12,24 % gesunken. In Cisleithanien beträgt aber das Brachland durchschnittlich nur 8,80 %.

**) Pferde werden zwar in Ungarn und Kroatien noch sehr viel gezüchtet, allein fast ausschliesslich vom Staate und Grossgrundbesitzern.

wir 100 Mann, um den Betrieb in allen Teilen aufrecht erhalten zu können. Man kann nicht auf einmal einen Stall ausser Betrieb setzen, oder ein Feld unbestellt lassen, weil keine Sträflinge in die Zwischenanstalt zu versetzen sind. Ein Landwirt in einem Lande, in dem Leutenot herrscht, wird sich auch mit einer geringeren Anzahl einzurichten wissen. Ist aber einmal das Menschenmaterial, nach dem man greifen kann, vorhanden, wie für den Leiter der angegliederten Zwischenanstalt in der Hauptanstalt, so wird er natürlich dasselbe heranziehen. Er wird seinen Weinbau nicht dadurch schädigen wollen, dass er einen tüchtigen Weinbauer länger, als dringend nötig, in der Hauptanstalt Strümpfe wirken lässt. Es wird auch sein Bestreben sein, der Zwischenanstalt nicht mit Tagearbeit aus der Hauptanstalt auszuhelfen. Tagearbeit braucht er ohnedies noch genug. In Mitrovica werden täglich durchschnittlich 120 Mann auf Tagearbeit ausserhalb der Anstalt gebraucht. Die Folgen dieses Verfahrens liegen auf der Hand. Es werden Leute in die Zwischenanstalt versetzt, deren man doch nicht so ganz sicher ist. Dass sich alsdann Fluchtunternehmungen und Rückversetzungen häufen, ist selbstverständlich. Dazu kommen noch andere Momente. So ist mir hier von jenen so sehr die Schlechtigkeit und Roheit des Gemüts verratenden Tierquälereien berichtet worden, über die sonst nirgends etwas verlautete und die am allerwenigsten in einer Zwischenanstalt vorkommen dürften. Es ist daher von dieser Zwischenanstalt zu sagen, — und auch dieses Urteil ist im Lande selbst vertreten — dass die Landwirtschaft den Strafvollzug völlig überwuchert. All diese Gefahren treten bei kleineren Betrieben, wie sie später noch in den Kreis der Betrachtung zu ziehen sein werden, entfernt nicht mit dieser Schärfe hervor und werden auch dann erheblich zurücktreten, wenn der Direktor nicht die einzige, die Versetzung in die Zwischenanstalt entscheidende Instanz ist, wie in Kroatien. Eine Zwischenanstalt, wie in Mitrovica, liesse sich als Strafvollzugseinrichtung nur halten, wenn sie nach dem Muster von Kis-Hartha eingerichtet wäre.

Kis-Hartha lehnt sich an keine bestimmte Männerstrafanstalt Ungarns an. Es erhält seine Insassen aus verschiedenen Hauptanstalten des Landes und hat eine Belegungsfähigkeit von ca. 80 Mann. An ihrer Spitze steht trotz der im Verhältnis zu der Belegung der Hauptanstalten geringen Zahl der Insassen ein Direktor mit denselben Qualitäten, wie die anderen Direktoren. An seiner Seite stehen zwei Hilfsbeamte, von denen einer den Aussen- und einer den Innendienst hat, und sechs Aufseher. Alle diese Beamten haben ihre Wohnung auf dem Gute (s. Tafel I). Der Direktor ist nicht nur imstande, den landwirtschaftlichen Betrieb vollständig zu überwachen, sondern auch jeden einzelnen der ihm anvertrauten Gefangenen vollständig kennen zu lernen und im Auge zu behalten. Kis-Hartha ist diejenige Anstalt, die mit ihrer lokalen Trennung am meisten den irischen Zwischenanstalten entspricht.

Wie in Irland und wie in Schriften über das irische System, ist natürlich auch hier die Frage erörtert worden, ob sich die völlige Trennung der Zwischenanstalt von der Hauptanstalt empfiehlt. Die Anstalt in Kis-Hartha ist, wie wir gesehen haben, der Liberalität eines Menschenfreundes zu verdanken, während die von Staatswegen eingerichteten und noch ferner einzurichtenden Zwischenanstalten voraussichtlich mit Hauptanstalten verbunden werden werden. Man neigt sich also tatsächlich der Verbindung zu. Ich möchte doch eine Einrichtung, wie die von Kis-Hartha, wenn sie auch nicht ohne Mängel ist, nicht missbilligen. Unter den nach Hunderten zählenden Sträflingen der Hauptanstalt verschwindet der Einzelne doch gar sehr. Ganz anders, wenn eine kleine Anzahl ausgewählter Sträflinge in steter Zusammenarbeit in einem übersichtlichen Betriebe von einem besonderen Direktor und einem Stabe von Ober- und Unterbeamten beaufsichtigt wird. Was von dem Sträflinge in der Hauptanstalt bekannt geworden ist, wird, soweit es zur ersten Orientierung des Sträflings nötig ist, in den Personalakten niedergelegt. Eventuell werden über Zweifelspunkte Korrespondenzen gepflogen. Wenn es heisst, dass der Sträfling in der entfernten Zwischenanstalt sich erst das Vertrauen des Direktors erwerben müsse, das er in der mit der Hauptanstalt verbundenen Zwischenanstalt schon besitze, so ist dagegen zu erwidern, dass der Sträfling keiner Vergünstigung würdig ist, der es nicht versteht, zweier verschiedener Vorgesetzten Vertrauen zu erwerben. Dagegen will ich die Bedenken, die dem Transport und dessen Folgen betreffen, nicht in Abrede stellen. Der Transport zur Zwischenanstalt, der noch mit allen Sicherheitsmassregeln umgeben werden muss, die für schwere Staatsgefangene nötig sind, ist geeignet, das durch die Gewährung der Vergünstigung gestärkte Selbstgefühl zu schädigen oder zu vernichten. Transportkosten entstehen immer in beträchtlicherer Höhe, weil bei der geringen Zahl der Aufzunehmenden und bei dem Umstande, dass die Sträflinge von verschiedenen Anstalten kommen, Sammeltransporte nicht veranstaltet werden können. Die Höhe dieser Transportkosten könnte auch insofern den Strafvollzug ungünstig beeinflussen, als, wenn die Rückversetzung wegen Disziplinwidrigkeiten in Frage kommt, wegen der Transportkosten eine nachsichtigere Auffasssung Platz greifen könnte. Vom landwirtschaftlichen Standpunkt sei noch erwähnt, dass die mit der Hauptanstalt verbundenen Zwischenanstalten durch die Fülle des von der ersteren gelieferten Düngers im Vorteil sind und dadurch, dass sie im Falle des Arbeitermangels leicht Kräfte der Hauptanstalten in Tagearbeit heranziehen können, während die getrennte Zwischenanstalt unter allen Umständen selbst auskommen muss.

Die Zwischenanstalten in Lepoglava, Lipótvár, Ženica, Gospić und Vácz haben insofern einen gemeinsamen Charakter, als dieselben einmal dem Direktor der Hauptanstalt unterstellt und die Gebäude der Zwischenanstalten unmittelbar bei der Hauptanstalt belegen sind; als ferner das zu bewirtschaftende Areal keinen übermässigen Umfang hat und dasselbe sich in naher oder doch wenige Kilometer nicht überschreitender Entfernung von der Zwischenanstalt befindet. Der Wirtschaftsbetrieb in allen diesen Anstalten ist äusserst intensiv und mannigfaltig. Die Sträflinge haben Gelegenheit, viele Arten von Kulturen kennen zu lernen, die sie später verwerten können. Nicht nur, dass alle mögliche Feldkultur betrieben wird, die zumeist noch Spatenkultur ist, auch im Wein- und Obstbau, in der Bienenwirtschaft und Viehzucht wird, soweit ich das beurteilen kann, erstaunlich viel geleistet. Eine Waldrodung besitzt nur Lepoglava. Weidenkultur habe ich an mehreren Stellen getroffen. Dieselbe bietet den Sträflingen nicht bloss der Zwischenanstalt, sondern auch der Hauptanstalt Material zur Winterbeschäftigung. Hopfenbau habe ich nur in Lepoglava gefunden, wovon vier Joch bestellt sind. Diese Anstalt besitzt auch ein prachtvolles Bienenhaus, das von dem Anstaltslehrer und den Sträflingen mit besonderem Interesse bedient wird. Für Sträflinge nicht landwirtschaftlichen Berufes bietet sich in diesen Anstalten nur beschränkte Gelegenheit zur Betätigung, hauptsächlich natürlich in den Hilfsberufen der Landwirtschaft, Stellmacherei, Schmiede, Fassbinderei, auch in Transportausführungen. Am wenigsten ist für Angehörige wissenschaftlicher oder ähnlicher Berufe gesorgt. Für Einzelne ist jedoch immer auch in der Zwischenanstalt Gelegenheit zu schriftlichen Arbeiten. Dass Ženica insofern eine Ausnahme macht, als es auch die Beschäftigung von Sträflingen der Zwischenanstalt in der Hauptanstalt zulässt, ist schon oben hervorgehoben worden. Übrigens wird der Winter auch, soweit es das Wetter zulässt, zu grösseren Reparaturen, auch Erdarbeiten, benutzt.

Mit der Belegschaft der Zwischenanstalten können sämtliche landwirtschaftlichen Arbeiten, abgesehen von Kis-Hartha, in keiner Anstalt allein verrichtet werden, sondern es bedarf zeitweise der Heranziehung von Tagearbeitern aus der Hauptanstalt. Trennung der arbeitenden Sträflinge der zweiten und dritten Stufe lässt sich nicht immer durchführen. Für alle Anstalten stehen mir Zahlen über das Verhältnis der von der Hauptanstalt geleisteten Arbeitstage nicht zu Gebote. Von Lepoglava ist mir berichtet, dass 1902 die Arbeitstage der Hauptanstalt für die Feldwirtschaft die Summe von 19222 $^1/_2$, die der Zwischenanstalten nur von 15604 $^1/_2$ erreichten.

In Ženica betrugen 1902 die Arbeitstage der Hauptanstalt für die Landwirtschaft 20452, während die der Zwischenanstalt nur 9566 betrugen. Rechnet man in Lepoglava die durchschnittliche Tagesbelegung der Zwischenanstalt mit 60 Mann, was einem 10jährigen Durchschnitt entspricht, und diejenige von Ženica auf 45 Mann, was einem 5jährigen Durchschnitt entspricht, zählt man sodann das Jahr zu 300 Arbeitstagen, so müssten die Sträflinge der Zwischenanstalt in Lepoglava 18 000, die derselben in Ženica 13 500 Arbeitstage leisten. Sie bleiben aber hinter diesen Zahlen erheblich zurück, was wohl darauf zurückzuführen, dass noch ein grösserer Teil der von den Sträflingen der Zwischenanstalten geleisteten Arbeitstage denen der Hauptanstalt beigezählt werden muss. In den andern Zwischenanstalten ist es ebenso, abgesehen von Kis-Hartha, das, wie gesagt, des Zuzugs der Arbeitskräfte der Hauptanstalt ganz entbehrt.

Mir scheint, dass von der Zuziehung der Tagearbeiter aus der Hauptantalt zu reichlicher Gebrauch gemacht wird. Man müsste auf die Gefahr hin, geringere Erträge zu erzielen, versuchen, mit den Kräften der Zwischenanstalt auszukommen, weil bei einem so starken Aufgebot aus der Hauptanstalt die Gefahr der Vermischung und Verwischung der zweiten und dritten Stufe gross ist. Man würde dann allerdings etwas von dem Ruhme aufgeben müssen, in den Zwischenanstalten landwirtschaftliche Musterbetriebe darzustellen. Übrigens sei bemerkt, dass die Sträflinge der Zwischenanstalt überall die wichtigeren Geschäfte der Landwirtschaft verrichten und an den Stellen Verwendung finden, wo sie zu selbständiger Arbeit berufen sind.

Über die Erträge der Zwischenanstalten lässt sich folgendes anführen:

In Ungarn wurde 1902 in Kis-Hartha ein Reingewinn von 11 382 Kr., in Lipótvár von 6 963 Kr. und in Vácz von 4429 Kr. erzielt. Davon verblieben der Anstalt 9 395 Kr. bezw. 5065 Kr., bezw. 4003 Kr., und den Sträflingen 1987 Kr.; bezw. 1898 Kr., bezw. 426 Kr. In den ungarischen Anstalten ist auch ausgerechnet, wieviel Reingewinn auf das Joch entfiel. Hier steht Vácz, das auch im Ertrage der Industrie bei weitem die anderen Anstalten in allen drei Ländern übertrifft, an erster Stelle mit 210 Kr. pro Joch, während Lipótvár 112,30 Kr. und Kis-Hartha gar nur 42,45 Kr. pro Joch vereinnahmt hat. Kis-Hartha hatte 1900 grosse Anschaffungen an landwirtschaftlichen Maschinen gemacht. Dies wirkt noch heute nach. Im übrigen kommt natürlich der Wert des Bodens sehr in Betracht. Trotzdem ist der Betrieb der Zwischenanstalt Kis-Hartha für den Staat nicht teuer. Es betrugen nämlich 1902:

die Kosten der Erhaltung der Sträflinge	10 200	Kr.
Kanzleispesen	225	„
Gebäudereparatur	1 000	„
Beamtengehälter, Aufsichtspersonal . . .	9 000	„
zusammen . . .	20 425	Kr.

Die Landwirtschaft hat einen Durchschnittsertrag von 12 000,00 Kr.

Mithin kostete die Anstalt dem Staate 8425,00 Kr. für das Jahr 1902. Von dem Reinertrage der Landwirtschaft wurden 7300 Kr. an die Staatskasse abgeliefert, den Rest behielt der Direktor für Betriebskosten.

In Kroatien interessieren vor allem die Erträge von Mitrovica. Diese Zwischenanstalt erzielte 1902 aus Verkauf folgende Summen:

I. An die Verpflegung der Haupt- und Zwischenanstalt:

1800	Meterzentner Weizen .	25 000	Kr.
345	„ Gemüse .	13 796	„
17,60	Hektoliter Wein . . .	704	„
261	Stücke Schlachtvieh . .	14 250	„
42	Hektoliter Milch . . .	672	„
170	Stück Mastschweine . .	15 300	„
	zusammen . .	69 722	Kr.

II. An Private:

40	Hektoliter Milch . . .	640	Kr.
250	kg Käse	200	„
234	Hektoliter Wein . . .	9 360	„
2	Stiere	210	„
28	Pferde	22 200	„
2	Esel	42	„
	zusammen . .	32 652	Kr.

An Anschaffungen von landwirtschaftlichen Maschinen und Geräten und Ausgaben für Reparaturen wurden 1902 ausgegeben 17 815 Kr. Die Pachtsumme betrug im ganzen 24 179 Kr. Der Reingewinn der Feldwirtschaft machte

43 828 Kr. aus. Hiervon entfiel an Arbeitsbelohnung auf die Sträflinge der Haupt- und Zwischenanstalt 2207 Kr., für Kostaufbesserung 1002,61 Kr., der Rest dem Staate. Der Staat rechnet pro Kopf und Tag 40 Heller, bei 298 078 Verpflegungstagen des Jahres 1902 also 120 800 Kr. Tatsächlich ausgegeben wurden aber nur 102 276 Kr., also 35,98 Heller pro Kopf und Tag. Zu diesen 298 078 Verpflegungstagen bedurfte es nur eines Staatszuschusses von 31 104 Kr. Der Rest wurde durch die Reinerträge der Feldwirtschaft mit 43 828 Kr. und der Industrie mit 32 344 Kr. gedeckt. Die zur Beköstigung der Sträflinge nötigen Naturalien wurden fast alle von der Zwischenanstalt geliefert. Von anderwärts waren nur 6 Waggons Weizen und einige Kleinigkeiten zu beziehen. In Zukunft sollen nur wenig Ausgaben für Maschinen, Bauten und Reparaturen nötig sein. Ferner wird im Jahre 1904 die, wie bereits gesagt, unrentable Pferdezucht aufgegeben werden. Man hofft dadurch in 5—6 Jahren so weit zu kommen, dass sich die Anstalt selbst erhält.

In Lepoglava und Gospić können so hohe Erträge nicht erzielt werden und sind daher die Staatszuschüsse grösser.

Lepoglava hatte 1902 16 572,93 Kr. Reingewinn, wozu noch der Arbeitsanteil der Sträflinge mit 2668,71 Kr. tritt.

Die Zwischenanstalt erzielte aus Verkauf

I. an die Verpflegung . .	10 167,68 Kr.
II. an Private	3 600,52 Kr.

Es blieben noch Vorräte im Werte von 21 767,54 Kr. am Schluss des Jahres übrig.

Die Zwischenanstalt Gospić erzielte 1902 aus Verkauf

I. an die Verpflegung . .	3 457,39 Kr.
II. an Private	31,80 Kr.

Es blieben noch Vorräte im Werte von 3 544,40 Kr. übrig.

In Ženica rechnet man bei der Übersicht über die Erträge des Areals von 63,8322 ha von vornherein 8,1513 ha ab, weil dieses Land infolge der Gestaltung von Grund und Boden keine Erträge abwirft. Dazu ist auch ein Weingarten von 1,1 ha zu rechnen, der erst jung angelegt ist. Mit dieser Massgabe hat die Zwischenanstalt 1902 29 581,87 Kr. erzielt, unter denen folgende Hauptposten fungieren:

Feldertrag	3 965,74	Kr.
Obstgarten und Obstbaumschule	3 762,28	„
Weingarten	1 289,82	„
Milchwirtschaft	3 652,37	„
Gartenertrag	11 977,90	„
Schweinezucht	2 524,59	„
Rinderzucht	1 258,00	„

Es wird in Ženica Wert darauf gelegt, dass diese Summen nicht bloss buchmässig festgestellt, sondern tatsächlich eingegangen sind. Als Reinertrag sind davon 19 625 Kr. zu rechnen, so dass auf 1 ha entfallen: 352,46 Kr. Damit steht Ženica unzweifelhaft an der Spitze aller Zwischenanstalten, wenn man dabei berücksichtigt, dass alle Erträge, die im Fortbetriebe der Anstalt verbraucht worden sind, nicht mitgerechnet werden. Würde man das tun, so würde sich pro Hektar ein Reinertrag von 469,69 Kr. ergeben.

Von den Erträgen der Feldwirtschaft im Betrage von 29 581,87 Kr. wurden an die Verpflegung der Sträflinge der Haupt- und Zwischenanstalt solche im Werte von 8 320,67 Kr. abgegeben, so dass an Private Erzeugnisse im Werte von 21 261,20 Kr. verkauft wurden.

Es zeigt sich also hier, dass die Erzeugnisse der Landwirtschaft zum grössten Teil an Private verkauft werden, während sie in anderen Anstalten zu ihrem grössten Teile der Verpflegung der Hauptanstalt zugeführt werden. Infolgedessen musste 1902 die Anstalt Ženica noch für 27 318,93 Kr. landwirtschaftliche Erzeugnisse für die Beköstigung der Sträflinge ankaufen. Trotzdem erhält sich die Zwischenanstalt nicht nur selbst, sondern liefert auch trotz Abzug der Arbeitsbelohnungen für die Sträflinge der Gemeinschaftshaft, die bei den Arbeiten der Zwischenanstalt mitwirken, noch einen Überschuss. Diese Arbeitsbelohnungen betrugen

für die Sträflinge der Zwischenanstalt 1902	1087,48	Kr.
für die Sträflinge der Hauptanstalt	963,24	Kr.
zusammen	2050,72	Kr.

Vom Reingewinn der Zwischenanstalt entfallen demnach per Tag und Kopf 65,38 Heller. Die Verpflegungs- und Regiekosten betrugen jedoch nur 49,32 Heller per Tag und Kopf, so dass dem Fiskus ein Überschuss von 16,06 Heller aus dem Betriebe der Zwischenanstalt verbleibt.

Die grosse Frage: „Ist das Leben in der Zwischenanstalt für den Verurteilten noch eine Strafe?“ habe ich natürlich in allen Zwischenanstalten ungezählte Male gestellt. Sie ist mir im allgemeinen immer bejaht worden, aber man hat sich nirgends zu der Behauptung verstiegen, dass sie immer und unter allen Umständen und für jeden Sträfling eine Strafe sei. Ich habe überall nach Fällen geforscht, in denen Sträflinge eine solche Befriedigung über den Aufenthalt in der Zwischenanstalt gezeigt hätten, dass sie nur ungern die völlige oder bedingte Freiheit wiedergewannen. Nur einen einzigen Fall habe ich ermittelt, dass ein Sträfling die Zwischenanstalt nicht verlassen wollte. Es ist nicht verwunderlich, dass dieser Fall Mitrovica betraf. Tatsächlich ist der Mann auch als freier Arbeiter in der Anstalt behalten worden. Er hatte gute technische Fertigkeiten und betätigt sich jetzt zu allgemeiner Zufriedenheit als Elektrotechniker. Ich glaube kaum, dass dieser Fall pro oder contra verwertet werden kann. Keinesfalls ist der Fall des arbeitsleitenden Sträflings in Mitrovica, von dem oben gesprochen wurde, hierher zu rechnen. Denn diesen bewegt nicht die Liebe zu dem Leben in der Zwischenanstalt, wie in dem eben gedachten Falle, sondern die Gelegenheit, eine erste Anstellung zu erlangen, die den Entgleisten wieder ins Geleise bringt.

Der Grund, der überall gleichermassen für den Strafcharakter der Zwischenanstalt angegeben wurde, ist der der Liebe zur Heimatsscholle. Nirgends anders als dort, sagt man, können sich die Leute wohl fühlen. Dieser streben sie alle wieder zu. Sie wissen aber, dass sie sie dann am ehesten und besten wieder erreichen, wenn sie in der Zwischenanstalt bleiben und sich gut führen. Das Gefühl, sich ihre Zukunft erst noch verdienen zu müssen, laste auch in der Zwischenanstalt schwer auf den Leuten und sie seien sich bewusst, dass sie noch zu büssen haben.

selbst wenn in vielen Fällen als sicher anzunehmen sei, dass die Lebenshaltung der Sträflinge in der Zwischenanstalt besser ist, als zu Hause. Diese Liebe zur Scholle scheint gleich stark, ob die Leute zu Hause in einem Abhängigkeitsverhältnisse stehen oder nicht. Die Grundeigentumsverhältnisse sind in den besuchten Ländern verschieden von Land zu Land. Nationale, politische, familien- und erbrechtliche Verhältnisse spielen in deren Entwickelung überall eine andere Rolle. Es fehlt nicht an drückenden Abhängigkeitsverhältnissen dieser oder jener Art. Trotzdem ist die Sesshaftigkeit der Bevölkerung, die ich leider nicht mit Zahlen belegen kann, überall noch gross, wenn immerhin auch die Auswanderung an Boden gewinnt. Immer natürlich von der speziellen Bevölkerung Ungarns, Kroatiens, Bosniens, die ich mir zwar von den verschiedensten Zeugen schildern lassen, aber nicht selbst ergründen konnte, gesprochen, wollen mir diese Gründe für den Strafcharakter der Zwischenanstalt auch psychologisch einleuchten. Die halbe Freiheit muss bei Menschen mit so lebhaftem Heimatsgefühl eine grössere Sehnsucht, also einen grösseren seelischen Druck und damit einen kräftigen Anstoss zur Verinnerlichung, zum Besinnen auf sich selbst geben, als die völlige Unfreiheit. Dieser pädagogische Wert wohnt den Zwischenanstalten der drei Länder entschieden inne und deshalb können und werden die Zwischenanstalten nicht verschwinden, so lange die Länder nicht den Charakter von Agrarstaaten verlieren und so lange die eben geschilderten Eigenschaften den Völkern erhalten bleiben. Indessen, man denkt auch nüchterner. Ich möchte die Erörterung über diese Frage nicht schliessen, ohne der Ansicht eines langjährigen Praktikers Kroatiens zu gedenken, der da meinte, das Volk sei noch nicht reif für die Zwischenanstalten. Es strebe allein den Vergünstigungen in der Bewegungsfreiheit, in der Beköstigung, ja oft nur dem Rauchendürfen zu, ohne sich um das Nachher zu kümmern. Sie führten sich in der Zwischenanstalt selbst auch nur gut, um diese Vorteile nicht wieder zu verlieren. Für eine grosse Anzahl von Individuen mag das richtig sein. Aber auch für diese schüfe doch gerade die Besorgnis des

Verlustes der gewährten Vergünstigungen einem immerhin beachtlichen Strafinhalt, denn gerade die Rückversetzung in die Hauptanstalt und der Verlust der vorläufigen Entlassung als Folge jeder disziplinwidrigen Handlung schwebte fortwährend über ihrem Haupte. Dass der Sträfling das Leben in der Zwischenanstalt so schön findet, dass es ihn später zur Begehung neuer Straftaten anreizt, dagegen schützt ihn das Bewusstsein, dass vor Erreichung der Zwischenanstalt eine lange Haft in der Hauptanstalt zu bestehen ist und dass notorisch niemand zum zweiten Male die Zwischenanstalt erreicht.

Da die Zwischenanstalt nur eine mit noch besonderen Vergünstigungen bedachte Gemeinschaftshaft ist, so wirft sich auch hier die Frage auf, ob deren unangenehme Folge, die gegenseitige Verschlechterung, in der Zwischenanstalt zu bemerken ist. Diese Frage wurde mir überall entschieden verneint. In der Zwischenanstalt gäben sich die Leute doch schon derart als Einzelwesen zu erkennen, dass jeder seinem eigenen Vorteil, nämlich der vorläufigen Entlassung, zustrebe, und sich darin nicht beeinflussen lasse.

Als der beste Unterricht in der Zwischenanstalt gilt die Arbeit selbst, die den Sträfling direkt auf das Leben in der Heimat vorbereitet und seine landwirtschaftlichen Kenntnisse erweitert. Allerdings muss man dabei voraussetzen, dass der Sträfling nicht immer und ewig mit derselben Arbeit beschäftigt wird, die ihn nicht vorwärts bringen kann, z. B. Viehhüten. In kleineren Betrieben schliesst sich eine solche Einförmigkeit der Beschäftigung von selbst aus, schwerer in grossen, wie in Mitrovica. Die Zwischenanstalten sind überall als landwirtschaftliche Musteranstalten gedacht, die nicht nur belebend auf den Sträfling, sondern auch auf die ländliche Umgebung wirken sollen, Dass letzteres auch erreicht wird, lässt sich aus der mir öfter berichteten Tatsache entnehmen, dass die Bauern der Anstaltsumgebung ganz von selbst sich die Arbeiten und die Bestellungsweise auf den Feldern und in den Gärten der Zwischenanstalten ansehen und sie nachahmen. Auch sonst findet die Landwirtschaft der Zwischenanstalten im Lande Beachtung. So besuchten z. B. im Jahre 1902

20 Hörer der landwirtschaftlichen Hochschule in Kreutz mit 2 Professoren die Zwischenanstalt Mitrovica, worüber in einer landwirtschaftlichen Zeitschrift ein Bericht veröffentlicht wurde.

Inwiefern die Sträflinge einen erweiterten Gesichtskreis in landwirtschaftlichen Dingen mit hinausnehmen in die Heimat und inwiefern es ihnen möglich ist, denselben zu betätigen, dafür fehlen mir die nötigen Anhaltspunkte. In keiner Zwischenanstalt wird noch Elementarunterricht erteilt. Dieser gilt mit der Hauptanstalt als abgeschlossen. Dagegen wird für landwirtschaftlichen Unterricht, hauptsächlich in der Form von Vorträgen an den langen Winterabenden Sorge getragen. Diese Vorträge werden von allen Beamten, einschliesslich der Lehrer, gehalten. Es werden natürlich hauptsächlich die Betriebe besprochen, die in der Zwischenanstalt selbst gepflegt werden. Aber auch darüber hinaus geht man in der Besprechung aller Themata, die dem Gesichtskreise der Sträflinge entsprechen. In Ženica werden die Themata der Vorträge und die Vortragenden in der Beamtenkonferenz vom Direktor schon von vornherein für den ganzen Winter bestimmt, so dass die Beamten Zeit haben, sich vorzubereiten.

Einige der in der Strafanstalt Ženica behandelten Themata sind:

Zucht und Pflege der Haustiere;
Stallwirtschaft; Pferdekrankheiten;
das Beschlagen der Pferde;
die Erwerbsquellen des Landmanns;
nützliche Insekten;
das Unglück als Schule des Lebens;
die Erziehung der Kinder;
die Geschichte Bosniens und der Herzegowina;
die Verkehrsmittel der Gegenwart;
die Grundbuchanlegung;
Verhalten der Sträflinge während der bedingten Enthaftung.

Themata einiger solcher Vorträge von Lepoglava sind:

Bepflanzung der Strassen, Wege, Gärten und Höfe mit Obstbäumen;

unsere Waldbäume;
Einfriedigung der Grundstücke;
Verbesserung sandigen Bodens;
Versicherung der Ernte gegen Brand- und Hagelschaden;
Weinkultur und Kellerwirtschaft;
die Hanfpflanze, ihre Bedeutung und rationelle Bearbeitung.

Die Schwierigkeiten dieses Unterrichts werden gebührend anerkannt. Nicht jeder Beamte eignet sich dafür, aber auch nicht jeder Sträfling, mag er sonst auch ein braver oder brav gewordener Mensch sein. Eine Schwierigkeit liegt darin, dass der Unterricht erst abends nach getaner Arbeit, also im Zustande körperlicher Ermüdung, gegeben werden kann. In Ženica wird der Unterricht in den Wintermonaten allabendlich mit Ausnahme der Sonn- und Feiertage nach dem Einrücken der Feldarbeiter erteilt. Er hat sowohl die Form des Vortrags als auch den der Frage und Antwort. Man beobachtet dort allgemein, dass die Sträflinge dem Unterricht mit grosser Aufmerksamkeit folgen und dass sie nach dem Unterricht oft untereinander weiter debattieren. Es kommt auch oft vor, dass sich Sträflinge später noch an den betreffenden Beamten wenden und ihn um Aufklärung über einen streitigen oder dunklen Punkt bitten.

Religiöser Unterricht wird nicht mehr erteilt. Die Sträflinge der mit der Hauptanstalt verbundenen Zwischenanstalten besuchen den Gottesdienst in der Hauptanstalt, sind aber getrennt von den anderen Sträflingen. In Kis-Hartha sind Geistliche katholischen und evangelischen Bekenntnisses für 600 Kr. jährliche Remuneration gewonnen, welche monatlich 2 mal Gottesdienst abhalten.

Schliesslich sei noch erwähnt, dass die Sträflinge der Zwischenanstalten überall hinsichtlich der Häufigkeit des Briefschreibens und der Besuche besser gestellt sind, als die Sträflinge der strengen Haft. Selbstverständlich wird aber beides ebenso überwacht, wie in der Hauptanstalt. In den Antwortbriefen der Verwandten oder sonst den Sträflingen nahestehender Personen wird denselben sehr häufig anempfohlen, doch ja sich der Vergünstigung der Zwischenanstalten würdig zu zeigen und auszuhalten.

---

§ 9. Die vorläufige Entlassung.

Die letzte Stufe des progressiven Strafvollzugs dient denselben Zwecken, wie die Zwischenanstalten: der Pflicht des Standhaltens in den Anfechtungen des Lebens. Sie ist eine innerliche Fortsetzung der Zwischenanstalt. Das Mass der Freiheit ist bedeutend verstärkt. Die alte Umgebung des Sträflings wirkt wieder auf ihn ein.

Trotzdem ist sie, wie wir wissen, keineswegs eine Domäne des Strafvollzugs der drei Länder. Auch Staaten, die einen progressiven Strafvollzug als System nicht anerkennen, haben die vorläufige Entlassung eingeführt. So war vor Einführung des progressiven Strafvollzugs auch Kroatien schon im Besitze eines Gesetzes über die bedingte Freilassung (vom 12. Mai 1875) und auch in Ungarn sieht man sie an „comme une simple réduction de la peine, plutôt que comme une partie intégrante du système de la classification progressive“ (László, le système pénitentiaire, S. 101). In Ungarn und Bosnien ist aber die vorläufige Entlassung erst mit dem progressiven Strafvollzug eingeführt worden.

Die ungarischen Bestimmungen über die vorläufige Entlassung sind oben bereits eingehend behandelt worden, insoweit sie dem Strafgesetzbuch angehören. Die anderweiten Bestimmungen sind in der 8. Beilage des Strafanstalts-Reglements von 1880 enthalten.

Nach dem eben zitierten kroatischen Gesetz, können Sträflinge, die zu einer zeitigen Strafe verurteilt sind und die sich in der Strafanstalt tadellos aufgeführt haben, die vorläufige Entlassung erlangen,

a) wenn sie das erstemal wegen eines Verbrechens abgeurteilt worden sind, nach Abbüssung der Hälfte der Strafe;

b) wenn sie zum zweiten Male wegen eines Verbrechens abgeurteilt worden sind, nach Abbüssung von Dreiviertel der Strafe.

Eine absolute Mindestdauer der erkannten Strafe ist nicht statuiert. Die Dauer der vorläufigen Entlassung bis zur vollständigen Freilassung ist bei den zu lebenslänglicher Strafe Verurteilten auf vier Jahre bemessen.

In Bosnien ist Voraussetzung der Gewährung der vorläufigen Entlassung, dass die Sträflinge sich bereits in der Zwischenanstalt befinden und, dass sie durch ihr Verhalten in letzterer die Hoffnung auf Besserung erfüllt haben. Es genügt diese letztere Bestimmung, weil ja Voraussetzung für die Aufnahme in die Zwischenanstalten die gute Führung in den früheren Strafstadien ist. Kein Sträfling kann in Bosnien vor Verbüssung von drei Vierteln der Strafzeit vorläufig entlassen werden. Als absolute Mindestdauer gilt:

a) für alle: Verbüssung einer einjährigen Strafe;

b) bei den zu lebenslänglicher Kerkerstrafe Verurteilten: Verbüssung einer Strafzeit von fünf Jahren in der Zwischenanstalt;

c) bei denjenigen, welche wegen eines Verbrechens bereits einmal verurteilt waren und ihre Strafe in der Strafanstalt Ženica oder einer anderen nach ähnlichen Strafvollzugsprinzipien geleiteten Strafanstalt abgebüsst haben: Verbüssung von 3 Jahren in der Zwischenanstalt.

Hiernach müssen, wenn man die Bestimmungen über Aufnahme in die Zwischenanstalten berücksichtigt, die unter b gedachten Sträflinge im ganzen mindestens 15 Jahre, die unter c aufgeführten Sträflinge im ganzen mindestens 8 Jahre in der Strafanstalt selbst zugebracht haben, bevor sie vorläufig entlassen werden können. Ist im Falle zu c die Strafe kürzer, so sind die Sträflinge schon dadurch von der vorläufigen Entlassung ausgeschlossen. Im übrigen sind in Bosnien nur diejenigen Sträflinge von vornherein ausgeschlossen, bei denen die Ausweisung aus Bosnien und der Herzegowina nach verbüsster Strafe ausgesprochen ist.

Es stellt sich hiernach das Verhältnis der dritten zur vierten Stufe in den drei Ländern folgendermassen: Ungarn bevorzugt grundsätzlich die Sträflinge der Zwischenanstalten, schliesst aber die anderen nicht aus, auch wenn die Strafe zu gering ist, um zur Aufnahme in die Zwischenanstalt zu berechtigen oder wenn sie zwar ausreichend lang, aber kein Platz in der Anstalt vorhanden ist. Kroatien nimmt auf die Zwischenanstalten gar keine Rücksicht, und Bosnien schliesst alle aus, die nicht in die Zwischenanstalten gekommen sind. Die Stellung Kroatiens wird dadurch erklärlich, dass das Gesetz über die bedingte Freilassung vor der Einführung des progressiven Systems Geltungskraft erlangte und bei der dispositiven Natur der Bestimmungen über die vorläufige Entlassung sich auch seither keine Änderung notwendig machte. Dispositiver Natur sind auch die Bestimmungen über die vorläufige Entlassung in den beiden anderen Ländern.

In keinem der drei Länder ist die vorläufige Entlassung dem Anstaltsleiter übertragen, sondern sie gehört als jus delegatum der Gnadeninstanz zu den Befugnissen der Ministerialbehörden. In Ungarn ist diese der Justizminister, in Kroatien der Banus, in Bosnien das Reichsfinanzministerium in Wien, das auf Vorschlag der Landesregierung in Serajewo entscheidet.

Die vorläufige Entlassung wird in Ungarn und Kroatien nur auf Antrag des Verurteilten gewährt, in letzterem Lande muss ausserdem auch die Strafanstaltsverwaltung den Antrag gestellt haben. In Bosnien ist die vorläufige Entlassung nicht an den Antrag des Sträflings geknüpft.

Die genauesten Anweisungen über den Gang des Verfahrens bei der vorläufigen Entlassung besitzt Ungarn in seinem Reglement vom 9. August 1880.

Der Sträfling hat seine Bitte um vorläufige Entlassung dem Direktor, Staatsanwalt bezw. Richter mündlich mitzuteilen, der dieselbe im Laufe des letzten Monats vor Ablauf des dritten Viertels der Strafzeit anzunehmen hat. Jede früher angebrachte Bitte wird ohne weiteres zurückgewiesen, ebenso, wenn der Verurteilte innerhalb des letzten

Jahres ein Disziplinvergehen begangen oder, wenn er zu den von der Vergünstigung der vorläufigen Entlassung Ausgeschlossenen gehört. Ist die Bitte zulässig, so wird ein Protokoll aufgenommen, dem sich die Berichte des Direktors, des Kontrollors, des Geistlichen und Lehrers mit kurzen empfehlenden oder abweisenden Voten anschliessen und dem eine Urteilsabschrift und ein Disziplinarstrafenverzeichnis beigefügt ist. Diese Vorgänge gelangen sodann an die Aufsichtskommission. Über die geschäftsmässige Behandlung der Gesuche vor der Aufsichtskommission ist bereits geredet worden. Die Aufsichtskommission darf bei ihrem Spruche sich nur an die Persönlichkeit des Verurteilten und an seine Führung während der Strafzeit halten, nicht aber Rücksicht auf die Dauer der Strafe, die Schuld des Verurteilten oder die Vor- und Nachteile nehmen, die aus der vorläufigen Entlassung für die wirtschaftlichen Verhältnisse des Verurteilten entspringen. Diese Bestimmung ist in Ansehung der Nichtrücksichtnahme auf die Schuld um so auffälliger, als das Gesetz selbst durch den Ausschluss gewisser Verbrechen von der Vergünstigung der vorläufigen Entlassung anzeigt, dass die Schuld nicht ohne Einfluss auf die Gewährung der Vergünstigung ist. Innerhalb dreier Tage nach dem Spruch der Aufsichtskommission ist dieser mit sämtlichen Vorgängen dem Justizminister zu unterbreiten, dessen Entscheidung sofort zu vollziehen ist. Die Entscheidung des Ministers kann nicht nur bejahend oder verneinend, sondern auch lauten: „vorläufig zurückgewiesen“. Alsdann ist der Verurteilte berechtigt, die Bitte um vorläufige Entlassung nach $^7/_8$ der Strafe; die zu lebenslänglicher Strafe Verurteilten nach weiteren 2 Jahren zu wiederholen. Ein neues Votum der Aufsichtskommission ist nur erforderlich, wenn das erste ablehnend war. Mehr als zweimal abgelehnte Bitten kann nur der vom Minister in die Strafanstalten entsandte Regierungskommissar annehmen und zur Weiterbeförderung zulassen. Selbstverständlich darf sich auch während des schwebenden Verfahrens über seine Bitte der Verurteilte nicht vernachlässigen. Nicht bloss, wenn er dies tut, sondern auch, wenn in diesem Stadium erst früher begangene Straftaten zur

Sprache kommen, bleibt die etwa schon ergangene Ministerialentscheidung unausgeführt. Abgesehen von der Vereinigung aller einen Verurteilten betreffenden Daten über die vorläufige Entlassung in einer Nachweisung wird in jeder ungarischen Strafanstalt ein Tagebuch über die vorläufig Entlassenen und eine Liste über die zurückgewiesenen Bitten um vorläufige Entlassung geführt, die vierteljährlich der Aufsichtskommission vorgelegt wird.

Man sieht, der Prozess bei der vorläufigen Entlassung ist hier ausserordentlich fein durchgearbeitet. In den anderen beiden Staaten sind so detaillierte Bestimmungen nicht gegeben. Insbesondere sind Bestimmungen über die Berechtigung, einmal zurückgewiesene Bitten wiederholen zu dürfen, nicht getroffen. Das begründete Gutachten der Aufsichtskommission wird in den anderen beiden Staaten durch die Voten der Anstaltsbeamten, denen sich in Bosnien auch der Arzt beigesellt, ersetzt.

Die vorläufige Entlassung ist nirgends an den Nachweis gebunden, dass der Sträfling bereits eine feste Unterkunft hat. Er muss nur imstande sein, einen Ort anzugeben, an dem er tatsächlich seinen Wohnsitz aufschlagen kann. Jedoch ist in Ungarn durch Justizministerial-Verordnung vom 29. Januar 1887 angeordnet, dass die vorläufige Entlassung während der strengen Winterszeit nur dann erfolgen darf, wenn die Sträflinge so viel Geld besitzen, dass nicht nur die Reisekosten, sondern auch die Kosten für Beschaffung einer Arbeitsstelle oder des ersten Unterhalts gedeckt werden können. Dass in dieser Hinsicht keine strengeren Vorschriften gegeben werden, hängt damit zusammen, dass Arbeitsgelegenheit leicht zu haben ist und dass auch eine schon in der Strafanstalt gesicherte Unterkunft nicht garantiert, dass der Sträfling die ihm gebotene Stelle gehörig ausnützt. Indessen scheint man wenigstens in Ungarn doch auf dem Wege zu sein, grössere Garantien für die Unterkunft der vorläufig Entlassenen zu fordern, denn eine Justizministerial-Verordnung vom 17. Mai 1888 verlangt, dass im Protokoll über die Bitte um vorläufige Entlassung die Aussichten des Sträflings auf Anstellung und die Mittel, die ihm zur Beschaffung seines

Unterhalts zur Verfügung stehen, erwähnt werden. In den primitiveren Verhältnissen der beiden anderen Länder haben sich solche Massnahmen noch weniger als nötig erwiesen, weil die Rückkehr in die Heimat und die Unterkunft daselbst zu den selbstverständlichen Dingen gehört. Das Recht der Hauskommunionen in Kroatien (Zadruge)*) ist immer noch ziemlich ausgebreitet. Danach gehört jeder Mensch nicht nur familienrechtlich, sondern auch wirtschaftlich in einen Familienverband als eine Art von Wirtschaftsgenossenschaft, in der er für seine Arbeit Anteil an dem gemeinsamen Ertrage hat. Eine, wenn auch bescheidene Existenz ist also dem vorläufig Entlassenen schon durch die Rückkehr in die Familie rechtlich gesichert. Dass in Bosnien der mit der Vergünstigung der vorläufigen Entlassung Bedachte gern als Arbeiter aufgenommen wird, ist bereits mehrfach hervorgehoben worden.

Die Widerruflichkeit der vorläufigen Entlassung ist selbstverständlich ein übereinstimmender Grundsatz aller drei Länder. Aber während in Ungarn und Kroatien dieselben Instanzen, die die vorläufige Entlassung gegeben haben, auch zu deren Widerruf angerufen werden müssen, entscheidet in Bosnien nur die Landesregierung über den Widerruf. Ein gleichmässiger Grundsatz ist es ferner, dass die Strafe als verbüsst angesehen wird, wenn die urteilsmässige Strafdauer abgelaufen ist. Bis zu diesem Zeitpunkte werden die Verurteilten zwar als Sträflinge betrachtet und unter Polizei-Aufsicht gehalten, aber nur insoweit, als sie ohne Prozess wieder ihrer Freiheit beraubt werden können. Militärdienste können sie ohne weiteres tun.

Überall werden die Sträflinge über ihre Pflichten während der vorläufigen Entlassung sorgfältig unterrichtet und erhalten einen Pass mit, in dem diese aufgeführt und die Bedingungen der Enthaftung mitgeteilt sind. Diese Pässe entsprechen in ihrem Inhalte im wesentlichen den in

* Die Hauskommunionen haben auch insofern noch in der Strafvollstreckung eine Bedeutung, als die Haftkosten der Sträflinge nicht von der Familiengenossenschaft beigetrieben oder auf ihren Immobilien sichergestellt werden dürfen.

Deutschland üblichen Entlassungsausweisen für vorläufig entlassene Strafgefangene, enthalten also das Signalement, die Daten der Verurteilung und des Endtermins der Strafe, den künftigen Aufenthaltsort und die Verhaltungsvorschriften.

In Ungarn und Bosnien kann denjenigen vorläufigen Entlassenen, deren Strafende noch weit hinausliegt, auferlegt werden, sich alle 6 Monate oder an den andern im Urlaubspass enthaltenen Zeitpunkten der Polizeibehörde vorzustellen und sich ein Führungsattest ausstellen zu lassen. Dort sind die vorläufig Entlassenen erst dann von aller Kontrolle befreit, wenn sie nach Ablauf der Strafe ihren Urlaubspass bei der Behörde abgeliefert haben.

Die Polizeibehörden sind überall verpflichtet, ein wachsames Auge auf die vorläufig Entlassenen zu haben. Sie werden schon vor der Ankunft des Sträflings von dessen zu erwartendem Eintreffen benachrichtigt. In Ungarn wird auch der Oberstaatsanwalt des Heimatsortes von der vorläufigen Entlassung benachrichtigt. Die Heimatsbehörde hat die Verpflichtung, sich ihrerseits von der Ankunft des Sträflings zu überzeugen und sodann Bericht über seine Führung zu erstatten. Sie soll dem Sträfling behilflich sein, wenn es in seinem Interesse nötig ist, eine andere Unterkunft zu beschaffen oder ganz den Wohnort zu wechseln. In Bosnien gehen die Berichte der Gemeindebehörden durch die Landesregierung an die Strafanstalt.

Die Strafanstalten sind im übrigen die Empfänger der Berichte über die Führung des vorläufig Entlassenen. Sie führen den Sträfling in ihren Listen weiter bis zum Ende der Strafe, bei den zu lebenslänglicher Strafe Verurteilten bis zum Ablauf des vierjährigen Zeitraums.

Der Widerruf tritt überall nicht erst bei Begehung einer neuen Straftat, sondern schon bei schlechter Führung und bei Verletzung der dem vorläufig Entlassenen besonders auferlegten Pflichten ein. Aus wichtigen und dringenden Rücksichten für das öffentliche Interesse kann die Polizeibehörde des Heimatsortes die vorläufige Festnahme des Sträflings veranlassen. Alsdann wird der Sträfling der

Strafanstalt wieder zugeführt, es sei denn, dass er eine Straftat begangen hat, derentwegen er in Untersuchungshaft gelangt. Die in der Freiheit verbrachte Zeit wird nicht in die Strafzeit eingerechnet, wohl aber rechnet die Strafe wieder vom Augenblicke auch nur vorläufiger Festnahme.

In allen drei Ländern ist man mit den Erfahrungen über die vorläufige Entlassung sehr zufrieden. Grund dazu gibt natürlich die geringe Zahl der Widerrufe dieser Vergünstigung. Allerdings ist mir auch gesagt worden, dass die Gemeindebehörden sehr verschiedener Ansicht darüber sind, welche Verfehlungen geeignet sind, den Widerruf zu rechtfertigen und, wann sie alsdann zu berichten haben. Es ist selbstverständlich weder der Strafanstalt noch den obersten Justizbehörden, die die vorläufige Entlassung überwachen, möglich, sicher festzustellen, ob der Widerruf zu Recht unterblieben ist oder nicht, weil sie nur die mitgeteilten Tatsachen in Erwägung ziehen können.

Es würde sich ein sicherer Anhalt für die Bewährung der vierten Stufe ergeben, wenn auch die Zahl der Rückfälle der vorläufig Entlassenen feststände. Mit dieser Einschränkung mögen nunmehr die Zahlen für sich sprechen.

Für Ungarn stehen mir die Zahlen von 1880—1885 und von 1887—1901 zur Verfügung, also vom Beginn der Wirksamkeit der vorläufigen Entlassung nach dem ungarischen Strafgesetzbuch. Indessen lassen sich die Zahlen über die Jahre 1880—1885, die László in seinem Bericht an den römischen Gefängniskongress mitteilt, zur Vergleichung mit den übrigen nicht heranziehen, weil darin der Anteil sämtlicher an der vorläufigen Entlassung beteiligten Strafarten, nicht bloss der für das progressive System in Betracht kommenden mitgeteilt ist, während die spätere Statistik die Übersicht nur über die von den Strafanstalten (Zuchthaus, Kerker, Zwischenanstalt) vorläufig Entlassenen gibt.

Es wird deshalb genügen, mitzuteilen, dass erreicht haben:

Jahr	Bei einem Gesamtabgang*) von	Die vorläufige Entlassung	Prozent
1887	1575	490	31,11
1888	1982	608	30,95
1889	1955	636	32,54
1890	1967	642	32,13
1891	2056	745	31,37
1892	2148	727	33,84
1893	2244	736	32,79
1894	2345	711	30,32
1895	2512	713	28,37
1896	2556	855	33,06
1897	2298	817	35,55

In Kroatien haben erreicht:

Jahr	Bei einem Gesamtabgang von	Die vorläufige Entlassung	Prozent
1885	960	64	7,11
1886	922	80	8,67
1887	1018	124	12,18
1888	921	98	10,64
1889	1031	148	14,34
1890	936	105	11,21
1891	840	76	9,04
1892	891	97	10,88
1893	771	40	5,18
1894	1111	52	4,68

Für die Zeit von 1895—1902 stehen mir nur die absoluten Zahlen der vorläufig Entlassenen zur Verfügung.

1895	11
1896	93
1897	82
1898	84
1899	128
1900	88
1901	78
1902	114

*) Mitgerechnet ist dabei Flucht, Tod, Begnadigung, Überführung in die Irrenanstalt.

In Bosnien haben erreicht:

Jahr	Bei einem Gesamtabgang von	Die vorläufige Entlassung	Prozent
1898	226	41	18,14
1899	209	26	12,44
1900	230	29	12,60
1901	257	35	13,61
1902	280	50	17,50

Hiernach erreicht Ungarn unzweifelhaft prozentualisch die höchsten Ziffern, indem dort nie unter 28 Prozent aller Enthafteten die vorläufige Entlassung erhalten.*) Kroatien steht am tiefsten, während in Bosnien unter 12 Prozent nicht heruntergegangen wird.

Die Statistik aller drei Länder legt Wert auf die Feststellung der Tatsache, in welcher Weise die hauptsächlichsten Verbrechen an der vorläufigen Entlassung beteiligt sind, und in der Tat ist die Einrichtung gross genug, um das Interesse an dieser Frage zu wecken.

In Ungarn waren von den vorläufig Entlassenen verurteilt wegen Verbrechen:

Jahr	Gegen Leben und Gesundheit	Gegen die öffentliche Ordnung	Gegen die Sittlichkeit	Gegen das Vermögen
1887	269	6	9	206
1888	335	8	22	248
1889	384	8	16	278
1890	377	16	16	285
1891	460	18	20	237
1892	470	10	23	224
1893	497	5	25	209
1894	485	9	16	201
1895	467	6	18	222
1896	547	14	37	257
1897	542	13	35	227

*) In Preussen 1900 und 1901 im Gebiete der Strafanstalten des Ministeriums des Innern je 0,97 Prozent.

In der kroatischen Statistik überwiegen die Verbrechen gegen Leben und Gesundheit unter den vorläufig Entlassenen derart, dass von den anderen in Betracht kommenden Verbrechenskategorien, nämlich der wider die Sittlichkeit und der gegen die öffentliche Ordnung, in der ganzen Zeit von 1884—1902 die erstere mit 52 Fällen, die letztere mit 55 Fällen vertreten ist. Die Verbrechen gegen das Vermögen sind durch das Gesetz vom 22. April 1875, wie wir gesehen haben, ausgeschlossen.

In Bosnien waren von den vorläufig Entlassenen verurteilt wegen Verbrechen:

Jahr	Gegen das Leben und Gesundheit	Gegen die öffentliche Ordnung	Gegen die Sittlichkeit	Gegen das Vermögen
1898	29	—	9	8
1899	22	1	1	2
1900	28	2	1	3
1901	32	—	1	1
1902	39	—	1	4

Man sieht also auch hier überall ein absolutes Prävalieren der Verbrechen gegen Leben und Gesundheit.

Die Statistiken geben sämtlich Auskunft darüber, welche Strafzeiten durch die vorläufig Entlassenen erspart worden sind:

I. Ungarn.

Jahr	Bis 6 Monate	Von 6—12 Monaten	Von 1 Jahr bis 2 Jahr	Von 2 Jahr bis 3 Jahr	Mehr als 3 Jahr
1887	139	205	122	10	14
1888	203	225	147	25	12
1889	235	228	133	34	21
1890	181	232	169	82	28
1891	216	231	217	61	20
1892	191	238	219	55	24
1893	228	258	182	64	19
1894	193	264	171	72	21
1895	238	214	150	75	19
1896	344	283	138	75	17
1897	276	314	139	72	28

II. Kroatien.

Jahr	Bis 6 Monate	Bis 1 Jahr	Bis 2 Jahr	2 Jahr bis 3 Jahre	Mehr als 3 Jahre
1885	13	21	11	2	3
1886	13	19	15	7	2
1887	21	23	22	11	7
1888	23	11	16	6	7
1889	25	29	18	8	7
1890	27	19	16	4	3
1891	14	15	11	6	11
1892	23	19	6	6	10
1893	10	10	8	1	3
1894	9	7	12	2	4
1895	6	6	1	—	—
1896	16	15	36	8	18
1897	32	33	6	4	7
1898	33	20	16	8	6
1899	60	21	32	7	3
1900	30	25	21	3	10
1901	35	17	10	9	7
1902	44	34	15	11	7

III. Bosnien.

Jahr	Bis 6 Monate	Bis 1 Jahr	Bis 2 Jahre	Bis 3 Jahre	Mehr als 3 Jahre
1898	16	15	8	—	2
1899	10	18	2	—	1
1900	6	16	6	—	1
1901	5	22	8	—	—
1902	9	25	11	—	5

Hiernach bewegen sich überall die meisten Strafreste bis zu einem Jahr.

Die Aufstellungen über die Strafreste haben für die drei Staaten den ausgesprochenen Zweck festzustellen, welche Haftkosten durch die vorläufige Entlassung erspart werden. Diese Ersparnisse sind natürlich nicht unbeträchtlich. László berechnet die Ersparnis des ungarischen Staates für das Lustrum von 1880—1884 auf 232369 Gulden, das sind 44000 Gulden im Jahre, Tauffer beziffert für Kroatien die Ersparnisse dreier Jahre auf 22333,44 Gulden.

Ungarn stellt auch noch diejenigen fest, die sich in der Zeit der vorläufigen Entlassung verschlechtert haben, bezüglich deren also die Hoffnung, dass sie fernerweit einen straflosen Lebenswandel führen werden, sich nicht mehr aufrecht halten lässt. Darüber folgende Tabelle:

Jahr	Gesamtzahl der Kontrollierten	Aufführung in der Freiheit	
		lobenswert	nicht ganz tadellos
1887	265	233	32
1888	258	229	29
1889	255	237	18
1890	349	313	36
1891	226	199	27
1892	421	333	88
1893	358	331	27
1894	260	228	32
1895	268	254	14
1896	283	259	24
1897	298	281	17

Schliesslich ist nur noch die Zahl der tatsächlichen Widerrufe festzustellen.

Ungarn

1887	6
1888	5
1889	5
1890	9
1891	6
1892	6
1893	10
1894	7
1895	8
1896	8
1897	11

Kroatien

1885	1
1886	1
1887	—
1888	—
1889	2
1890	—
1891	—
1892	—
1893	—
1894	—
1895	—
1896	3
1897	2
1898	1
1899	—
1900	1
1901	1
1902	—

Bosnien

1898	—
1899	—
1900	1
1901	1
1902	—

Auf die ganzen Zeiträume der Statistiken berechnet, hatte demnach Ungarn 1,05 Prozent, Kroatien 0,45 Proz., Bosnien 1,10 Prozent Widerrufe der vorläufigen Entlassung zu verzeichnen. Ein geringerer Prozentsatz lässt sich kaum denken.

Die Gründe der Widerrufe sind nicht bekannt gegeben. Nur László gibt für Ungarn in seinem Bericht an den römischen Kongress die Gründe von 62 Widerrufen des Lustrums 1880—84 an.

Der Widerruf fand statt:

in 27 Fällen wegen Rückfalls;

in 10 Fällen wegen unterlassener Meldung bei der Polizeibehörde;

in 9 Fällen wegen unerlaubter Aufgabe des Wohnsitzes;

in 9 Fällen wegen schlechter und unmoralischer Führung;

in 6 Fällen wegen einer noch vor Eröffnung der bereits ausgesprochenen vorläufigen Entlassung begangenen Straftat;

in 1 Falle wegen Desertion aus dem Militärdienst.

Die ungarische Statistik gibt zwar noch Aufschluss darüber, zu welchem Berufe die vorläufig Entlassenen zurückgekehrt sind, welche derselben während der Zeit der Kontrolle geheiratet haben und beim Militär eingetreten sind. Nach László haben die Feststellungen den Zweck, aus diesen Nachweisen auf die Aussichten für späteres Wohlverhalten der Sträflinge Schlüsse zu ziehen. László zieht diese Schlüsse selber in seinem Bericht an den römischen Kongress. Mir wollen dieselben zu vag erscheinen, um Beachtung finden zu können. Ob jemand die handwerksmässigen oder industriellen Kenntnisse, die er erworben hat, anderweit verwertet oder nicht, ob er zur heimatlichen Scholle zurückkehrt oder ob er an einem anderen Orte sein Brot und seine Unterkunft sucht, das hat mit seiner Besserung nichts zu tun. Ebenso kann einer heiraten, nicht weil er sich sittlich gestärkt für die Ehe fühlt, sondern weil er sich von seiner Ehefrau ernähren lassen will. Die verschiedensten Gründe — und nicht immer die edelsten — können schliesslich beim Eintritt in den Militärdienst obwalten. Damit wird also nichts gewonnen, wenn die Statistik nicht auch feststellen kann, wieviel von den vorläufig Entlassenen speziell im späteren Leben oder wenigstens innerhalb eines grösseren Zeitraumes wieder rückfällig geworden sind. Im übrigen lässt sich der Erfolg der vorläufigen Entlassung nur nach Massgabe der im folgenden Paragraph zu erörternden Rückfallstatistik besprechen.

Es erübrigt nur noch, einen kurzen Blick auf die Fürsorgetätigkeit für entlassene Strafgefangene zu werfen. Neben den gesetzlich dazu bestimmten Einrichtungen des Strafvollzugs und der Polizei finden sich da besondere Organe nicht. Der ersteren ist schon in einzelnen Teilen der Darstellung gedacht worden (Unterstützungsfonds, Anschaffung von Handwerkszeug). Die private Fürsorgetätigkeit fängt in den drei Ländern erst an sich zu regen. Einzelne Vereine mit sehr verschiedenen, meist aber geringen Mitteln haben sich besonders in Ungarn gebildet. Der bedeutendste davon ist der Budapester Fürsorgeverein, der im letzten Jahre bei 37157,26 Kr. Einnahme und einer Ausgabe von 24362,93 Kr. ein Vermögen von 228652 Kr. besass. Der Verein unterhält ein Asyl, dessen Unterhaltung jährlich 8413,94 Kr. kostet. Er hat im letzten Jahre 374 Personen Geldunterstützung in Höhe von 8598,12 Kr. gewährt. Über seine Tätigkeit in der Stellenvermittelung ist mir nichts bekannt geworden. Selbstverständlich ist ein solcher Verein für eine Grossstadt, wie Budapest, eine Notwendigkeit. Weniger nötig ist die Fürsorgetätigkeit gegenüber der Landbevölkerung, wenn die Entlassenen in die Heimat zurückkehren.

---

§ 10. Das Ergebnis.

In einer unendlichen und ermüdenden Zahl von Einzelheiten ist unser Weg durch diejenigen Einrichtungen der drei Länder gegangen, denen der Name eines progressiven Strafvollzugs beigelegt wird. Die fortwährende Vergleichung ergab, dass fast kein Blatt an diesem Baume dem andern gleicht, dass vielmehr nur die äusseren Umrisse, die Einteilung in vier Stufen und ihre Aufeinanderfolge, übereinstimmen. Jedes Land hatte mit seiner eigenen Not zu kämpfen. War Ungarn wenigstens in der Lage, sich ein eigenes, dem progressiven System gerecht werdendes Strafrecht zu schaffen, so hatte man es in Kroatien und Bosnien mit dem veralteten Strafensystem des österreichischen Strafgesetzbuchs, das in letzterem Lande sogar in das neue Strafgesetzbuch hinüberwanderte, zu tun, und es galt erst den progressiven Strafvollzug daneben möglich zu machen. Hatten die politischen Verhältnisse der drei Länder verhindert, dass die Strafvollzugsreform früher in Angriff genommen wurde, so hielten jetzt, wo es einen Aufschub nicht mehr gab, die Finanzverhältnisse deren schnelle Durchführung hintan. Überall hiess es, das Bestehende nicht ganz beiseite zu werfen, sondern langsam daraus künftige bessere Zustände zu entwickeln. Und dieser Prozess ist noch nicht beendet. In Ungarn darf man sogar ein gewisses Stehenbleiben nicht verkennen, was mit der emsigeren Inangriffnahme der Jugendfürsorge auf kriminellem Gebiete und mit dem später noch zu erörternden Stillstand in der Kriminalität zusammenhängen mag. Allerdings erwartet man von Ungarn am meisten, weil es in seinen strafrechtlichen und administrativen Bestimmungen den Rechtscharakter der Strafvollzugsnormen schärfer, als die anderen beiden Länder, zur Erscheinung bringt.

Ist nun das, was in Ungarn, Kroatien, Bosnien progressiver Strafvollzug genannt wird, in der Tat ein systematischer Strafvollzug, d. h. ordnen sich die einzelnen Abschnitte desselben unter der Herrschaft eines oder mehrerer durchgreifender Leitsätze zusammen und erkennt man in den einzelnen Abschnitten die Herrschaft der Leitsätze wieder? Mehr noch, erkennt man diese Leitsätze in dem Vollzug der Strafe an jedem einzelnen Sträfling, der dieser Art der Strafvollstreckung unterworfen wird, wieder? Darüber noch einige Worte.

Betrachtet man die Geschichte der Gefängnisreform in denjenigen Staaten, deren Einrichtungen für andere vorbildlich geworden sind, so findet man, dass es doch erst eines längeren Auseinandersetzens um die Prinzipien bedurfte, ehe man an die praktische Durchführung des Systems ging.

Von einem langen Kampf um die Prinzipien ist in den drei Ländern nicht die Rede gewesen, am wenigsten in Kroatien und Bosnien. Sie folgten, das erstere dem Beispiele Ungarns, das letztere dem Beispiele Kroatiens. Nur Ungarn hatte umfassende Schritte getan, andere Strafvollzugssysteme kennen zu lernen, nur Ungarn hatte vor der definitiven Einführung einen praktischen Versuch gemacht, nur Ungarn reformierte mit dem Strafvollzug zugleich das Strafrecht. Aber einen Kampf gab es auch dort nicht. Und das ist sehr natürlich. In allen drei Ländern war es höchste Zeit, den Strafvollzug neuzeitlich zu ordnen, erforderte dagegen die Finanzlage starke Benutzung der vorhandenen Strafvollzugseinrichtungen. So wäre es für Ungarn und Kroatien ausgeschlossen gewesen, etwa das belgische System der strengen Einzelhaft zu adoptieren. Die Durchführung eines derartigen Systems wäre in noch viel weitere Fernen gerückt worden, als die eines gemischten Systems. Ebensowenig eignete sich das System reiner Gemeinschaftshaft zur Einführung. Wollte man damit den Strafvollzug verbessern, so hätte man einen Beamtenkörper nötig gehabt, der bis in die untersten Funktionäre Höchstes leistete. Über einen solchen gebot man nicht. So ergab sich das irische System, wie von selbst. Dafür konnte man die alten Strafhäuser benutzen, durfte hoffen, die nötigen Räume für Einzel- und Gemeinschaftshaft über kurz oder lang zu schaffen, war in der Lage, in den Zwischenanstalten nicht besonders teure, bald Ertrag abwerfende Landwirtschaften zu gründen und schliesslich in der ausgedehnten Anwendung der vorläufigen Entlassung ansehnliche Ersparnisse für die Staatskasse zu machen.

In etwas anderer Lage war Bosnien. Dort waren die aus der ottomanischen Herrschaft stammenden Gefängnisse höchstens noch für den Vollzug kleiner Strafen zu verwenden. Entschlossen zu dem Bau einer den Vollzug aller schweren Freiheitsstrafen umfassenden Zentralstrafanstalt, hätte Bosnien unter verschiedenen Vollzugssystemen wählen können. Dass aber in einem eben erst okkupierten Lande, in dem ein den Kulturverhältnissen der österreichisch-ungarischen Monarchie entsprechender Strafvollzug so schnell, wie möglich, eingerichtet werden soll, zu dem gegriffen wird, was man kennt, wie Bosnien den Strafvollzug der Sträflinge des Landes in den kroatischen Anstalten, das liegt so nahe, dass es keiner Begründung bedarf.

Kurzum, in keinem der drei Länder galt es einen Kampf um des Prinzip, um das beste Strafvollzugssystem, sondern die Aufnahme des irischen Systems vollzog sich mit einer gewissen Naturnotwendigkeit.

An und für sich sind diese mehr äusserlichen Gründe der Aufnahme der vollkommenen Durchdringung der Prinzipien des irischen Systems natürlich nicht förderlich gewesen, dennoch soll keineswegs behauptet werden, dass ihnen keine Bedeutung beigemessen wurde. Sicherlich hat, was schon früher bezüglich Bosnien betont werden konnte, in erster Linie der humane Grundzug den irischen Strafvollzug empfehlenswert gemacht. Das hängt mit der Auffassung zusammen, die die Erfahrung in den drei Ländern von Verbrechen und Verbrechern gebildet hatte. Gewiss war die Kriminalstatistik der drei Länder z. Zt. der Einführung des progressiven Strafvollzugs noch nicht imstande gewesen, die Gesetze der Kriminalität in das rechte Licht zu setzen. Man war aber allgemein der Ansicht, dass das Eigentumsverbrechen bei weitem hinter dem Gewalttätigkeitsverbrechen zurücktrete. Inwieweit dies die neueren statistischen Aufstellungen bestätigen, möge aus folgenden Nachweisungen entnommen werden.

In Ungarn stellt sich die Kriminalität der Strafanstaltsbevölkerung einschliesslich Distriktskerker und Zwischenanstalten in den Jahren 1890, 1891 und 1897, wie folgt:

	1890	1891	1897
Diebstahl	2704	2753	3355
Raub	500	464	432
Brandstiftung . . .	224	219	201
Urkundenfälschung .	79	81	172
Unterschlagung . . .	79	65	122
Hehlerei	55	60	80
Betrug	44	42	92
Totschlag	1715	1675	1565
Mord	417	405	304
Körperverletzung . .	1095	1090	1193
Notzucht	100	108	190
Zusammen:	7102	6902	7766
Gesamtzahl der Sträflinge in demselben Jahre	7145	7180	8155
sodass auf die andern Straftaten zusammen kommen	43	278	389

Die Kriminalität nach den Verurteilungen vor den Schwurgerichten und Gerichtshöfen bietet ein ganz anderes Bild:

	1900	1901
Diebstahl	4034	5973
Raub	77	80
Brandstiftung	101	41
Urkundenfälschung . .	347	549
Unterschlagung . . .	394	448
Hehlerei	695	845
Betrug	87	155
Totschlag	145	225
Mord	27	40
Körperverletzung . .	3239	4837
Notzucht	106	191
Verurteilte zusammen .	9252	13384
Die Gesamtzahl der Verurteilten der Verbrechen und Vergehen beläuft sich auf . .	12936	18420
sodass auf die anderen Straftaten entfallen .	3676	5036

Es zeigt sich hiernach, dass die Zahl der in einem Jahre ergangenen Verurteilungen wegen der gefährlichsten Straftaten, die zugleich auch die längsten Strafzeiten herbeiführen, Mord und Totschlag, auf ein Jahr nicht sehr erheblich ist im Vergleich zu der Zahl der in den Strafanstalten deswegen Einsitzenden. Da aber die Ziffer dieser Strafanstalten auch in der Strafanstaltsstatistik konstant zurückgeht, so ist anzunehmen, dass die Verurteilungen wegen dieser Straftaten an und für sich zurückgehen, dass aber die Strafanstalten noch einen grossen Stamm von Kapitalverbrechern aus älteren Zeiten beherbergen. Von 1900 zu 1901 ist allerdings wieder eine kleine Steigerung zu beobachten. Um deren Bedeutung zu ermessen, ist die neuere Statistik zu jung. Nimmt man die Gewalttätigkeitsverbrechen zusammen, so ergibt sich hier schon, dass sie die Eigentumsverbrechen übersteigen.

Für Kroatien fehlen in der folgenden Aufstellung für 1885—1894 Urkundenfälschung und Hehlerei, die indessen kaum ins Gewicht fallen.

Es sassen in der genannten Zeit in den kroatischen Strafanstalten wegen:

Diebstahls	5679
Raubes	1216
Brandstiftung	967
Unterschlagung	249
Betruges	670
Totschlags	4215
Mordes	4238
Körperverletzung	2841
Notzucht	382
zusammen	21854
Die Gesamtzahl der Sträflinge in dieser Zeit betrug	23008
so dass für die anderen Straftaten verbleiben	1154

In der bosnischen Zentralstrafanstalt wurden in der Zeit von 1898—1902 eingeliefert wegen:

Majestätsbeleidigung	8
öffentlicher Gewalttätigkeit .	35
Missbrauchs der Amtsgewalt .	4
Münzverfälschung	2
Notzucht und Schändung . .	42
widernatürlicher Unzucht . .	13
Mordes (in allen Abarten) . .	42
Totschlags	301
Schwerer Körperverletzung und Vergehen gegen die Sicherheit des Lebens	303
Brandstiftung	9
Diebstahls	498
Veruntreuung	28
Raubes	5
Betruges	28
Verleumdung	8
Vergehen gegen die Sicherheit des Eigentums	2
zusammen	1328

Der Erfahrungssatz, dass die Gewalttätigkeitsverbrecher den integrierenden Bestandteil der Strafhausbevölkerung ausmachen, bestätigt sich demnach heute noch, am meisten in Kroatien und Bosnien. Es war also naheliegend, bei der Wahl des Strafvollzugsystems auf diese Verbrechergattung vorwiegend Rücksicht zu nehmen. Ein weiterer Erfahrungssatz war der, dass der Gewalttätigkeitsverbrecher besserungsfähiger ist, als der Eigentumsverbrecher. Das progressive System betont aber für die Zeit der drei letzten Stufen den Besserungszweck des Strafvollzuges. Es verlangt auch keine besonders lange Einzelhaft. Das stimmte wiederum vorzüglich mit der Beobachtung, dass längere Einzelhaft nicht für die erregbaren Gemüter der Bewohner jener Länder tauge. Dazu kam schliesslich noch, dass ein Prinzip, das den irischen Strafvollzug beherrschte, die Kürzungsfähigkeit der richterlich erkannten Freiheitsstrafen durch vorläufige Entlassung, zur Zeit als der progressive Strafvollzug in den drei

Ländern aufgenommen wurde, bei den meisten Kulturstaaten Eingang gefunden hatte. So hatte auch bereits Kroatien vor der Einführung des progressiven Strafvollzugs die vorläufige Entlassung durch ein Spezialgesetz geregelt.

Dass alle diese Prinzipien in den mitgeteilten Normen des Strafvollzugs der drei Länder ihren bewussten Ausdruck finden, darüber kann kein Zweifel bestehen. Auch der Mangel einer beweglichen Frist für die ungarische Einzelhaft macht hiervon keine Ausnahme, weil keines der Prinzipien des progressiven Strafvollzugs bei dem Vorhandensein dreier weiterer Stufen so intim davon berührt wird, dass der progressive Charakter des ganzen Strafvollzuges darunter litte.

Nicht ebenso günstig kann das Urteil über die tatsächliche Durchführung der Prinzipien lauten. Von Bosnien abgesehen ist man über die Anläufe dazu nicht hinausgekommen. Wenn Starke, der Darsteller des belgischen Einzelhaftsystems, am Schlusse seiner Arbeit sagen konnte, die belgische Regierung habe eine Einheit in der Behandlung der Gefangenen hergestellt, wie sie in gleichem Umfange in keinem grösseren oder gleich grossen Staate zu finden sei, so ist von Ungarn und Kroatien gerade das Gegenteil zu sagen: Die Einheit in der Behandlung der Gefangenen lässt sich schwer vermissen. Bosnien muss hier, wie schon öfters betont worden, ausscheiden, weil es mit seiner einzigen Anstalt in einer so günstigen Lage ist, dass jede Konkurrenz ausgeschlossen wird. Ich will keinen Augenblick bezweifeln, dass jeder der beiden anderen Staaten in der Lage gewesen wäre, wenn er nur eine Anstalt zu schaffen gehabt hätte, gleiches zu leisten.

Unter der Einheit der Behandlung der Gefangenen wird man zu verstehen haben, dass jeder Gefangene an jedem Strafvollzugsorte des Landes, in dem die gleiche Strafart vollstreckt wird, genau dieselbe Strafe zu erleiden hat, d. h. zum Beispiel, dass er dieselbe Zeit in Einzelhaft zu verbringen hat, dass er überall in der Gemeinschaftshaft in nächtlicher Trennung lebt, dass er in jeder Zwischenanstalt landwirtschaftlichen Unterricht über dieselben Gebiete des Wissens erhält, dass er überall ein Handwerk erlernen kann, das ihm für sein späteres Fortkommen nützlich ist, usw. Diese Einheit fehlt. In Sopron ist der Sträfling nächtlich in Einzelhaft, in Vácz ist er in einer Schlafzelle mit 5 anderen zusammen, in Lipótvár mit 20 andern. In Mitrovica kann es ihm begegnen, dass er nach längerer Gemeinschaftshaft wieder in die Einzelhaft zurückwandert, weil im Einzelhaftgebäude Zellen leer stehen, in Gospić dagegen kommt er vielleicht gar nicht in Einzelhaft, weil alle 8 Zellen der Anstalt besetzt sind. In die Zwischenanstalt kann ein Sträfling von Nagy-Enyed aus kaum kommen, weil die nächste Zwischenanstalt zu weit ab und nicht in der Richtung auf seine Heimat zu liegt. Aber auch, wenn er in Lipótvár seine Strafe verbüsst, kann er trotz bester Führung in die Zwischenanstalt nicht gelangen, wenn er nicht seine Zugehörigkeit zur Landwirtschaft nachweisen kann. So ist in Wahrheit in keinem Straforte der Inhalt der Strafe gleich dem am andern. Man soll nicht glauben, dass derartige Unterschiede wirkungslos bleiben. Ich habe ein Beispiel dafür, dass schon die Lage einer Anstalt als bedeutsam für den Inhalt der Strafe angesehen wird. In Lipótvár sind, wie mir erzählt wurde, Fälle festgestellt worden, dass ältere Verbrecher in den Gerichtssprengel, zu dem diese Strafanstalt gehört, kamen mit der Absicht, dort ein Verbrechen zu verüben. Würden sie ergriffen, so müssten sie, so wurde kalkuliert, alsdann ihre Strafe in Lipótvár verbüssen. Dort werden sie zwar nicht milder, wie anderswo behandelt, aber die Anstalt liegt in Baum- und Flurengrün begraben, im wunderschönen Waagtal. Der Ort ist gesund. Diese Reize genügen, um dem Gewohnheitsverbrecher, der doch weiss, dass er dem Zuchthaus nicht entrinnen kann, die Strafe in Lipótvár angenehmer erscheinen zu lassen. Man sollte also vor allem darauf ausgehen, den Strafvollzug nach innen und nach aussen uniform zu machen.

Wenn man alle drei Länder zusammennimmt, so lässt sich überhaupt nicht einsehen, weshalb sich eine so grosse Zahl von Differenzen in den Normen des Strafvollzuges als notwendig erwiesen haben sollte, warum in der zweiten Stufe Ungarn 3 Klassen, Kroatien 18 Klassen und Bosnien 7 Klassen bilden, warum der Normalaufenthalt in der Zwischenanstalt in Ungarn auf $^1/_{12}$, in Kroatien $^1/_8$, in Bosnien $^1/_4$ der ganzen Strafe festgesetzt werden musste usw. usw. Ich bin überzeugt, dass man in allen drei Ländern um einen bedeutenden Schritt weiter wäre, wenn man sich bei Zeiten über die Einzelheiten des progressiven Strafvollzugs geeinigt hätte. So gross sind die Unterschiede der Nationalität, der Religion, der Kriminalität, der Qualität des Beamtenmaterials, der Finanzverhältnisse und, was der den Strafvollzug beeinflussenden Umstände mehr sind, nicht, dass sich nicht eine ganze Reihe von Vereinigungspunkten ergäbe. Man wird sich alsdann über den Grund jeglicher Abweichung vom Nachbarn sehr viel klarer werden, als mir dies bisher zu sein scheint.

Was man dabei gewinnen würde? Erstens mal fördert alle Konkurrenz, selbst auf dem Gebiete staatlicher Aufgaben, den Fortschritt. Sodann würde so das Gebiet eines einheitlichen Strafvollzugssystems erheblich erweitert werden. Dadurch würde die Prüfung, ob das progressive System die Lösung der Frage nach dem besten Vollzug der Freiheitsstrafe enthält, ausserordentlich erleichtert werden. Das wäre die internationale Bedeutung der Sache. Für das eigene Land würde die Einheit der Normen, wenn man fortwährend bemüht ist, ihre Wirkungen in den beiden Nachbarländern zu beobachten und zu vergleichen, die tatsächliche Durchführung des ganzen Systems und schliesslich auch die Einheit der Behandlung der Sträflinge ungemein fördern.

Welche politischen, rechtlichen oder tatsächlichen Hindernisse sich den Einheitsbestrebungen in den Weg stellen mögen, kann ich als Ausländer natürlich nicht ermessen. Sie mögen nicht gering sein, sonst wäre man sicher schon selbst von irgend einer Seite in diesem Sinne vorgegangen. Sollte es aber nicht möglich sein, wenigstens einen Verein der Gefängnisbeamten der drei Länder zu bilden, ein gemeinsames Vereinsorgan zu schaffen und, das wichtigste, eine gemeinsame Strafanstaltsstatistik auf Grund einer Vereinbarung der Regierungen durchzuführen?

Unzweifelhaft würden sich die drei Länder durch Einheitsbestrebungen auf dem Gebiete des Strafvollzugs ein Verdienst schaffen, das überall anerkannt werden würde, gibt es doch, nachdem der irische Strafvollzug in Irland seine Bedeutung verloren, kein grösseres Land mehr, das dieses System in solchem Umfange durchführte.*) Das grösste Interesse ist dabei auf seiten der Zwischenanstalten. Ihre Bedeutung für den Strafvollzug und das spätere Leben des Sträflings gründlich zu erforschen; ihre beste Form zu ermitteln; festzustellen, ob grosse, mittlere oder kleine Landwirtschaften, ob Abtrennung von der Hauptanstalt oder Verbindung angezeigt; ihre Wirkung auf Körper, Geist und Gemüt wissenschaftlich klar zu legen, wäre eine schöne Aufgabe, deren Lösung viel Kräfte beschäftigen könnte. Unzweifelhaft ist jetzt schon Material, das der wissenschaftlichen Bearbeitung harrt, vorhanden. So liegen mir sorgsam ausgearbeitete Gewichtstabellen über die Sträflinge in Ženica, nach den einzelnen Strafstufen getrennt, vor, und ich weiss von einer ähnlichen grossen Ausarbeitung in Illava.

Von den Aufgaben der Zukunft kehren wir zur weiteren Prüfung der Ergebnisse in den drei Ländern zurück. Man will natürlich auch die Frage beantwortet haben: „Sind Erfolge vorhanden?"

Dass die Durchführung der relativen Strafzwecke in einem zwischen Abschreckung und Besserung vermittelnden System schliesslich doch zum grössten Teile von ganz anderen Umständen und von ganz anderen Kräften abhängig ist, als solche in der staatlichen Strafvollstreckung selbst gegeben sind, daran zweifelt niemand mehr. Nationalität, Religion, kulturelle, politische und wirtschaftliche Zustände spielen ihre bedeutsame Rolle. Um die Wirkung des Strafvollzugs zu prüfen, müsste man all die Einzelexistenzen der entsühnten Verbrecher in ihren späteren Geschicken verfolgen und müsste in einem grossen Gesamtbilde die Gründe veranschaulichen, warum sie nicht

*) Vielleicht Italien ausgenommen, wofür mir allerdings Details nicht zur Verfügung stehen.

von neuem gegen die Rechtsordnung fehlten, oder warum sie es dennoch taten. Ein solches Gesamtbild läge in den drei Ländern zur Zeit noch weniger ausser dem Bereich der Möglichkeit, als bei uns, wo die Freizügigkeit solche Dimensionen angenommen hat, dass nur wenige Sträflinge zu ihrer angestammten Scholle zurückkehren und dort den Rest ihres Lebens verbringen. Wie schon öfters hervorgehoben, liegen die Verhältnisse in den drei Ländern noch einfacher. Aber das ist nichts Bleibendes. Die Auswanderung wächst immer mehr. In Ungarn, wo der Zonentarif in letzter Zeit sich nur um ein geringes verteuert hat, entfaltet sich ein grosser Verkehr. Die drei Länder bilden sich langsam auch zu jener modernen Mischung von Agrar- und Industriestaat aus, der dem Strafentlassenen ausserhalb der engeren Heimat Unterkunft und Unterhalt genug bietet. Die statistischen Quellen geben folgende Antwort über die obengestellte Frage.

In Ungarn gehen jedenfalls die langzeitigen Freiheitsstrafen zu gunsten der kurzzeitigen zurück. Darüber gibt nachstehende Tabelle Auskunft:

Jahr	Zuchthaus in Haupt- und Zwischenanstalten					Kerker*)		
	Unter 5 Jahren	5—10 Jahre	10—15 Jahre	Lebenslänglich	Umgewandelte Todesstrafe	6 Monate bis 3 Jahr	3 Jahr bis 6 Jahr	6 Jahr bis 10 Jahr
1887	—	2926	1822	1894	188	447	204	32
1888	—	3220	1958	1327	180	478	250	30
1889	—	2990	2141	1430	172	478	257	32
1890	3169	2189	1207	236	150	—	690	70
1891	3293	2157	1177	221	146	553	180	19
1892	3488	1939	1147	258	130	519	167	15
1893	3651	1912	1104	260	110	517	148	9
1894	3767	1966	1089	266	108	636	134	10
1895	3841	2027	1056	230	92	697	133	8
1896	4092	1986	872	320	57	765	55	—
1897	4110	1855	720	335	38	645	139	5

*) Es ist nur der im Szegediner Distriktskerker verbüsste Kerker berücksichtigt. Wie die neuere Statistik ergibt, sind die in den Gerichtshofgefängnissen verbüssten kleinen Kerkerstrafen aber sehr zahlreich.

Auffallend ist der rapide Sturz der lebenslänglichen Zuchthausstrafe vom Jahre 1889 auf 1890. Im übrigen wiegt das Anwachsen in den Zuchthausstrafen bis zu fünf Jahren das Herabgehen in den schwereren Strafen nicht auf. Die seit dem 1. Januar 1900 in Ungarn eingeführte Statistik ist zu jung, um darauf irgendwelche Schlüsse bauen zu können. Es lässt sich daraus nur feststellen, dass von den schweren Strafarten, Kerker und Zuchthaus, die erstere in der Dauer von 6 Monaten bis zu einem Jahre bei weitem an erster Stelle steht, derart, dass 1901 die Gesamtsumme der mit höheren Strafen Belegten nur 34,6 % jener Summe beträgt.

Was nun das Vorleben der Sträflinge anlangt, so ist der ungarischen Statistik folgende Aufstellung zu entnehmen:

Jahr	Unbestraft	Wegen Übertretung vorbestraft	Wegen Vergehens vorbestraft	Wegen Verbrechens vorbestraft				Gesamtzahl
				einmal		mehrere Male		
				gleichartig	ungleichartig	gleichartig	ungleichartig	
1887	3775	368	591	582	390	901	238	6845
1888	4088	384	690	606	399	908	228	7253
1889	3172	440	775	620	398	889	284	6528
1890	4005	460	921	658	352	882	288	7561
1891	3882	417	1030	667	391	969	251	6607
1892	3776	383	1189	764	397	1040	250	7749
1893	3091	437	1153	756	408	959	247	7086
1894	3772	412	1222	746	411	1048	261	7867
1895	3991	389	1151	726	428	1018	289	7992
1896	3909	370	1115	725	444	989	325	7577
1897	4282	346	1258	770	472	1065	369	8562

Ein unbedingtes Steigen oder Fallen der Rückfälle lässt sich hiernach nicht erkennen. Es waren Unbestrafte vorhanden:

1887 . . . . 55,16 %
1892 . . . . 53,66 %
1897 . . . . 50,01 %

Wegen Vergehens Vorbestrafte:

1887 . . . . 5,37 %
1892 . . . . 14,71 %
1897 . . . . 14,69 %

Hier also eine unbedingte Steigerung. Für das progressive System kommen die vormals wegen Verbrechens

Vorbestraften vornehmlich in Betracht, insofern man annehmen kann, dass sie bei früherer Strafverbüssung ihrer Mehrzahl nach in den Landesstrafanstalten gewesen sind. Danach waren also vorhanden:

1. wegen gleichartigen Verbrechens einmal Vorbestrafte:
   1887 . . . . 8,50 %
   1892 . . . . 9,85 %
   1897 . . . . 8,99 %
2. wegen ungleichartigen Verbrechens einmal Vorbestrafte:
   1887 . . . . 5,69 %
   1892 . . . . 5,12 %
   1897 . . . . 5,62 %
3. wegen gleichartigen Verbrechens mehrmals Vorbestrafte:
   1887 . . . . 13,17 %
   1892 . . . . 13,42 %
   1897 . . . . 12,43 %
4. wegen ungleichartigen Verbrechens mehrmals Vorbestrafte:
   1887 . . . . 3,47 %
   1892 . . . . 3,22 %
   1897 . . . . 4,30 %

Aus der ungarischen Statistik ist ferner wichtig, festzustellen, wie hoch die Strafe gewesen ist, die den Rückfälligen früher getroffen hat. Man wird aus der folgenden Tabelle erkennen, dass die kleinen Strafen am wenigsten vor Rückfall bewahren:

Jahr	Bei einer Gesamtzahl von Vorbestraften	Letzte Freiheitsstrafe						
		6 Monate bis 3 Jahr	3—5 Jahr	5—10 Jahr	10—15 Jahr	Über 15 Jahr	Schon zum Tode verurteilt	Im früheren Fall begnadigt
1887	2146	1688	267	107	44	5	22	13
1888	2184	1715	273	108	42	6	26	14
1889	2178	1676	311	109	39	4	21	18
1890	2191	1680	308	120	41	8	21	13
1891	2311	1759	333	135	41	10	22	11
1892	2382	1830	371	146	46	12	18	9
1893	2438	1865	341	143	45	18	18	8
1894	2488	1908	355	143	41	15	18	8
1895	2493	1889	363	162	45	11	15	8
1896	2566	1992	366	146	24	4	2	2
1897	2690	2102	389	154	26	5	7	7

Schliesslich gibt die ungarische Statistik, die sich in ausgedehntem Masse mit den Rückfälligen beschäftigt und noch viele andere Feststellungen trifft, deren Anführung die Darstellung zu sehr belasten würde, noch an, wieviel Zeit zwischen der Verbüssung der früheren Strafe und der neuen Straftat lag.

Jahr	6 Monate bis 3 Jahr bei	3—5 Jahr bei	5—10 Jahr bei
1887	1073	516	513
1888	928	582	622
1889	887	588	670
1890	816	549	762
1891	978	581	689
1892	1090	577	789
1893	1170	555	689
1894	1179	621	762
1895	1224	516	718
1896	1415	481	649
1897	1530	500	646

Auch diese Aufstellung ist nicht geeignet, die Erfolge des Progressivsystems in die Augen springen zu lassen, denn die kurzen Fristen bis zur Begehung der neuen Straftat nehmen entschieden zu.

Trotzdem nimmt die Kriminalität überhaupt in Ungarn ab. In der Revue pénitentiaire für 1896 (S. 315) werden für die Gerichtshofgefängnisse folgende Zahlen der Verurteilten gegeben:

1888	10667
1889	10715
1890	9476
1891	8500
1892	7313
1893	6767
1894	5105

Das wäre ein Rückgang um die Hälfte. In den Strafanstalten soll es ähnlich stehen. Der Statistik für 1887—1897 kann ich aber Zahlen, die dies nachzuweisen imstande wären, nicht entnehmen. Es mag dies erst nach 1897 in die Erscheinung treten. Tatsache ist jedenfalls, dass die

Belegungsziffer der Strafanstalten zurückgeht. So ist Sopron, dessen Belegungsfähigkeit mit ca. 700 Mann ausgeht, auf eine Belegung von 470 Mann zurückgegangen, trotzdem die volle Belegung dieser allein die nächtliche Trennung gewährenden Anstalt angestrebt wird.

In Ungarn selbst führt man den Rückgang der zu schweren Freiheitsstrafen Verurteilten keineswegs sogleich auf den progressiven Strafvollzug zurück. Man gibt als Ursachen zunächst an die zunehmende Milde der Berufsrichter, den Einfluss der Schwurgerichte, das Anwachsen der Auswanderung und schliesslich erst die Wirkung des progressiven Strafvollzugs in seiner 4. Stufe, der vorläufigen Entlassung. Dass den Zwischenanstalten keine Wirkung beigemessen wird, liegt natürlich daran, dass der Aufenthalt leider einen viel zu geringen Zeitraum beim einzelnen Sträfling umfasst und dass sie auf einen viel zu geringen Bruchteil der Sträflinge zur Anwendung kommen.

In Kroatien gestaltet sich das Verhältnis der kurzzeitigen Strafen zu den langzeitigen in der Zeit von 1885 bis 1894 folgendermassen. Es waren bestraft:

Jahr	Bis zu 5 Jahren	5—10 Jahre	10—20 Jahre	Lebenslänglich
1885	1461	414	344	26
1886	1549	482	353	31
1887	1548	454	395	38
1888	1487	465	391	30
1889	1564	443	421	29
1890	1401	395	396	29
1891	1416	345	354	29
1892	1326	343	379	29
1893	1205	355	385	28
1894	1784	430	312	31

Die Zahlen sind von einer merkwürdigen Konstanz.

Die Rückfälligenstatistik basiert in Kroatien auf der Klassifikation und zwar stellt die ganze Klasse III die Rückfälligen dar. Die nachfolgende Tabelle fasst die Sträflinge der drei Landesstrafanstalten und ausserdem diejenige der Anstalten in Glina und Ženska katniona zusammen:

Jahr	Unbestrafte: Klassen I, II	Sträflinge unter 24 Jahren, die einmal gerichtlich vorbestraft sind: Klasse IIIa	Sträflinge über 24 Jahre, deren Vorstr. kein aus Gewinnsucht begangenes Verbrechen betraf: Klasse IIIb	Alle übrigen Rückfälligen: III c/1-c/8	Gesamtzahl der Rückfälligen
1885	1842	37	85	420	542
1886	1916	34	101	414	549
1887	1941	47	118	395	560
1888	1958	40	158	398	596
1889	1900	26	165	355	546
1890	1599	23	148	288	459
1891	1678	71	105	330	506
1892	1697	70	118	309	497
1893	1709	63	119	272	454
1894	2154	64	130	348	542

Die mir zur Verfügung gestellte Statistik Kroatiens von 1895—1902 behandelt nur die drei Landesstrafanstalten Lepoglava, Mitrovica und Gospić. Mit dieser Massgabe seien nachfolgende Zahlen mitgeteilt:

Jahr	Klassen I, II	Klasse IIIa	Klasse IIIb	Klassen IIIc/1-c/8	Gesamtzahl der Rückfälligen
1895	2132	62	174	408	644
1896	2114	19	157	312	488
1897	2314	36	208	445	589
1898	2377	36	212	366	614
1899	2406	31	208	416	655
1900	2601	25	209	365	599
1901	2295	89	151	341	581
1902	2167	26	196	355	577

Hiernach lässt sich bis in die jüngste Zeit ein Abschwellen der Rückfälle nicht bemerken. Die Zahl der Unbestraften scheint in langsamem Steigen begriffen, während sich die Zahl der Vorbestraften ziemlich auf derselben Stufe hält. Von den Jugendlichen glaubt man in Kroatien selbst, dass die Zahl der Bestrafungen und der Rückfälle zunimmt, worüber in den Motiven zu dem Entwurf des neuen Zwangserziehungsgesetzes lebhaft Klage geführt wird.

Die bosnische Statistik lässt bei dem kurzen Zeitraum von fünf Jahren, über den sie Auskunft gibt, wohl überhaupt keine Schlüsse zu. Es wird die im kommenden Jahre zu veröffentlichende allgemeine Kriminalstatistik, mit der hoffentlich auch eine eingehende Rückfallstatistik nach dem Vorgange Ungarns verbunden ist, abzuwarten sein. Auf deren Ergebnisse darf man, da die bosnische Strafanstalt nun auch schon bald 2 Jahrzehnte in Tätigkeit ist und ihre Wirkung bei der Sesshaftigkeit der Bevölkerung unbedingt auch zahlenmässig in die Erscheinung treten müssen, gespannt sein. Der Vollständigkeit wegen sei folgende Tabelle über das Vorleben der Sträflinge aufgestellt:

Jahr	Vorbestraft	Wegen Vergehens vorbestraft	Wegen Verbrechens vorbestraft	Wegen Vergehens und Verbrechens vorbestraft	Gesamtzahl
1898	110	50	68	—	228
1899	109	54	31	47	241
1900	129	54	31	77	291
1901	139	66	33	51	289
1902	137	62	19	66	284

Als Starke jenes anerkennende Urteil über das belgische Einzelhaftsystem abgab, waren in Belgien 40 Jahre Arbeit an der rechtlichen und tatsächlichen Durchführung der Strafvollzugseinrichtungen verflossen gewesen.*) Ungarn, Kroatien, Bosnien arbeiten sehr viel kürzere Zeit daran und es wird auch ihnen sicherlich beschieden sein, höhere Ziele zu erreichen und die Erfolge ihrer Arbeit in wuchtigen Zahlenreihen zu veranschaulichen, insbesondere wenn sie sich zur Zusammenarbeit entschliessen.

*) Übrigens kann heute Belgien nur noch in anbetracht jener Entwickelungsepoche als Muster hingestellt werden. Im übrigen gilt heute dort das Einzelhaftsystem als zusammengebrochen und zeigt gerade dieser Umstand, wie bedenklich es ist, alle Sträflinge nach einer einzigen Haftweise behandeln zu wollen (vgl. Sichart in Bl. f. Gef.-Kde., Bd. 37 Heft 12, S. 87.).

A. W. Hayn's Erben, Berlin und Potsdam.

Zwi

a) Beamten-Wohnhaus.

b) Gefangenen-Wohnhaus.

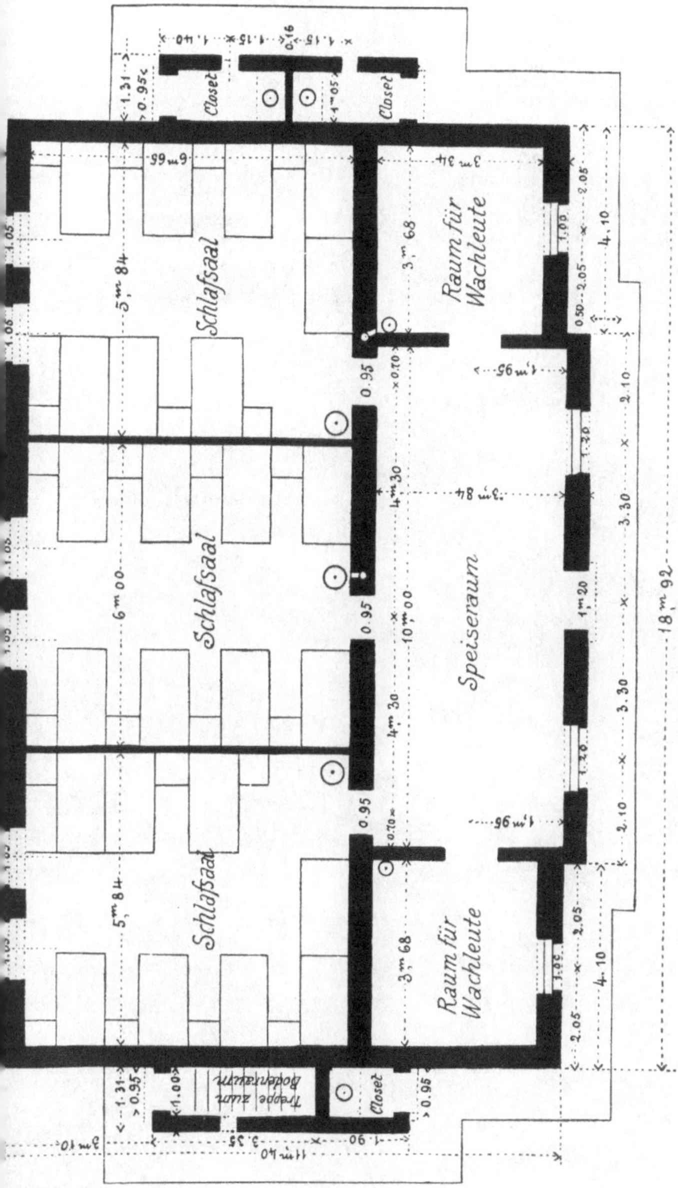

c) Grundriss des Gefangenen-Wohnhauses.

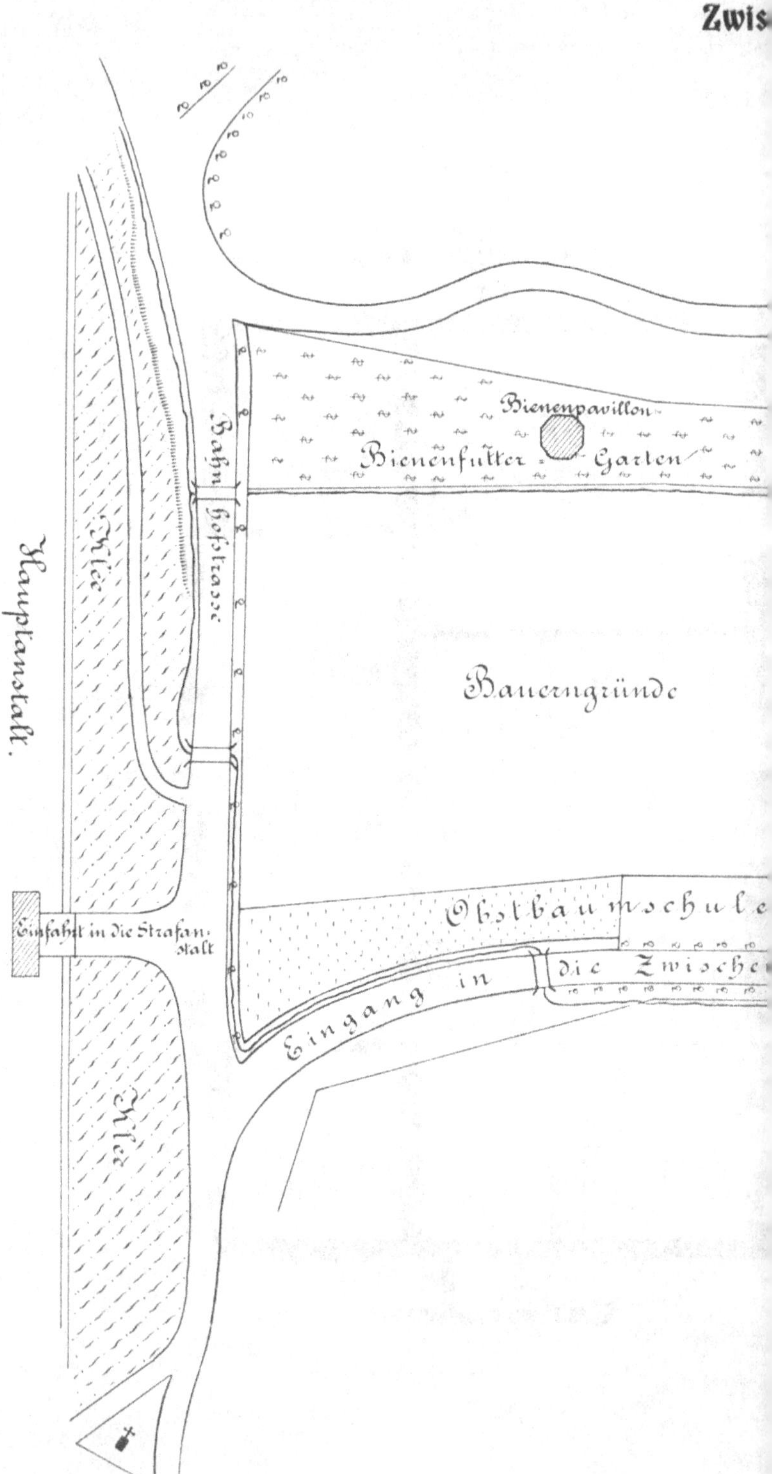

Zwis
Bienenpavillon
Bienenfutter - Garten
Bahnhofstrasse
Klee
Hauptanstalt.
Bauerngründe
Obstbaumschule
Einfahrt in die Strafanstalt
Eingang in die Zwische
Klee

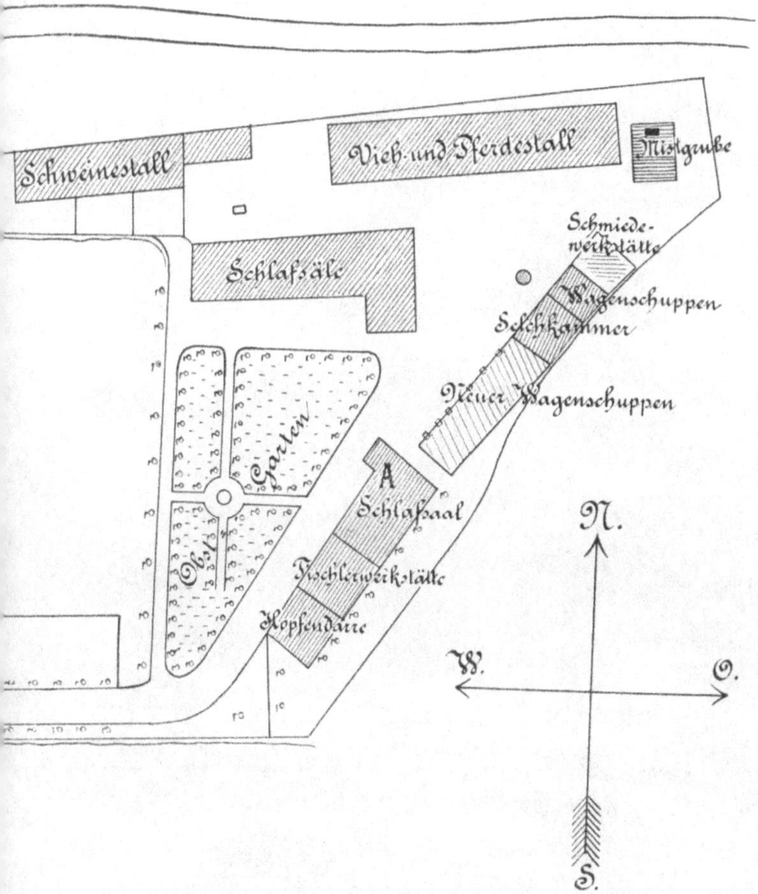
Schweinestall
Vieh- und Pferdestall
Mistgrube
Schlafsäle
Schmiede-
werkstätte
Wagenschuppen
Selchkammer
Neuer Wagenschuppen
Obst Garten
A
Schlafsaal
Tischlerwerkstätte
Hopfendarre
N.
W.
O.
S.

Gefangenenwohnhaus der Zwischenanstalt Lepoglava. III.

Haupt- und Zw

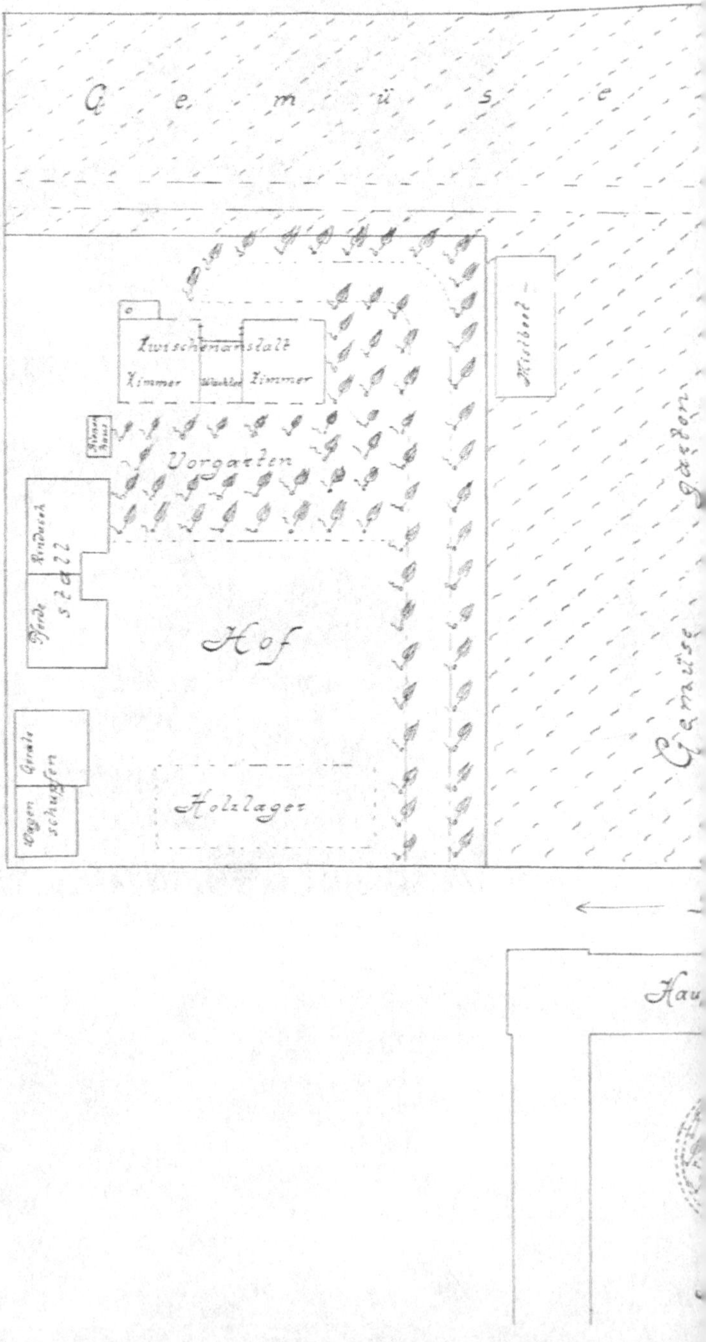
G e m ü s e
Zwischenanstalt
Zimmer
Zimmer
Vorgarten
Pferde
Stall
Hof
Holzlager
Kiesbeet
Gemüse garten

spic. IV.

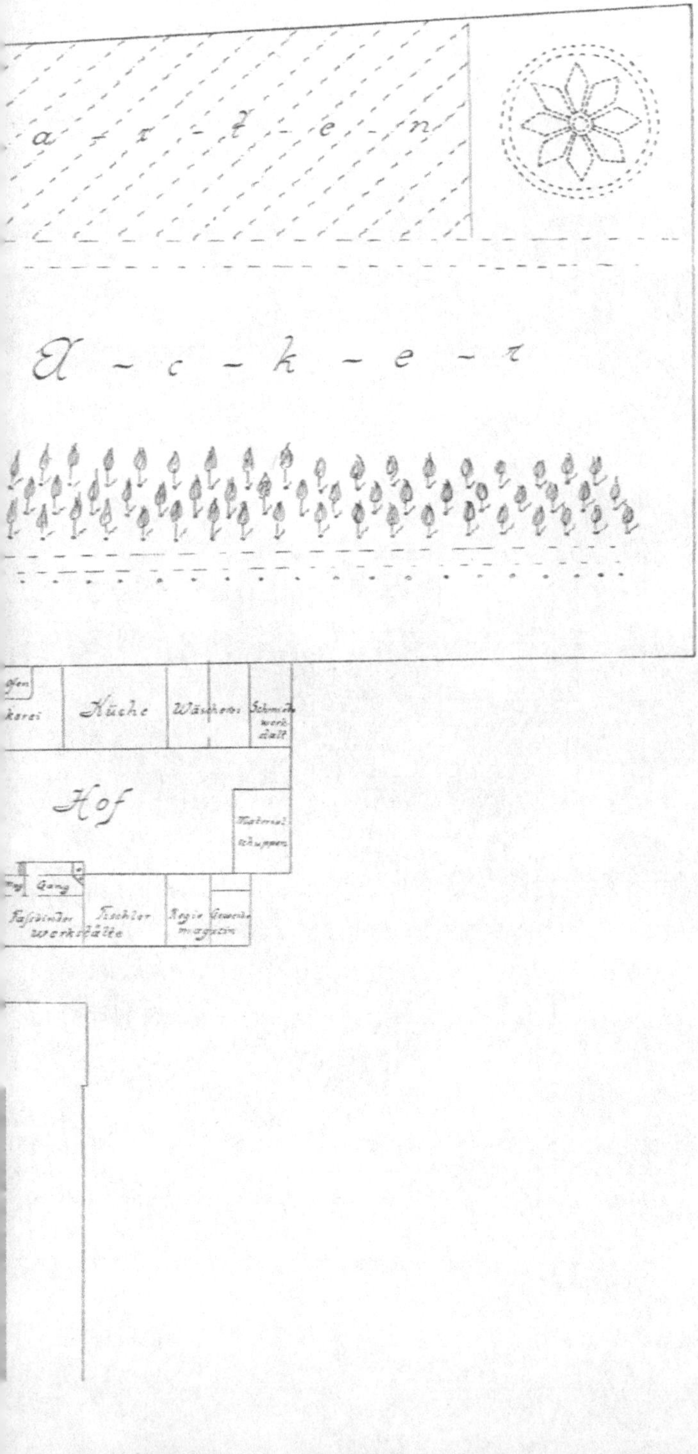

Haupt- und

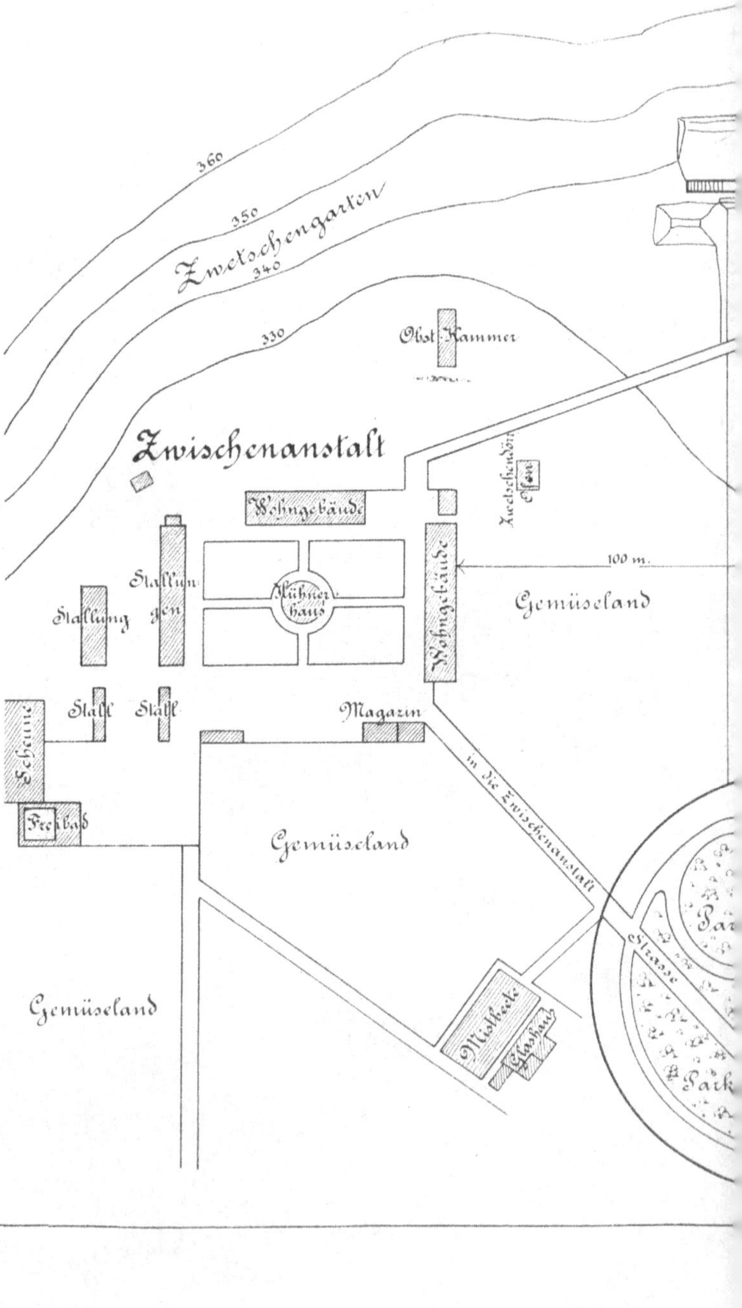

360
350
340
330
Zwetschengarten
Obst-Kammer
Zwischenanstalt
Zwetschendörr-Ofen
Wohngebäude
100 m.
Stallungen
Stallung
Hühnerhaus
Wohngebäude
Gemüseland
Stall
Stall
Magazin
Scheune
Freibad
Gemüseland
in die Zwischenanstalt
Strasse
Gemüseland
Mistbeete
Glashaus
Park

t Ženica. VI.

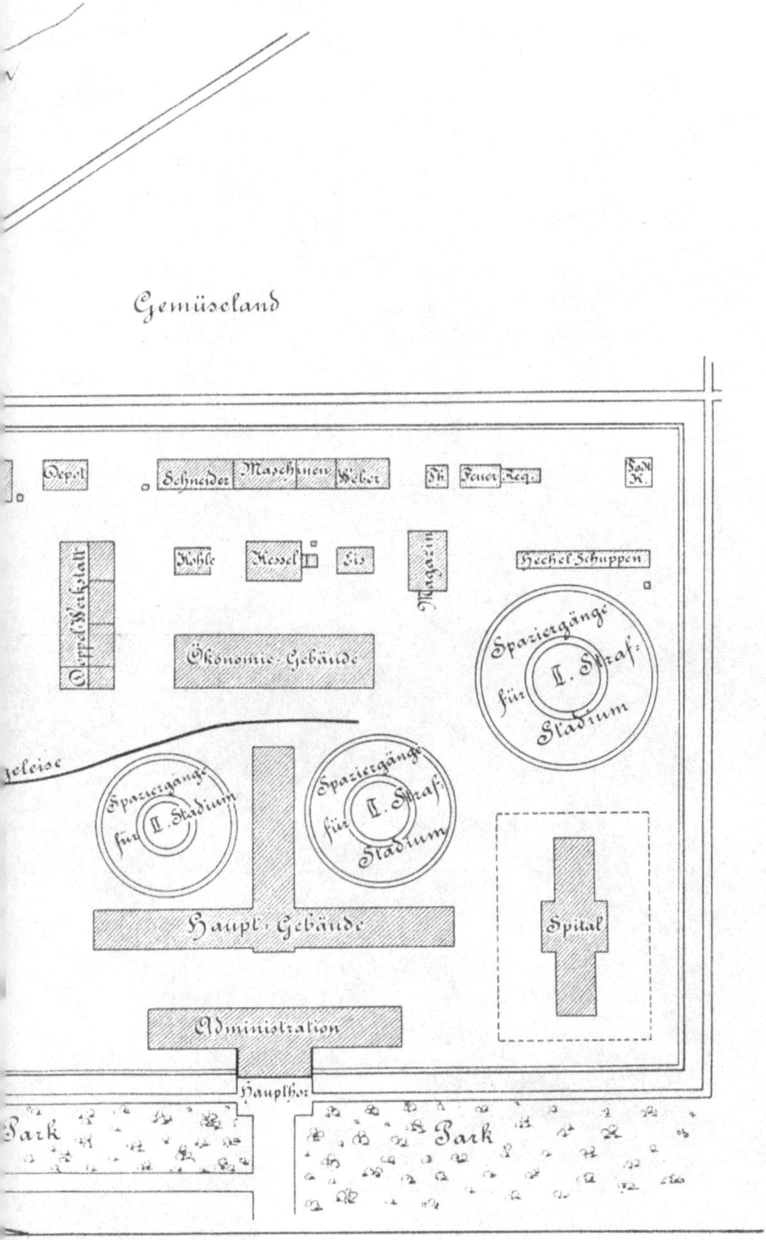

Gemüseland
Depot
Schneider
Maschinen
Weber
Sh.
Feuer
Req.
Kohle
Kessel
Eis
Magazin
Hechel Schuppen
Doppel-Werkstatt
Ökonomie-Gebäude
Spaziergänge für II. Straf-Stadium
geleise
Spaziergänge für II. Stadium
Spaziergänge für II. Straf-Stadium
Haupt-Gebäude
Spital
Administration
Hauptthor
Park
Park

FSC
www.fsc.org
MIX
Papier | Fördert gute Waldnutzung
FSC® C083411

Kolibri 360 GmbH
Ferdinand-Jühlke-Straße 7
99095 Erfurt, Deutschland
produktsicherheit@kolibri360.de